Fils du philosophe Jean-François Revel et de l'artiste peintre Yahne Le Toumelin, Matthieu Ricard est moine bouddhiste, auteur, traducteur et photographe. Après un premier voyage en Inde en 1967 où il rencontre de grands maîtres spirituels tibétains, il termine son doctorat en génétique cellulaire à l'Institut Pasteur en 1972 puis s'installe dans l'Himalaya où il vit depuis plus de 45 ans.

Il est l'auteur de plusieurs livres, dont *Le Moine et le Philosophe*, *L'Infini dans la paume de la main*, *Plaidoyer pour le bonheur*, *L'Art de la méditation*, *Plaidoyer pour l'altruisme*, *Plaidoyer pour les animaux* et *Vers une société altruiste*. Ses photos de l'Himalaya sont exposées de par le monde et regroupées dans des livres de photographies. Il est aussi l'auteur de plusieurs volumes de traductions à partir du tibétain.

Sous l'égide de l'Institut Mind and Life, il collabore à plusieurs programmes de recherches en neurosciences sur les effets de l'entraînement de l'esprit et de la méditation, dans les universités américaines et européennes.

L'association humanitaire qu'il a créée, Karuna Shechen (www.karuna-shechen.org) a accompli 160 projets dans le domaine de la santé, de l'éducation et des services sociaux. Elle soigne aujourd'hui 120 000 patients par an au Népal, en Inde et au Tibet, et 25 000 enfants sont éduqués dans les écoles qu'elle a construites. Il lui dédie l'intégralité de ses droits d'auteurs et les bénéfices de ses activités.

Retrouvez toute l'actualité de l'auteur sur :
www.matthieuricard.org

ÉVOLUTION
Des livres pour vous faciliter la vie !

Arnaud DESJARDINS & Véronique LOISELEUR
En relisant les Évangiles

Thich Nhat HANH
Prendre soin de l'enfant intérieur
Faire la paix avec soi

John MAIN
Initiation à la méditation chrétienne
Un mot dans le silence, un mot pour méditer

Jiddu KRISHNAMURTI
Journal
Méditations sur la beauté du monde

Jiddu KRISHNAMURTI
Briller de sa propre lumière
Vers une mutation de l'esprit

Jean-Dominique MICHEL
Chamans, guérisseurs, médiums
Les différentes voies de la guérison

Franz-Olivier GIESBERT & Co
Manifeste pour les animaux

Fabrice MIDAL
Comment la philosophie peut nous sauver
22 méditations décisives

Plaidoyer
pour le bonheur

Matthieu Ricard

Plaidoyer
pour le bonheur

NiL éditions

© NiL éditions, Paris, 2003
ISBN 978-2-266-14460-5

*En hommage à Jigmé Khyentsé Rinpoché,
à ma sœur Ève, qui a su extraire le bonheur de l'adversité,
et à tous ceux et celles qui ont inspiré les idées de ce livre.*

« Le bonheur n'arrive pas automatiquement, ce n'est pas une grâce qu'un sort heureux peut répandre sur nous et qu'un revers de fortune peut nous enlever ; il dépend de nous seuls. On ne devient pas heureux en une nuit, mais au prix d'un travail patient, poursuivi de jour en jour. Le bonheur se construit, ce qui exige de la peine et du temps. Pour devenir heureux, c'est soi-même qu'il faut savoir changer. »

Luca et Francesco Cavalli-Sforza[1]*

1

VOUS AVEZ DIT BONHEUR ?

Tout homme veut être heureux ; mais,
pour parvenir à l'être, il faudrait commencer
par savoir ce que c'est que le bonheur.

Jean-Jacques ROUSSEAU[1]

Une amie américaine, devenue une grande éditrice de photographie, me racontait qu'après avoir passé leurs examens de fin d'études, elle-même et un groupe de camarades s'interrogèrent sur ce qu'elles désiraient faire dans l'existence. Lorsqu'elle déclara : « Je souhaite être heureuse », il y eut un silence gêné, puis l'une de ses compagnes s'exclama : « Quoi ? Comment quelqu'un d'aussi brillant que toi peut-il n'avoir d'autre ambition que d'être heureuse ! » Ce à quoi mon amie rétorqua : « Je ne vous ai pas dit *comment* je voulais être heureuse. Il y a tant de façons d'accéder au bonheur : fonder une famille, avoir des enfants, faire carrière, vivre des aventures, aider les autres, trouver la sérénité en soi... Quelle que soit l'activité que je choisisse, j'attends de l'existence un bonheur véritable. »

Pour le Dalaï-lama, « le bonheur est le but de l'existence ». L'essayiste Pascal Bruckner affirme quant à lui : « Le bonheur ne m'intéresse pas[2]. » Comment est-il possible d'avoir deux visions à ce point opposées de ce qui, pour la majorité d'entre nous, est une composante fondamentale de l'existence ? Ces deux personnes parlent-elles de la même chose ? Ne s'agirait-il pas d'un profond malentendu à propos de la définition même du bonheur ?

Ce mot aurait-il été tellement galvaudé que, dégoûté par toutes les illusions et les mièvreries qu'il inspire, on s'en serait détourné ? Pour certains, il est presque de mauvais goût de parler de recherche du bonheur. Revêtus d'une carapace de suffisance intellectuelle, ils s'en gaussent comme d'un roman à l'eau de rose.

Comment a-t-on pu en arriver à une telle dévaluation ? Serait-ce dû à l'aspect factice du bonheur que nous proposent les médias et les paradis artificiels ? Est-ce le signe de l'échec des moyens malhabiles mis en œuvre en vue d'atteindre un bonheur véritable ? Nous faut-il pactiser avec l'angoisse plutôt que de faire un effort sincère et perspicace pour démêler l'écheveau du bonheur et de la souffrance ?

Selon Henri Bergson : « On désigne par bonheur quelque chose de complexe et de confus, un de ces concepts que l'humanité a voulu laisser dans le vague pour que chacun le détermine à sa manière[3]. » D'un point de vue pratique, laisser la compréhension du bonheur dans le vague ne serait pas trop grave si l'on parlait au plus d'un sentiment fugace et sans conséquences, mais il en va tout autrement, puisqu'il s'agit d'une manière d'être qui détermine la qualité de chaque instant de notre vie. Mais qu'est-ce que le bonheur ?

Une étonnante variété

Les sociologues, nous en reparlerons, définissent le bonheur comme « le degré selon lequel une personne évalue positivement la qualité de sa vie dans son ensemble. En d'autres termes, le bonheur exprime à quel point une personne aime la vie qu'elle mène[4] ». Tout dépend bien sûr si « aimer la vie » se réfère à une satisfaction profonde ou se réduit à une simple appréciation des conditions extérieures dans lesquelles se déroule notre existence. Pour certains, le bonheur ne serait qu'une « impression ponctuelle, fugitive, dont l'intensité et la durée varient avec la disponibilité des biens qui le rendent possible[5] ». Un bonheur insaisissable donc, entièrement voué à des circonstances dont le contrôle nous échappe. Pour le philosophe Robert Misrahi, au contraire, le bonheur est « le rayonnement de la joie sur l'existence entière ou sur la part la plus vivante de son passé actif, de son présent actuel et de son avenir pensable[6] ». Pourrait-il donc constituer un état d'être durable ? Selon André Comte-Sponville, « on peut appeler *bonheur* tout espace de temps où la joie paraît immédiatement possible[7] ». Est-il alors possible d'accroître cette durée ? Il y a mille conceptions du bonheur. Et nombre de philosophes ont tenté de proposer la leur. Ainsi, selon saint Augustin, le bonheur est la « joie qui naît de la vérité[8] ». Pour Emmanuel Kant, le bonheur doit être rationnel et coupé de toute inclination personnelle, et pour Marx il s'agit de l'épanouissement par le travail. Mon but n'est pas de les énumérer, mais de relever à quel point elles diffèrent et souvent se contredisent. « Sur la nature même du bonheur, écrivait Aristote, on ne s'entend plus et les explications des sages et de la foule sont en désaccord[9]. »

Qu'en est-il pourtant du bonheur simple qui naît du sourire d'un enfant, d'une bonne tasse de thé après une promenade en forêt ? Si riches et réconfortantes soient-elles, ces lueurs ne sauraient illuminer l'ensemble de notre vie. Le bonheur ne se limite pas à quelques sensations agréables, à un plaisir intense, à une explosion de joie ou à une fugace béatitude, à une journée de bonne humeur ou un moment magique qui nous surprend dans le dédale de l'existence. Ces diverses facettes ne sauraient constituer à elles seules une image fidèle de la félicité profonde qui caractérise le bonheur véritable.

✦ ✦

Un avant-goût du bonheur

Malgré ses trente ans, Bertha Young avait des moments où elle éprouvait l'envie de courir plutôt que de marcher, d'esquisser des pas de danse en montant et en descendant du trottoir, de jouer au cerceau, de lancer quelque chose en l'air pour le reprendre au vol, de rester là à rire de rien, d'absolument rien. Comment faire si vous avez trente ans et que, en tournant le coin de votre rue, vous vous sentez pris tout à coup d'un sentiment de bonheur — un bonheur absolu — comme si vous aviez avalé un fragment lumineux du soleil de cette fin d'après-midi, qu'il vous brûlait jusqu'au tréfonds de votre être, et mitraillait d'une grêle de rayons chaque parcelle de vous-même, chaque doigt de la main et du pied ?

Katherine Mansfield[10]

Demandez à plusieurs personnes de raconter des épisodes de « parfait » bonheur : certaines parlent de moments de paix profonde ressentie dans un environnement naturel harmonieux, dans une forêt où filtrent des rayons de soleil, au sommet d'une montagne face à un vaste horizon, au bord d'un lac tranquille, lors d'une marche de nuit dans la neige sous un ciel étoilé, etc. D'autres mentionnent un événement longtemps attendu : la réussite d'un examen, un triomphe sportif, la rencontre avec une personne qu'ils ont ardemment souhaité connaître, la naissance d'un enfant. D'autres enfin parlent d'un moment d'intimité paisible vécu en famille ou en compagnie d'un être cher, ou le fait d'avoir rendu quelqu'un heureux.

Il semble que le facteur commun à ces expériences, fertiles mais fugitives, soit la disparition momentanée de conflits intérieurs. La personne se sent en harmonie avec le monde qui l'entoure et avec elle-même. Pour celui qui vit une telle expérience, comme de se promener dans un paysage enneigé, les points de référence habituels s'évanouissent : en dehors de l'acte simple de marcher, il n'attend rien de particulier. Il « est » simplement, ici et maintenant, libre et ouvert.

L'espace de quelques instants, les pensées du passé ne surgissent plus, les projets du futur n'encombrent plus l'esprit, et le moment présent est affranchi de toute construction mentale. Ce moment de répit durant lequel tout état d'urgence émotionnel disparaît est ressenti comme une paix profonde. Pour celui ou celle qui a atteint un but, achevé une œuvre, remporté une victoire, la tension longtemps présente cesse. Le lâcher-prise qui s'ensuit est ressenti comme un profond apaisement, libre de toute attente et de tout conflit.

Mais il ne s'agit là que d'une éclaircie éphémère provoquée par des circonstances particulières. On parle alors de moment magique, d'état de grâce. Pourtant, la différence entre ces instants de bonheur saisis au vol et la sérénité immuable, celle du sage par exemple, est aussi considérable que celle qui sépare le ciel entrevu par le chas d'une aiguille de l'étendue illimitée de l'espace. Ces deux états n'ont ni la même dimension, ni la même durée, ni la même profondeur.

Il est possible, toutefois, de tirer profit de ces instants fugitifs, ces répits dans nos luttes incessantes, dans la mesure où ils nous donnent une idée de ce que peut être la véritable plénitude et nous incitent à reconnaître les conditions qui la favorisent.

* * *

Une manière d'être

J'entendrai ici par bonheur un état acquis de plénitude sous-jacent à chaque instant de l'existence et qui *perdure* à travers les inévitables aléas la jalonnant. Dans le bouddhisme, le terme *soukha* désigne un état de bien-être qui naît d'un esprit exceptionnellement sain et serein. C'est une qualité qui sous-tend et imprègne chaque expérience, chaque comportement, qui embrasse toutes les joies et toutes les peines. Un bonheur si profond que « rien ne saurait l'altérer, comme ces grandes eaux calmes, au-dessous des tempêtes[11] ». C'est aussi un état de sagesse, affranchie des poisons mentaux, et de connaissance, libre d'aveuglement sur la nature véritable des choses.

Il est intéressant de noter que les termes sanskrits *soukha* et *ananda*, généralement traduits, faute de mieux, par « bonheur » et « joie », n'ont pas vraiment d'équivalents dans nos langues occidentales. L'expression « bien-être » serait le plus proche équivalent du concept de *soukha*, si ce mot n'avait perdu de sa force pour ne plus désigner qu'un confort extérieur et un sentiment de contentement assez superficiels. Quant au terme *ananda*, plus encore que la joie, il désigne le rayonnement de *soukha*, qui illumine de félicité l'instant présent et se perpétue dans l'instant suivant jusqu'à former un continuum que l'on pourrait appeler « joie de vivre ».

Soukha est étroitement lié à la compréhension de la manière dont fonctionne notre esprit et dépend de notre façon d'interpréter le monde, car, s'il est difficile de changer ce dernier, il est en revanche possible de transformer la manière de le percevoir.

Je me souviens d'un après-midi où j'étais assis sur les marches de notre monastère au Népal. Les orages de la mousson avaient transformé le terre-plein en une étendue d'eau boueuse et nous avions disposé des briques pour pouvoir la franchir. Une amie se présenta au bord de l'eau, regarda la scène d'un air dégoûté, et entreprit la traversée en rouspétant à chaque brique. Arrivée devant moi, elle leva les yeux au ciel en s'exclamant : « Pouah… Imagine que je sois tombée dans cet infâme bourbier ! Tout est si sale dans ce pays ! » La connaissant bien, j'acquiesçai prudemment, espérant lui offrir quelque réconfort par ma sympathie muette. Quelques instants plus tard, une autre amie, Raphaèle, se présenta à l'entrée de la mare. Elle me fit un petit signe, puis entreprit de sautiller de brique en brique. « Hop, hop et hop… » chantonnait-elle, et elle atterrit sur la terre ferme en s'exclamant : « Comme c'est amusant ! », les yeux pétillant de joie, ajoutant : « Ce qu'il y a de bien avec la mousson, c'est qu'il n'y a pas de poussière. » Deux personnes, deux visions des choses ; six milliards d'êtres humains, six milliards de mondes.

Dans un registre plus grave, Raphaèle me raconta sa rencontre, lors de son premier voyage au Tibet en 1986, avec un homme qui avait subi de terribles épreuves lors de l'invasion chinoise : « Il me fait asseoir sur une banquette et me sert du thé qu'il garde dans un grand Thermos. C'est la première fois qu'il parle à une

Occidentale. Nous rions beaucoup ; il est vraiment adorable. Pendant que des enfants se succèdent timidement pour nous contempler avec des yeux ébahis, il me pose une foule de questions. Puis il me raconte comment il a été emprisonné pendant douze ans par les envahisseurs chinois et condamné à tailler des pierres pour la construction d'un barrage dans la vallée de Drak Yerpa. Un barrage bien inutile car le torrent y est presque tout le temps à sec ! Tous ses compagnons sont morts de faim et d'épuisement à ses côtés, les uns après les autres. Malgré l'horreur de son récit, il m'est impossible de déceler la moindre haine dans ses propos, ni le moindre ressentiment dans ses yeux pleins de bonté. En m'endormant ce soir-là, je me suis demandé comment un homme qui a tant souffert pouvait avoir l'air si heureux. »

Ainsi, celui qui connaît la paix intérieure n'est pas plus brisé par l'échec qu'il n'est grisé par le succès. Il sait vivre pleinement ces expériences dans le contexte d'une sérénité profonde et vaste, en comprenant qu'elles sont éphémères et qu'il n'a aucune raison de s'y attacher. Il ne saurait « tomber de haut » lorsque les choses tournent mal et qu'il doit faire face à l'adversité. Il ne sombre pas dans la dépression, car son bonheur repose sur des fondements solides. L'émouvante Etty Hillesum affirme, un an avant sa mort à Auschwitz : « Quand on a une vie intérieure, peu importe, sans doute, de quel côté des grilles du camp on se trouve […]. J'ai déjà subi mille morts dans mille camps de concentration. Tout m'est connu. Aucune information nouvelle ne m'angoisse plus. D'une façon ou d'une autre je sais déjà tout. Et pourtant, je trouve cette vie belle et riche de sens. À chaque instant[12]. »

L'expérience de *soukha* s'accompagne en effet d'une vulnérabilité réduite face aux circonstances, bonnes ou mauvaises. Une force d'âme altruiste et tranquille remplace alors le sentiment d'insécurité et de pessimisme qui afflige tant d'esprits. Le sociologue polonais Wladislow Tatarkiewicz[13], un « spécialiste » du bonheur, n'en affirme pas moins qu'il est impossible d'être heureux en prison, car, selon lui, le bonheur que l'on pourrait éprouver dans de telles conditions n'est pas « justifié ». Sachez-le dorénavant, si vous êtes heureux dans des conditions difficiles, vous avez perdu la raison ! Une telle vision des choses révèle une fois de plus l'importance exclusive accordée aux conditions extérieures du bonheur.

On sait à quel point certaines prisons peuvent être un enfer où les notions mêmes de bonheur et de bonté sont presque oubliées. Le prisonnier perd tout contrôle sur le monde extérieur. Dans les pénitenciers les plus durs, cette perte est souvent compensée par l'hégémonie totale et violente qu'exercent les gangs, les caïds et les gardiens, créant ainsi une prison à l'intérieur de la prison. La plupart des détenus ne connaissent plus que la haine, la vengeance, la volonté de pouvoir qui s'exercent avec une cruauté inouïe. Mogamad Benjamin, qui passa la plus grande partie de sa vie dans des maisons d'arrêt en Afrique du Sud, ne se rappelle plus combien de personnes il y a tuées. Il lui est arrivé de manger le cœur d'un détenu qu'il venait d'assassiner[14]. Ainsi la haine crée-t-elle une troisième prison à l'intérieur d'eux-mêmes. Mais de celle-ci, il est possible de trouver les clés.

Fleet Maul, un Américain condamné en 1985 à vingt-cinq ans de réclusion pour une affaire de drogue, raconte son histoire : « C'était un environnement vraiment infernal : une sorte de caisson d'acier à l'intérieur d'un bâtiment au toit plat en béton. Il n'y avait aucune fenêtre, pas de ventilation, pas d'endroit où faire une petite marche. Les cellules étaient surpeuplées et incroyablement chaudes. Il y avait du bruit tout le temps ; c'était l'anarchie. Les gens se disputaient, hurlaient. Quatre ou cinq télévisions étaient allumées en même temps, vingt-quatre heures sur vingt-quatre. C'est là que j'ai commencé pour la première fois à m'asseoir et à méditer tous les jours. J'ai fini par méditer quatre à cinq heures par jour sur la couchette supérieure d'une cellule originellement conçue pour deux personnes. La sueur dégoulinait et pénétrait dans mes yeux. Au début, c'était très difficile, mais j'ai simplement persévéré. » Au bout de huit ans de détention, il déclara que toute cette expérience l'avait convaincu de la « double vérité de la pratique spirituelle liée à la force de la compassion, et de l'absence de réalité du "moi". C'est incontestable ; ce n'est pas une simple idée romantique. C'est mon expérience directe[15] ».

Un jour, il reçut un message l'informant que la santé d'un prisonnier hospitalisé, avec lequel il avait travaillé, s'était brusquement aggravée. Au cours des cinq jours qui suivirent, entre d'intensives sessions de méditation, il s'assit pendant des heures au chevet du prisonnier, l'assistant dans son agonie : « Il avait beaucoup de mal à respirer et vomissait du sang et de la bile ; je l'aidais à rester propre […]. Depuis ces jours-là, j'ai très souvent ressenti une immense liberté et une grande joie. Une joie qui transcende toutes les circonstances, parce qu'elle ne vient pas du dehors et qu'il n'y a évidemment rien ici qui puisse l'alimenter. Elle a fait naître une confiance renouvelée dans ma pratique : j'ai fait l'expérience de quelque chose d'indestructible face au spectacle d'une souffrance et d'une dépression qui dépassent tout ce que l'on peut normalement supporter. »

Cet exemple montre de manière frappante que le bonheur dépend avant tout de notre état intérieur.

Sinon, cette plénitude sereine — *soukha* — serait inconcevable dans une telle situation.

Le contraire de *soukha* est exprimé par le terme sanskrit *doukha*, généralement traduit par souffrance, malheur ou plus précisément « mal-être ». Il ne définit pas une simple sensation déplaisante, mais reflète une vulnérabilité fondamentale à la souffrance, qui peut aller jusqu'au dégoût de vivre, au sentiment que la vie ne vaut pas la peine d'être vécue parce que l'on est dans l'impossibilité de lui trouver un sens. C'est le héros de Sartre qui, dans *La Nausée,* vomit ces paroles : « Si l'on m'avait demandé ce que c'était que l'existence, j'aurais répondu de bonne foi que ça n'était rien, tout juste une forme vide […]. Nous étions un tas d'existences gênées, embarrassées de nous-mêmes, nous n'avions pas la moindre raison d'être là, ni les uns ni les autres, chaque être existant, confus, vaguement inquiet, se sentait de trop par rapport aux autres. […] *Moi aussi j'étais de trop* […]. Je rêvais vaguement de me supprimer, pour anéantir au moins une de ces existences superflues[16]. » Le fait d'estimer que le monde serait meilleur sans nous est une cause fréquente de suicide[17].

Un jour, lors d'une rencontre publique à Hong Kong, un jeune homme dans l'assistance se leva et me demanda : « Pourriez-vous me donner une raison pour laquelle je devrais continuer à vivre ? » Cet ouvrage est une humble réponse, car le bonheur, c'est d'abord le goût de vivre. Ne plus avoir aucune raison de vivre ouvre l'abîme du « mal-être ». Or, pour influentes que puissent être les conditions extérieures, ce mal-être, tout comme le bien-être, est essentiellement un état intérieur. Comprendre cela est le préliminaire indispensable à une vie qui vaille la peine d'être vécue. Dans quelles conditions notre esprit va-t-il miner notre joie de vivre, dans quelles conditions va-t-il la nourrir ?

Changer notre vision du monde n'implique pas un optimisme naïf, pas plus qu'une euphorie artificielle destinée à compenser l'adversité. Tant que l'insatisfaction et la frustration issues de la confusion qui règne en notre esprit seront notre lot quotidien, se répéter à longueur de temps : « Je suis heureux ! » est un exercice aussi futile que repeindre un mur en ruine. La recherche du bonheur ne consiste pas à voir la « vie en rose », ni à s'aveugler sur les souffrances et les imperfections du monde.

Le bonheur n'est pas non plus un état d'exaltation que l'on doit perpétuer à tout prix, mais l'élimination de toxines mentales comme la haine et l'obsession, qui empoisonnent littéralement l'esprit. Pour cela, il faut acquérir une meilleure connaissance de la façon dont fonctionne ce dernier et une perception plus juste de la réalité.

Réalité et connaissance

Que faut-il entendre par *réalité* ? Pour le bouddhisme, il s'agit de la nature véritable des choses, non modifiée par les fabrications mentales que nous lui surimposons. Ces dernières creusent un fossé entre nos perceptions et cette réalité, d'où un conflit incessant avec le monde. « Nous déchiffrons mal le monde et disons qu'il nous trompe », écrivait Rabindranath Tagore[18]. Nous prenons pour permanent ce qui est éphémère, et pour bonheur ce qui n'est que source de souffrance : la soif de richesse, de pouvoir, de renommée et de plaisirs obsédants. Selon Chamfort, « le plaisir peut s'appuyer sur l'illusion, mais le bonheur repose sur la vérité[19] ». Stendhal, quant à lui, écrivait : « Je crois, et je le démontrerai par la suite, que tout malheur ne vient que d'erreur et que tout bonheur nous est procuré par la vérité[20]. » La connaissance de la vérité est donc une composante fondamentale de *soukha*.

Par *connaissance*, nous entendons non pas la maîtrise d'une masse d'informations et de savoirs, mais la compréhension de la nature véritable des choses. Habituellement, en effet, nous percevons le monde extérieur comme un ensemble d'entités autonomes auxquelles nous attribuons des caractéristiques qui, nous semble-t-il, leur appartiennent en propre. Selon notre expérience de tous les jours, les choses nous apparaissent comme « plaisantes » ou « déplaisantes » en elles-mêmes et les gens comme « bons » ou « mauvais ». Le « moi » qui les perçoit nous semble tout aussi réel et concret. Cette méprise, que le bouddhisme appelle *ignorance*, engendre de puissants réflexes d'attachement et d'aversion qui mènent généralement à la souffrance. Comme l'exprime avec concision Etty Hillesum : « Le grand obstacle, c'est toujours la représentation et non la réalité[21]. » Le *samsara*, le monde de l'ignorance et de la souffrance, n'est pas une condition fondamentale de l'existence, mais un univers mental fondé sur l'idée fausse que nous nous faisons de la réalité.

Selon le bouddhisme, le monde des apparences résulte du concours d'un nombre infini de causes et de conditions sans cesse changeantes. Comme un arc-en-ciel qui se forme lorsque le soleil brille sur un rideau de pluie, et s'évanouit dès qu'un facteur contribuant à sa formation disparaît, les phénomènes existent sur un mode essentiellement interdépendant et n'ont pas d'existence autonome et permanente. La *réalité ultime* est donc ce qu'il appelle la *vacuité d'existence propre* des phénomènes, animés et inanimés. Tout est *relation*, rien n'existe en soi et par soi. Lorsque cette notion essentielle est comprise et intériorisée, la perception erronée qu'on avait du monde laisse la place à une juste compréhension de la nature des choses et des êtres : la *connaissance.* Celle-ci n'est pas une simple construction philosophique ; elle procède d'une démarche essentielle qui permet d'éliminer progressivement l'aveuglement mental et les émotions perturbatrices qui en découlent et, par là même, les causes principales de notre « mal-être ».

Du point de vue du bouddhisme, chaque être porte en lui un potentiel de perfection, de la même façon que chaque graine de sésame est imprégnée d'huile. L'*ignorance,* ici, consiste à ne pas en être conscient, comme le mendiant, à la fois pauvre et riche, qui ignore qu'un trésor est enfoui sous sa cabane. Actualiser sa véritable nature, rentrer en possession de cette richesse oubliée, permet de vivre une vie pleine de sens. C'est là le plus sûr moyen de trouver la sérénité et d'épanouir l'altruisme dans notre esprit.

En résumé, *soukha* est l'état de plénitude durable qui se manifeste quand on s'est libéré de l'aveuglement mental et des émotions conflictuelles. C'est aussi la sagesse qui permet de percevoir le monde tel qu'il est, sans voiles ni déformations. C'est enfin la joie de cheminer vers la liberté intérieure, et la bonté aimante qui rayonne vers les autres.

2

LE BONHEUR EST-IL LE BUT DE L'EXISTENCE ?

Il faut méditer sur ce qui procure le bonheur, puisque, lui présent, nous avons tout, et, lui absent, nous faisons tout pour l'avoir.

Épictète[1]

Qui désire souffrir ? Qui se réveille le matin en souhaitant : « Puissé-je être mal dans ma peau toute la journée ! » Consciemment ou inconsciemment, adroitement ou maladroitement, nous aspirons tous à « mieux être », que ce soit par le travail ou l'oisiveté, par les passions ou le calme, par l'aventure ou le train-train quotidien.

Chaque jour de notre vie, nous entreprenons d'innombrables activités pour vivre intensément, tisser des liens d'amitié et d'amour, explorer, découvrir, créer, construire, nous enrichir, protéger ceux qui nous sont chers et nous préserver de ceux qui nous nuisent. Nous consacrons notre temps et notre énergie à ces tâches avec l'idée d'en retirer une satisfaction, un « mieux-être » pour nous ou pour d'autres. Vouloir le contraire serait absurde.

Quelle que soit notre manière de le rechercher, et qu'il s'appelle joie de vivre ou devoir, passion ou contentement, le bonheur n'est-il pas le but de tous les buts ? C'était l'avis d'Aristote, selon qui « il est le seul but que nous choisissions toujours pour lui-même et jamais pour une autre fin[2] ». Toute personne qui déclare souhaiter autre chose ne sait pas vraiment ce qu'elle veut : elle est à la poursuite du bonheur sous un autre nom.

À ceux qui lui demandent s'il est heureux, Xavier Emmanuelli, créateur du Samu social, répond : « Ce n'est pas au programme ! Pour moi, ce qui est au programme, c'est l'action. J'ai des projets à monter, à mener, à réussir. Ce qui compte, c'est ce qui a un sens […] Le bonheur, c'est le sens et c'est l'Amour[3]. » Le bonheur n'est pas au programme, mais on y revient quand même !

Dans le même ordre d'idées, Steven Kosslyn, un ami chercheur en imagerie mentale à l'université de Harvard, me disait qu'en commençant sa journée le matin, ce n'était pas le souhait d'être heureux qui lui venait à l'esprit, mais le sentiment du devoir, le sens de sa responsabilité à l'égard de sa famille, de l'équipe qu'il anime et de son travail. Le bonheur, insistait-il, ne faisait pas partie de ses préoccupations. Pourtant, si l'on y réfléchit, dans la satisfaction à accomplir ce qui semble digne de l'être, au prix d'un effort à long terme semé de difficultés, dans cette adéquation à soi-même, figurent indiscutablement certains aspects du bonheur véritable, *soukha*. En faisant son « devoir », et même s'il considère que la « souffrance et les difficultés forment le caractère », cet homme n'a évidemment pas pour but de construire son propre malheur ni celui de l'humanité.

Il s'agit ici du sentiment de responsabilité et non pas du devoir paralysant qui sape toute liberté intérieure et résulte de contraintes, d'obligations inculquées par nos proches et par la société : il faut « faire ceci ou cela » ou même être parfait pour être accepté et aimé. Le « devoir » n'a de sens que s'il résulte d'un choix et est source d'un plus grand bien.

Le drame, c'est que nous nous trompons fréquemment sur les moyens d'accomplir ce bien. L'*ignorance* vient pervertir notre aspiration au mieux-être. Comme l'explique le maître tibétain Chögyam Trungpa : « Lorsque nous parlons d'ignorance, il ne s'agit pas du tout de stupidité. Dans un sens l'ignorance est très intelligente, mais c'est une intelligence complètement à sens unique. C'est-à-dire que l'on réagit uniquement à ses propres projections au lieu de voir simplement ce qui est[4]. »

Au sens où l'entend le bouddhisme, l'ignorance est donc la méconnaissance de la nature véritable des choses et de la loi de cause à effet qui régit bonheur et souffrance. Les partisans du nettoyage ethnique prétendent vouloir construire le meilleur des mondes, et certains semblent intimement convaincus de la pertinence de leur abomination. Si paradoxal et malsain que cela paraisse, les individus qui satisfont leurs pulsions égoïstes en semant autour d'eux la mort et la désolation attendent de leurs actes une forme de gratification. Or la malveillance, l'aveuglement, le mépris et l'arrogance ne sont en aucun cas des moyens de parvenir au bonheur ; tout en s'en écartant radicalement, c'est pourtant le bonheur que poursuivent le méchant, l'obsédé, l'orgueilleux ou le fat. De même, le suicidé qui coupe court à une détresse insupportable tend-il désespérément vers le bonheur.

De l'analyse à la contemplation

Comment dissiper cette ignorance fondamentale ? Le seul moyen consiste en une introspection lucide et sincère. On peut mener celle-ci en recourant à deux méthodes : l'une analytique, l'autre contemplative. L'analyse consiste à évaluer honnêtement les tenants et les aboutissants de nos souffrances, ainsi que celles que nous infligeons aux autres. Cela implique de comprendre quels sont les pensées, les paroles et les actes qui engendrent immanquablement la souffrance et quels sont ceux qui contribuent au mieux-être. Le préalable à une telle démarche est bien sûr d'avoir pris conscience que quelque chose ne va vraiment pas dans notre manière d'être et d'agir. Il faut ensuite aspirer ardemment à changer.

L'attitude contemplative est plus subjective. Elle consiste à délaisser quelques instants le bouillonnement de nos pensées pour regarder calmement au fond de nous, comme on contemplerait un paysage intérieur, afin de découvrir ce qui incarne notre aspiration la plus chère. Pour certains, cela peut être vivre intensément chaque instant, goûter les mille et une saveurs du plaisir. Ou encore atteindre ses objectifs : une famille, la réussite sociale, des loisirs, ou plus modestement traverser la vie sans trop souffrir. Mais ces formulations restent partielles. Si nous allons encore plus profondément en nous-même, n'en venons-nous pas à constater que l'aspiration première, celle qui sous-tend toutes les autres, est le désir d'une satisfaction assez puissante pour nourrir notre goût de vivre ? C'est le souhait : « Puisse chaque instant de ma vie et de celle des autres être un instant de joie et de paix intérieure ! »

Aimer la souffrance ?

Certains pensent qu'il faut parfois se sentir mal à l'aise, qu'il faut des « journées nulles » dans la vie pour mieux apprécier la richesse d'instants de félicité et « bénéficier de l'agrément du contraste[5] ». Mais sont-ils sincères ceux qui prétendent se lasser d'un bonheur qui dure ? De quel genre de bonheur parlent-ils ? De l'euphorie qui tourne à l'ennui, des plaisirs qui s'émoussent, des jouissances qui s'affadissent ? « J'aime trop la vie pour ne vouloir qu'être heureux[6] », écrit encore Pascal Bruckner. Dans la même veine, un adolescent parisien me confiait : « C'est comme lorsqu'on prend de la drogue : si l'on n'est pas un peu déprimé entre deux prises, on apprécie moins la différence. J'accepte les périodes vraiment dures pour les moments d'euphorie. Comme je ne sais pas me sortir de ma souffrance, je préfère l'aimer. L'idée de construire un bonheur intérieur me rebute, car c'est trop dur et trop long. Ça prend des années et ça n'a pas l'air très drôle. La vie est dure et je ne suis pas Jésus. Je préfère avoir le bonheur immédiat, même s'il n'est pas réel et même si, à force de le renouveler, il n'est pas aussi réussi que la première fois. » D'où la prééminence accordée aux sensations et aux plaisirs du moment et la relégation dans le domaine de l'utopie de la quête d'une sérénité profonde et durable. Pourtant, si ces moments « nuls » ou malheureux permettent de donner davantage de « relief » à l'existence, ils ne sont jamais recherchés *pour eux-mêmes*, mais seulement par contraste, en vue du changement qu'ils laissent espérer.

Cette attitude ambivalente à l'égard de la souffrance reflète également l'influence persistante du sentiment de culpabilité associé au péché originel dans la civilisation judéo-chrétienne. Si un Dieu qui nous aime veut nous éprouver par la souffrance, il faut alors aimer cette souffrance. On peut aussi aller plus loin : pour l'écrivain Dominique Noguez, le malheur serait plus intéressant que le bonheur, car « il a un éclat, une intensité extrêmement séduisante, luciférienne. Il a l'avantage insigne [...] de ne pas être son propre but, de laisser toujours quelque chose à attendre (le bonheur justement)[7] ». Allons-y, encore un petit tour de manège... Attendez, encore un petit peu de souffrance avant le bonheur ! De telles dispositions ne peuvent qu'évoquer le fou qui s'assène des coups de marteau sur la tête afin d'éprouver un soulagement quand il s'arrête. On apprécie ces oppositions pour le relief et la couleur qu'elles donnent à l'existence, mais qui voudrait troquer des instants de plénitude contre des instants de mal-être ?

Il paraît en revanche plus ingénieux, sinon sage, d'utiliser la souffrance comme support de transformation pour s'ouvrir avec compassion à ceux qui souffrent comme nous, voire plus que nous. C'est dans ce sens, et dans ce sens seulement, que l'on peut comprendre Sénèque lorsqu'il affirme : « La souffrance fait mal, mais elle n'est pas un mal. » Elle n'est pas un mal quand, ne pouvant l'éviter, on la met à profit pour apprendre et se transformer, tout en reconnaissant qu'elle n'est jamais un bien en soi.

Au contraire, « le désir de bonheur est essentiel à l'homme ; il est le mobile de tous nos actes. La chose au monde la plus vénérable, la mieux entendue, la plus éclaircie, la plus constante, c'est non seulement qu'on veut être heureux mais qu'on ne veut être que cela. C'est à quoi nous force notre nature », écrivait saint Augustin[8]. Ce désir inspire si naturellement chacun de nos actes, chacune de nos paroles et de nos pensées, que nous ne le percevons même plus, tel l'oxygène que nous respirons toute notre vie sans nous en rendre compte. Cela relève de l'évidence, voire de la banalité, écrit André Comte-Sponville, « parce que le bonheur, presque par définition, intéresse tout le monde[9] ». Pas tout à fait tout le monde, semble-t-il, puisque le même

Pascal Bruckner, par exemple, estime « qu'il n'est pas vrai que nous recherchions tous le bonheur, valeur occidentale et historiquement datée. Il en est d'autres, la liberté, la justice, l'amour, l'amitié qui peuvent primer sur celle-là[10] ». Comme Monsieur Jourdain faisait de la prose sans le savoir, celui qui a foi en ces valeurs ne prend pas conscience qu'elles ne constituent que différents aspects du bonheur, et différentes voies pour l'atteindre. Lorsque le bonheur tombe dans l'anonymat, il se perd dans la foule de ses sosies nommés plaisir, divertissement, ivresse, volupté et autres mirages éphémères. Libre à chacun de chercher le bonheur sous un autre nom, mais il ne suffit pas de tirer des flèches au hasard dans toutes les directions. Quelques-unes toucheront peut-être la cible, sans que l'on sache trop pourquoi, mais la plupart se perdront dans la nature, nous laissant dans un pénible désarroi.

« Avoir tout pour être heureux » ?

Envisager le bonheur comme la matérialisation de *tous* nos désirs et passions et, surtout, le concevoir uniquement sur un mode égocentrique, c'est confondre l'aspiration légitime à la plénitude avec une utopie qui débouche inévitablement sur la frustration. En affirmant que « le bonheur est la satisfaction de tous nos penchants » dans toute leur « variété », leur « intensité » et leur « durée[11] », Kant le relègue d'emblée dans le domaine de l'irréalisable. Lorsqu'il affirme que le bonheur est l'état d'un être « à qui, dans tout le cours de son existence, tout arrive suivant son souhait et sa volonté[12] », on se demande par quel mystère tout « arriverait » suivant nos souhaits ou notre volonté. Cela me rappelle cette réplique dans un film de mafiosi :

« Je veux ce qui me revient.

— Et c'est quoi, ça ?

— Le monde, Chico, et tout ce qu'il y a dedans… »

Ici encore on retrouve la volonté aveugle de l'ego qui voudrait que le monde soit à l'image de ses désirs. Même si, idéalement, la satisfaction de tous nos penchants était réalisable, elle ne conduirait pas au bonheur, mais à la production de nouveaux désirs ou, tout autant, à l'indifférence, au dégoût voire à la dépression. Pourquoi la dépression ? Si nous avons imaginé qu'en satisfaisant tous nos penchants nous serions heureux, l'échec de cette démarche nous fait douter de l'existence même du bonheur. Si j'ai « tout pour être heureux » et que je ne le suis pas, alors le bonheur est impossible. Cela montre bien à quel point on peut s'illusionner sur les causes du bonheur. En fait, en l'absence de paix intérieure et de sagesse, on n'a *rien pour être heureux*. Vivant dans l'alternance de l'espoir et du doute, de l'excitation et de l'ennui, du désir et de la lassitude, il est facile de dilapider sa vie, bribe par bribe, sans même s'en apercevoir, courant en tous sens pour n'arriver nulle part. Le bonheur est un état de réalisation intérieure, non l'exaucement de désirs illimités tournés vers l'extérieur.

Le soleil derrière les nuages

En engendrant un bonheur authentique — *soukha* — on ne fait que révéler, ou réveiller, un potentiel que l'on a toujours porté en soi. C'est ce que le bouddhisme appelle la « nature de Bouddha » présente en chaque être. Ce qui apparaît comme une construction ou un développement n'est autre que l'élimination graduelle de tout ce qui masque ce potentiel et fait obstacle au rayonnement de la connaissance et de la joie de vivre. L'éclat du soleil n'est jamais obscurci par les nuages qui le dissimulent à nos yeux. Cette élimination, nous le verrons, consiste à débarrasser l'esprit de toutes les toxines mentales qui l'empoisonnent, telles la haine, l'avidité et la confusion.

Notre bonheur passe par celui des autres

Un bonheur pour soi tout seul ? Serait-il possible en négligeant celui des autres ou pire en essayant de le construire sur leur malheur ? Un « bonheur » élaboré dans le royaume de l'égoïsme ne peut être que factice, éphémère et fragile comme un château bâti sur un lac gelé, prêt à sombrer dès les premiers dégels. Parmi les méthodes maladroites, aveugles ou même outrancières que l'on met en œuvre pour construire le bonheur, l'une des plus stériles est donc l'égocentrisme. « Quand le bonheur égoïste est le seul but de la vie, la vie est bientôt sans but[13] », écrivait Romain Rolland. Même si l'on affiche toutes les apparences du bonheur, on ne peut être véritablement heureux en se désintéressant du bonheur d'autrui.

Shantideva, philosophe bouddhiste indien du VIIe siècle, s'interroge : « Puisque nous avons tous un égal besoin d'être heureux, par quel privilège serais-je l'objet unique de mes efforts vers le bonheur[14] ? » Je suis un et les autres sont innombrables. Pourtant, à mes yeux, je compte plus que tous les autres. Telle est l'étrange arithmétique de l'ignorance. Comment être heureux si tous ceux qui m'entourent souffrent ? Et s'ils sont heureux, mes propres tourments ne me semblent-ils pas plus légers ? Shantideva conclut :

« Le corps, malgré la diversité des membres, est protégé comme un être unique : il doit en être ainsi de ce monde où les êtres divers, qu'ils soient dans la douleur ou la joie, ont en commun avec moi le désir de bonheur[15]. » Cela ne signifie nullement qu'il nous faille négliger notre propre bonheur. Notre aspiration au bonheur est aussi légitime que celle de n'importe quel être. Et pour aimer les autres il faut savoir s'aimer soi-même. Cela ne revient pas à être infatué de la couleur de ses yeux, de sa silhouette ou de certains traits de sa personnalité, mais à reconnaître à sa juste valeur l'aspiration à vivre chaque moment de l'existence comme un moment de plénitude. S'aimer soi-même, c'est aimer vivre. Il est essentiel de comprendre qu'en faisant le bonheur des autres on fait le sien : lorsqu'on sème un champ de blé, le but est de récolter du grain, et on obtient en même temps, sans effort particulier, la paille et le son.

En résumé, le but de l'existence est bien cette plénitude de tous les instants accompagnée d'un amour pour chaque être, et non cet amour individualiste que la société actuelle nous inculque en permanence. Le vrai bonheur procède d'une bonté essentielle qui souhaite du fond du cœur que chacun trouve un sens à son existence. C'est un amour toujours disponible, sans ostentation ni calcul. La simplicité immuable d'un cœur bon.

3

UN MIROIR À DEUX FACES

Où il est question du dehors et du dedans

> *Chercher le bonheur en dehors de nous, c'est comme attendre le soleil dans une grotte orientée au nord.*

> Adage tibétain

Si tous les hommes recherchent d'une façon ou d'une autre à être heureux, il y a loin de l'aspiration à la réalisation. C'est là le drame des êtres vivants. Ils redoutent le malheur mais courent à lui. Ils veulent le bonheur mais lui tournent le dos. Les moyens mêmes de pallier la souffrance servent souvent à l'alimenter. Comment cette tragique méprise peut-elle se produire ? Parce que nous ne savons pas nous y prendre. Maladroitement, nous recherchons le bonheur *en dehors* de nous-même, alors qu'il est essentiellement un état *intérieur*. S'il trouvait sa source au-dehors, il serait à jamais hors d'atteinte. Nos désirs sont sans limites et notre contrôle du monde, restreint, temporaire et le plus souvent illusoire.

Nous tissons des liens d'amitié, formons une famille, vivons en société, parvenons à améliorer les conditions matérielles de notre existence… Cela suffit-il à définir le bonheur ? Non. On peut être très malheureux alors que l'on a apparemment « tout pour être heureux » et, à l'inverse, rester serein dans l'adversité. Il y a beaucoup de naïveté à s'imaginer que seules les conditions extérieures vont assurer notre bonheur. Le réveil risque d'être pénible. Comme le disait le Dalaï-lama : « Si celui qui emménage dans un appartement luxueux au centième étage d'un immeuble tout neuf n'est pas heureux, tout ce qu'il cherchera c'est une fenêtre par laquelle se jeter[1]. » N'a-t-on pas assez rabâché que l'argent ne fait pas le bonheur, que le pouvoir corrompt les plus honnêtes, que les don Juan sont blasés par leurs conquêtes et que la célébrité gâche toute vie privée ? L'échec, la ruine, la séparation, la maladie et la mort sont à tout moment prêts à réduire en cendres notre petit coin de paradis.

Nous n'hésitons pas à étudier pendant quinze ans, puis à nous former professionnellement parfois pendant plusieurs autres années, à faire de la gymnastique pour rester en bonne santé, à passer une grande part de notre temps à améliorer notre confort, nos richesses et notre statut social. À tout cela nous consacrons beaucoup d'efforts. Pourquoi en accordons-nous si peu à améliorer notre condition intérieure ? N'est-ce pas elle qui détermine la qualité de notre vie ? Quelle curieuse hésitation, crainte ou inertie nous empêche de regarder en nous-même, d'essayer de comprendre la nature profonde de la joie et de la tristesse, du désir et de la haine ? La peur de l'inconnu l'emporte, et l'audace d'explorer le monde intérieur s'arrête à la frontière de notre esprit. Un astronome japonais me confia un jour : « Il faut beaucoup de courage pour regarder en soi. » Cette remarque d'un savant dans la force de l'âge, d'un caractère stable et ouvert, m'intrigua. Pourquoi une telle hésitation devant une recherche qui s'avère des plus passionnantes ? Comme l'écrivait Marc Aurèle : « Regarde au-dedans de toi, c'est là qu'est la source intarissable du bien[2]. »

Pourtant, lorsque désemparés face à certaines souffrances intérieures, nous ne savons comment les soulager, notre réaction instinctive est de nous tourner vers l'extérieur. On passe sa vie à « bricoler » des solutions de fortune, à tenter de réunir les conditions susceptibles de nous rendre heureux. La force de l'habitude aidant, cette manière de fonctionner devient la norme et « c'est la vie ! » la devise. Si l'espoir de trouver un bien-être temporaire est parfois couronné de succès, il n'en demeure pas moins qu'il n'est jamais possible de maîtriser les circonstances extérieures en termes de quantité, de qualité et de durée. Cela s'applique à presque tous les domaines de l'existence : amours, famille, santé, richesse, pouvoir, confort, plaisirs. Mon ami le philosophe américain Alan Wallace écrit : « Si vous pariez que vous serez heureux en rencontrant le parfait conjoint, en possédant une belle voiture, une grande maison, la meilleure police d'assurance, une réputation parfaite et une situation enviée de tous, si telles sont vos priorités, il vous faut aussi espérer de tout cœur gagner le gros lot à la loterie de l'existence[3] ! » À passer son temps à essayer de remplir des tonneaux percés, on néglige les *méthodes* et surtout la *manière d'être* qui permettent de découvrir le bonheur à l'intérieur de soi.

Le principal coupable est notre approche confuse de la dynamique du bonheur et de la souffrance. Nul ne conteste qu'il est éminemment souhaitable de vivre longtemps et en bonne santé, d'être libre, dans un pays en paix où la justice est respectée, d'aimer et d'être aimé, d'avoir accès à l'éducation et aux connaissances, de jouir de moyens de subsistance suffisants, de pouvoir voyager de par le monde, de contribuer le plus possible au bien-être des autres et de protéger l'environnement. Des études sociologiques menées sur des populations entières montrent clairement, nous y reviendrons, que les êtres humains apprécient mieux la qualité de leur vie dans de telles conditions. Qui souhaiterait le contraire ? Mais, en plaçant tout nos espoirs en dehors de nous, nous ne pouvons qu'être déçus.

En espérant par exemple que les richesses vont nous rendre plus heureux, nous faisons des efforts pour les acquérir ; une fois acquises, nous ne cessons d'être préoccupés par les moyens de les faire fructifier et nous souffrons lorsque nous finissons par les perdre. Un ami de Hong Kong m'a dit un jour qu'il s'était promis d'amasser un million de dollars, puis de cesser de travailler pour jouir de la vie et trouver ainsi son bonheur. Dix ans plus tard, il possédait non pas un mais trois millions de dollars. Et le bonheur ? Sa réponse fut brève : « J'ai perdu dix ans de ma vie. »

Si en revanche le bonheur est un état qui dépend de conditions intérieures, il incombe à chacun de reconnaître puis de réunir ces conditions. Le bonheur ne nous est pas donné, ni le malheur imposé. Nous sommes à chaque instant à une croisée de chemins et il nous appartient de choisir la direction à prendre.

Peut-on cultiver le bonheur ?

« Cultiver le bonheur, ai-je dit sèchement au médecin. Vous cultivez le bonheur, vous ? Et comment vous y prenez-vous ?.... Le bonheur n'est pas une pomme de terre que l'on plante dans le terreau et qu'on engraisse de fumier[4]. » Ces mots de Charlotte Brontë sont pleins d'humour ; mieux vaut toutefois ne pas sous-estimer le pouvoir de transformation de l'esprit. S'il s'applique pendant des années, avec discernement et persévérance, à gérer les pensées à mesure qu'elles surviennent, à mettre en œuvre des antidotes appropriés aux émotions négatives et à développer les émotions positives, notre effort donnera sans doute des résultats qui semblaient à première vue hors d'atteinte. On s'émerveille à l'idée qu'un athlète saute 2,40 m en hauteur, mais si on ne l'avait pas vu à la télévision, on ne croirait guère possible un tel exploit, sachant que la plupart d'entre nous peinent à franchir 1,20 m. Or, si dans le cas d'une performance physique on bute vite sur des limites quasiment infranchissables, l'esprit est beaucoup plus flexible. On ne voit guère pourquoi ni comment il pourrait y avoir, par exemple, une limite à l'amour et à la bonté.

Pascal Bruckner s'insurge curieusement contre « la construction de soi-même comme tâche infinie[5] ». Si on devait renoncer en principe à toute œuvre de longue haleine, les notions mêmes d'apprentissage, d'éducation, de culture ou d'amélioration de soi n'auraient aucun sens. Sans même parler de chemin spirituel, pourquoi continuer à lire des livres, faire de la recherche scientifique, s'informer du monde ? L'acquisition des connaissances est, elle aussi, une tâche infinie. Pourquoi accepter celle-là et négliger la construction de soi-même, qui détermine la qualité de notre vécu ? Vaut-il mieux partir à la dérive ? N'est-ce pas ainsi que l'on finit parmi les épaves ?

Comme l'écrit le psychiatre Christophe André : « Les bonheurs répétés sont souvent les fruits d'une ascèse. Non pas au sens chrétien de "privation", mais au sens étymologique, *askésis* signifiant "exercice" en grec. Le bonheur ne se décrète pas, ne se convoque pas, mais se cultive et se construit peu à peu, dans la durée[6]. »

Faudrait-il se contenter d'être soi-même ?

Certains trouvent pourtant inutile de cultiver le bonheur, puisque pour être vraiment heureux il faudrait simplement apprendre à s'aimer tel que l'on est. Tout dépend de ce qu'on entend par « être soi-même ». Poursuivre un perpétuel jeu de bascule entre la satisfaction et le déplaisir, le calme et la nervosité, l'enthousiasme et l'apathie ? Comme l'écrivait Alain : « Même sans être sorcier nous nous jetons une espèce de sort à nous-même, disant "je suis ainsi, je n'y peux rien"[7]. » Se résigner à penser de la sorte tout en laissant ses pulsions et tendances s'exprimer, risque fort d'être une solution de facilité, un compromis, voire un échec.

Nombre de recettes du bonheur affirment qu'« il faut savoir accepter ses défauts comme ses qualités ». En cessant de se révolter contre ses limitations et en faisant la paix avec soi-même, on pourrait résoudre la plupart de ses conflits intérieurs et aborder chaque jour de la vie avec confiance et décontraction. Laisser parler le naturel constituerait notre meilleur guide ; le brider ne ferait qu'aggraver nos problèmes. Il est certain qu'à choisir, mieux vaut vivre avec spontanéité que de passer son temps à ronger son frein, à s'ennuyer mortellement ou à se détester. Mais cela ne se résume-t-il pas à offrir un bel emballage à ses habitudes ? En admettant que s'« exprimer » en donnant libre cours à ses pulsions « naturelles » permet une détente passagère de ses tensions intérieures, on n'en reste pas moins prisonnier de l'assortiment peu reluisant de ses propres tendances. Cette attitude laxiste ne résout aucun problème de fond, car en étant ordinairement soi-même, on reste ordinaire.

Nous ressemblons beaucoup à ces oiseaux qui, ayant longtemps vécu en cage, retournent à celle-ci alors même qu'ils ont la possibilité de s'envoler dans l'espace. Nous sommes habitués depuis si longtemps à nos défauts, que nous avons du mal à imaginer ce que serait la vie sans eux : le ciel du changement nous donne le vertige.

Ce n'est pourtant pas que nous manquions d'énergie. Comme nous l'avons dit, nous ne cessons de faire des efforts considérables dans d'innombrables domaines. De ceux qui courent jour et nuit pour mener à bien d'interminables activités, un proverbe tibétain dit : « Ils ont le ciel étoilé pour chapeau et la gelée blanche pour bottes », car ceux-là sont encore debout tard dans la nuit et levés avant l'aube. Mais s'il nous arrive de penser : « Je devrais essayer de développer l'altruisme, la patience, l'humilité », nous hésitons et finissons par nous dire que ces qualités viendront naturellement à la longue. Ou que ce n'est pas si important : on a bien réussi à vivre sans elles jusqu'à présent. Sans doute avons-nous beaucoup à apprendre des tribulations de la vie, mais, sans produire d'efforts déterminés, qui saura interpréter Mozart autrement qu'en tapotant à deux doigts sur un clavier ? Le bonheur est une manière d'être, or les manières s'apprennent. Comme le dit le proverbe persan : « Avec de la patience, le verger devient confiture. »

4

LES FAUX AMIS

*Ceux qui, espérant le bonheur, n'ont
soif que de plaisirs, de richesses, de gloire, de
pouvoir et d'héroïsme, sont aussi naïfs que
l'enfant qui cherche à attraper un arc-en-ciel
pour s'en faire un manteau.*

Dilgo Khyentsé Rinpoché[1]

Afin de déterminer les facteurs extérieurs et les attitudes mentales qui favorisent *soukha* et ceux qui lui nuisent, il convient en premier lieu d'établir une distinction entre le bonheur et certains états en apparence similaires mais en réalité très différents. Il est souvent difficile de reconnaître le bien-être véritable au sein d'une multitude d'états mentaux et physiques qui lui ressemblent superficiellement.

Bonheur et plaisir : la grande confusion

L'erreur la plus courante consiste à confondre plaisir et bonheur. Le plaisir, dit le proverbe hindou, « n'est que l'ombre du bonheur ». Il est directement causé par des stimuli agréables d'ordre sensoriel, esthétique ou intellectuel. L'expérience évanescente du plaisir dépend des circonstances, des lieux ainsi que de moments privilégiés. Sa nature est instable et la sensation qu'il inspire peut vite devenir neutre ou désagréable. De même, sa répétition conduit souvent à son affadissement, voire au dégoût : déguster un mets délicieux est source de réel plaisir, mais la chose nous indiffère une fois que nous sommes rassasiés, et si nous continuons à manger nous en serons écœurés. Il en va de même d'un bon feu de bois : transi de froid, s'y réchauffer est une pure jouissance, puis il faut s'en écarter car la brûlure se fait bientôt sentir.

Le plaisir s'épuise à mesure qu'on en jouit, comme une chandelle qui se consume. Il est presque toujours lié à une *action* et entraîne naturellement la lassitude, par le simple fait de sa répétition. Écouter avec ravissement un prélude de Bach nécessite un effort d'attention qui, si minime soit-il, ne peut être maintenu éternellement. Au bout d'un moment, la fatigue agissant, l'écoute perd de son charme. Imposée des journées durant, elle deviendrait insupportable.

Par ailleurs, le plaisir est une expérience individuelle, essentiellement centrée sur soi, raison pour laquelle il peut facilement être associé aux travers de l'égocentrisme et entrer en conflit avec le bien-être des autres. On peut éprouver du plaisir au détriment des autres, mais on ne saurait en retirer du bonheur. Le plaisir peut se conjuguer avec la méchanceté, la violence, l'orgueil, l'avidité et d'autres états mentaux incompatibles avec un bonheur véritable. « Le plaisir est le bonheur des fous, le bonheur est le plaisir des sages[2] », écrivait Barbey d'Aurevilly. Certains prennent plaisir à se venger et à torturer d'autres êtres humains. En dehors de la satisfaction malsaine et momentanée que de tels actes procurent à un esprit dérangé, que la souffrance infligée à un être vivant soit une source de plénitude durable reste inconcevable. Un tortionnaire ou un tyran jouit sans doute de la domination violente qu'il exerce sur ses victimes, mais s'il prenait la peine de regarder au fond de lui-même, y trouverait-il la moindre sérénité ? On sait par exemple que Hun Sen, le dirigeant dictatorial du Cambodge, vit dans la peur, replié sur lui-même, constamment gardé par ses sbires, comme tant d'autres dictateurs.

Il arrive de manière analogue qu'un homme d'affaires se réjouisse de la ruine d'un concurrent, qu'un cambrioleur jubile en contemplant le magot ou que le spectateur d'une corrida s'enflamme en assistant à la mise à mort d'un taureau, mais ce ne sont que des états d'exaltation passagère, parfois morbide, qui, comme les moments d'euphorie positive, n'ont rien à voir avec *soukha*.

La recherche exacerbée et presque mécanique des plaisirs des sens est un autre exemple de jouissance allant de pair avec l'obsession, l'avidité, l'inquiétude et, finalement, le désenchantement. Le plus souvent, le plaisir ne remplit pas ses promesses, comme l'exprime le poète écossais Robert Burns :

> *Les plaisirs ressemblent à des coquelicots,*
> *À peine saisis, déjà détruits ;*
> *À des flocons de neige tombant sur une rivière,*
> *Éclairs blancs à jamais évanouis*[3].

Et pourtant, nous préférons le plus souvent le plaisir et ses séquelles de satiété à la gratification d'un bien-être durable.

À l'inverse du plaisir, *soukha* naît de l'intérieur. S'il peut être influencé par les circonstances, il n'y est pas soumis. Loin de se transformer en son contraire, il perdure et croît à mesure qu'on l'éprouve. Il engendre un sentiment de plénitude qui, avec le temps, devient un trait fondamental de notre tempérament.

Soukha n'est pas lié à l'action, c'est un « état d'être », un profond équilibre émotionnel issu d'une compréhension subtile du fonctionnement de l'esprit. Tandis que les plaisirs ordinaires se produisent au contact d'objets agréables et prennent fin dès que cesse le contact, *soukha* est ressenti aussi longtemps que nous demeurons en harmonie avec notre nature profonde. Il a pour composante naturelle l'altruisme, qui rayonne vers l'extérieur au lieu d'être centré sur soi. Celui qui est en paix avec lui-même contribuera spontanément à la paix dans sa famille, son voisinage, son village et, si les circonstances s'y prêtent, dans son pays et dans le monde entier. Par son rayonnement spirituel, par sa sérénité et sa plénitude, le sage et l'homme heureux facilitent naturellement le bien-être de la société dans laquelle ils vivent. Selon Alain : « On ne dit pas assez que ce que nous pouvons faire de mieux pour ceux qui nous aiment, c'est encore d'être heureux[4]. »

Bref, pour reprendre la conclusion de l'essayiste Christian Boiron : « Il n'y a pas de relation directe entre le plaisir et le bonheur. Le plaisir d'avoir une famille, une maison, le plaisir d'être admiré, le plaisir d'être riche, le plaisir d'être en bonne santé, le plaisir d'être en couple, celui de bien manger, le plaisir d'avoir un travail, le plaisir de ne pas travailler, de prendre un bain dans la mer, de se faire dorer au soleil, etc., tous ces plaisirs sont certes agréables, mais ils ne font pas — et ils ne sont pas — le bonheur. En tout cas le bonheur défini comme cette sensation de plénitude qui vient de l'absence d'état d'urgence chronique. On peut être à la fois heureux et malade, ou même à l'article de la mort, on peut être à la fois pauvre et heureux, laid et heureux [...]. Le plaisir et le bonheur sont des sensations de nature et de niveau différents[5]. »

Cette distinction entre plaisir et bonheur n'implique pas qu'il faille s'abstenir de rechercher des sensations agréables. Il n'y a aucune raison de se priver de la vue d'un magnifique paysage, d'un goût délicieux, du parfum d'une rose, de la douceur d'une caresse ou d'un son mélodieux, pourvu qu'ils ne nous aliènent pas. Selon les paroles du sage bouddhiste indien Tilopa au IXe siècle : « Ce ne sont pas les choses qui te lient, mais ton attachement aux choses. » Les plaisirs ne deviennent des obstacles que lorsqu'ils rompent l'équilibre de l'esprit et entraînent une obsession de jouissance ou une aversion pour ce qui les contrarie. Alors ils s'opposent directement à l'expérience de *soukha*. Nous verrons dans un prochain chapitre comment s'explique, du point de vue de la physiologie du cerveau, le fait que l'on puisse désirer quelque chose sans l'aimer, ou l'aimer sans la désirer.

Le plaisir, différent du bonheur par nature, n'en est donc pas pour autant l'ennemi. Tout dépend de la manière dont il est vécu. S'il entrave la liberté intérieure, il fait obstacle au bonheur ; vécu avec une parfaite liberté intérieure, il l'orne sans l'obscurcir. Une expérience sensorielle agréable, qu'elle soit visuelle, auditive, tactile, olfactive ou gustative n'ira à l'encontre de *soukha* que si elle est teintée d'attachement et engendre la soif et la dépendance. Le plaisir devient suspect dès qu'il engendre le besoin insatiable de sa répétition.

En revanche, vécu parfaitement dans l'instant présent, comme un oiseau passe dans le ciel sans y laisser de trace, il ne déclenche aucun des mécanismes d'obsession, de sujétion, de fatigue et de désillusion qui accompagnent d'habitude la fixation sur les plaisirs des sens. Le non-attachement, nous en reparlerons, n'est pas un rejet, mais une liberté qui prévaut lorsqu'on cesse de s'accrocher aux causes mêmes de la souffrance. Dans un état de paix intérieure, de connaissance lucide de la façon dont fonctionne notre esprit, un plaisir qui n'obscurcit pas *soukha* n'est donc ni indispensable ni redoutable.

Vive l'intensité !

« Faut pas traîner, accélérez, trépignez, décollez, décampez ! » Comme l'exprime si poétiquement cette chanson rap, « vivez intensément ! » est devenu le leitmotiv de l'homme moderne. Une hyperactivité compulsive dans laquelle il ne faut pas qu'il y ait le moindre « blanc », le moindre passage à vide, de peur de se retrouver avec soi-même. Peu importe le sens, pourvu qu'on ait l'intensité. D'où le goût et la fascination pour la violence, l'exploit, l'excitation maximale des sens, les sports extrêmes. Il faut descendre les chutes du Niagara dans un tonneau, n'ouvrir son parachute qu'à quelques mètres du sol, plonger à cent mètres sous l'eau en apnée. Il faut risquer la mort pour ce qui ne vaut pas la peine d'être vécu, se dépasser pour aller nulle part, passer le mur du son de l'inutile et monter le vide en épingle. Alors, faisons marcher à plein volume cinq radios et dix télévisions en même temps, tapons-nous la tête contre les murs et roulons-nous dans le cambouis. Voilà qui est vivre pleinement !

Ah ! les sortilèges de l'existence !

Dans ce raz de marée sensoriel, l'alternance du plaisir et de la douleur barbouille la façade de notre vie de rapides couleurs fluorescentes. Embrasement d'un feu de papier, sans chaleur ni durée. Il faut faire vibrer l'absurde pour lui donner une dimension. Comme l'écrit Christian Boiron : « On va lire des livres ou voir des films qui font pleurer, on va vibrer dans les stades pour exciter son agressivité ou dans les cirques pour exalter sa peur. Ces émotions ne sont pas vécues comme des *alternatives au bonheur*, mais au contraire sont souvent présentées comme des *marques indispensables de la vie belle et bonne*. Sans elles, la vie serait d'une fadeur mortelle[6]. »

Jean, un ami, affirme qu'il ne peut pas vivre sans stimulations émotionnelles et psychologiques très intenses. Il a « besoin » d'avoir des aventures amoureuses et il accepte la souffrance qui en découle parce qu'elle représente l'inévitable contrepartie de l'amour. Il lui faut toujours rebondir sur des intensités : « Je veux vivre passionnément, vibrer, quitte à brûler la chandelle par les deux bouts. » Jean est perpétuellement amoureux. Cela ne marche jamais, car ses exigences beaucoup trop immédiates et possessives emprisonnent sa partenaire, mais il supporte la douleur et le vide des déconvenues qu'il provoque lui-même parce qu'il y voit le contrepoint de l'euphorie amoureuse. Une paix intérieure hors de ce cercle passionnel ne l'intéresse pas. Elle exigerait une discipline et lui semble trop lointaine, étale et sans relief. Un jour où nous parlions de cela, il me dit : « Je reconnais que tu as raison, mais je préfère malgré tout mon intensité. Je fonctionne de façon un peu dramatique, mais j'aime ce drame. Je n'ai pas le courage de faire l'effort. Même si je traverse des moments durs, de grandes douleurs psychologiques, ces moments, je les aime quand même. »

Notre besoin constant d'activité, notre agitation ne tiendraient-ils pas à ce que nous n'avons pas pris la peine de mieux connaître le fonctionnement de notre esprit ? Écoutons Sénèque : « Il suffit qu'ils se retrouvent sans occupation pour qu'ils deviennent fébriles parce qu'ils sont livrés à eux-mêmes[7]. » Des amis qui guident fréquemment des tours culturels en Asie m'ont raconté à quel point les clients ne supportaient pas le moindre « trou » dans leur programme. « N'y a-t-il vraiment rien de prévu entre 17 et 19 heures ? » demandent-ils, inquiets. Ainsi redoutons-nous de tourner notre regard vers l'intérieur. Il nous faut vivre intensément, mais cette intensité est entièrement liée au monde extérieur, aux sensations visuelles, auditives, gustatives, tactiles et olfactives. Quand nous nous intéressons à l'intérieur, il s'agit de rêveries, de fantasmes : on ressasse le passé, on se perd dans la vaine imagination du futur.

Est-ce vraiment cela qui fait la richesse de notre existence ? N'est-il pas naïf de croire qu'une telle fuite en avant peut en assurer la qualité ? Un véritable sentiment de plénitude associé à la liberté intérieure offre lui aussi une intensité de chaque instant, mais d'une qualité tout autre. C'est un scintillement vécu dans la paix intérieure, où l'on est capable de s'émerveiller de la beauté de chaque chose. C'est savoir jouir du moment présent, libre de l'alternance d'excitation et de fatigue entretenue par les stimulations envahissantes qui accaparent notre attention. La passion, oui, mais pas celle qui nous aliène, nous détruit, obscurcit notre esprit et nous fait gaspiller chaque précieux jour de notre vie. Plutôt la joie de vivre, l'enthousiasme pour engendrer l'altruisme, la sérénité et l'épanouissement du meilleur de son être : la transformation de soi qui permet de mieux transformer le monde.

―――――――

L'euphorie de pacotille

On pourrait s'attendre à ce qu'une gloire ou une richesse soudaine exauce tous nos souhaits, mais il arrive le plus souvent que la satisfaction procurée par de tels événements soit de courte durée et n'augmente en rien notre bien-être. J'ai rencontré une célèbre chanteuse taiwanaise qui, après nous avoir décrit son mal-être et sa lassitude devant la richesse et la gloire, finit par fondre en larmes en s'exclamant : « Ah, si j'avais pu ne jamais être célèbre ! » Une étude a également montré que des circonstances inattendues — gagner le gros lot à la loterie par exemple — entraînent un changement temporaire du niveau de plaisir, mais peu de modifications à long terme dans le tempérament heureux ou malheureux des sujets concernés[8]. Dans le cas des gagnants à la loterie, il est apparu que la majorité d'entre eux ont connu une période de jubilation à la suite de leur bonne fortune, mais qu'un an plus tard ils avaient retrouvé leur degré de satisfaction habituel. Et parfois, un tel événement, *a priori* enviable, déstabilise la vie de l'« heureux gagnant ». Le psychologue Michael Argyle cite le cas d'une Anglaise de vingt-quatre ans qui avait décroché le gros lot, plus d'un million de livres sterling. Elle arrêta de travailler, ce qui la confina bientôt dans l'ennui ; elle acheta une maison neuve dans un quartier chic, ce qui l'éloigna de ses amis ; elle s'offrit une belle voiture, bien qu'elle ne sût pas conduire ; elle s'acheta des quantités de vêtements dont la plus grande partie ne quitta jamais ses placards ; elle fréquenta des restaurants de luxe mais préférait manger des bâtonnets de poisson frit. Au bout d'un an, elle commença à souffrir de dépression, trouvant son existence vide et dépourvue de satisfactions[9].

Il y a donc une très nette différence de nature entre la joie profonde qui est une manifestation naturelle de *soukha* et l'euphorie, l'exaltation jubilatoire résultant d'une excitation passagère. Tout enjouement superficiel qui ne repose pas sur une satisfaction durable s'accompagne invariablement d'une rechute dans la morosité. Il n'échappe à personne que notre société de consommation s'ingénie à inventer sans cesse une multiplicité de plaisirs factices, euphorisants et laborieusement répétés, destinés à maintenir un état d'alerte émotionnelle, lequel déclenche assez « diaboliquement » une forme d'anesthésie de la pensée. Un abîme ne sépare-t-il pas ces « bonheurs en boîte » de la félicité intérieure ? Observez à la télévision les participants aux émissions du samedi soir qui sautent de joie en applaudissant un présentateur au sourire automatique, ces « croisés de l'incandescence » comme les appelle Pascal Bruckner. Comment ne pas être navré face à ces démonstrations criardes d'une euphorie si éloignée du bonheur véritable ?

Les drogues douces et dures sont un autre moyen de provoquer une béatitude que l'on voudrait sur mesure. Mais la recherche de paradis artificiels mène le plus souvent à l'enfer de la dépendance et à la dépression — ou encore à la dangereuse satisfaction égocentrique de se croire unique, hors d'une société que l'on rejette mais qu'à sa manière l'on fait pourtant si bien fonctionner. L'alcool et le cannabis, les drogues les mieux acceptées socialement, conduisent à une forme d'évasion et d'engourdissement qui connaît des degrés divers depuis la simple détente de l'apéritif jusqu'au coma éthylique, du « joint du soir » à l'abrutissement cérébral systématique. L'ivresse peut correspondre à différents besoins : relâchement des tensions, oubli momentané d'une douleur psychologique, fuite devant la réalité. Autant de trêves factices dont la répétition débouche sur la dépendance. Mimer le bonheur ne fait que renforcer le mal-être. Et une joie durable ne saurait résulter d'adjuvants extérieurs.

Le bonheur et la joie

La différence entre la joie et le bonheur est plus subtile. *Soukha* rayonne spontanément sous forme de joie. Une joie sereine, intérieure, ne se manifeste pas forcément de façon exubérante, mais par une appréciation légère et lumineuse de la richesse du moment présent. *Soukha* peut aussi être enrichi de surprises, de joies intenses et inattendues, qui lui sont ce que les fleurs sont au printemps. Pour autant, toutes les formes de joie ne procèdent pas de *soukha*, loin de là. Comme le souligne Christophe André dans son réconfortant ouvrage sur la psychologie du bonheur : « Il existe des joies malsaines, bien loin de la sérénité du bonheur, comme celle de la vengeance [...]. Il existe aussi des bonheurs calmes, parfois très éloignés de l'excitation inhérente à la joie [...]. On saute de joie, pas de bonheur[10]. »

Nous avons vu combien il est difficile de s'entendre sur la définition du « bonheur », et précisé ce que représente pour nous le bonheur authentique. Le mot « joie » est tout aussi vague, car, comme l'a décrit le psychologue Paul Ekman[11], il est associé à des émotions aussi variées que les plaisirs des cinq sens, l'amusement (du léger sourire au rire aux larmes), le contentement (satisfaction plus calme), l'excitation (devant une nouveauté ou un défi), le soulagement (qui suit une autre émotion comme la peur, l'inquiétude et parfois même le plaisir), l'émerveillement (devant ce qui frappe d'étonnement et d'admiration, ou dépasse notre entendement), l'extase (qui nous transporte comme hors de nous-même), l'exultation (d'avoir réussi une tâche difficile, accompli un exploit), la fierté radieuse (lorsque nos enfants reçoivent une distinction exceptionnelle), l'élévation (lorsqu'on est témoin d'actes de grande bonté, généreux et compatissants), la gratitude (l'appréciation d'un acte altruiste dont on est le bénéficiaire) et la jubilation malsaine (lorsqu'on se délecte de la souffrance d'autrui, en se vengeant par exemple), auxquels on peut encore ajouter l'allégresse, le délice, l'enchantement, etc.

Ce catalogue énumère des émotions qui possèdent chacune une composante de joie, amènent pour la plupart un sourire sur le visage et se révèlent par une expression et un ton de voix particuliers[12]. Mais pour qu'elles participent du bonheur ou qu'elles y contribuent, elles doivent être libres de toute émotion négative. Que la colère ou la jalousie fassent irruption et la joie s'éteint soudainement. Que s'y insinuent l'attachement, l'égoïsme ou l'orgueil, et elle s'étouffe lentement.

Pour que la joie dure et mûrisse sereinement, pour qu'elle soit, comme l'écrivait Corneille, un « épanouissement du cœur[13] », il lui faut être associée aux autres composantes du bonheur véritable : la lucidité, la bonté, l'affaiblissement graduel des émotions négatives et la cessation des caprices de l'ego.

Dissiper les illusions

La plupart du temps, notre recherche instinctive et maladroite du bonheur se fonde davantage sur des leurres et des illusions que sur la réalité. Or, ne vaudrait-il pas mieux transformer notre esprit que de nous épuiser à modeler le monde à l'image de nos fantasmes ou à modifier artificiellement nos états de conscience ? Une telle transformation radicale et définitive de l'esprit est-elle possible ? L'expérience montre qu'un entraînement prolongé et une attention vigilante permettent d'identifier et de gérer les émotions et les événements mentaux à mesure qu'ils surviennent. Cet entraînement inclut l'accroissement d'émotions saines comme l'empathie, la compassion et l'amour altruiste. Il demande également de cultiver systématiquement la lucidité, laquelle permettra de réduire l'écart entre le réel et les pensées que nous projetons sur lui. Changer notre interprétation du monde et notre façon de vivre les *émotions momentanées* engendre une modification de nos *humeurs* qui ouvre sur une transformation durable de notre *tempérament*. Cette « thérapie » n'est pas destinée à guérir des « maladies » mentales spécifiques, mais concerne les souffrances dont sont affectés la plupart des êtres. Elle a pour but de réduire *doukha,* le « mal-être », et d'augmenter *soukha*, le « bien-être », de permettre un épanouissement optimal de l'être humain.

Même si des conditions extérieures favorables nous offrent une plus grande liberté d'action et une meilleure disponibilité d'esprit, ces conditions sont, *en elles-mêmes*, impuissantes à engendrer cet état de plénitude. Ainsi que l'explique le Dalaï-lama :

> « Si l'on observe les différentes sensations physiques ou mentales de plaisir et de souffrance, on constate que tout ce qui se déroule dans l'esprit a davantage de force. Si l'on est inquiet ou déprimé, on prête à peine attention au cadre extérieur le plus magnifique. À

l'inverse, quand on se sent profondément heureux, on fait aisément face aux situations les plus difficiles[14]. »

Nous avons donné l'exemple des gagnants à la loterie, dont le degré de bonheur varie peu, suite à leur bonne fortune. Or, contrairement à toute attente, il en va de même pour la plupart des êtres qui vivent des événements tragiques. Mis à part les victimes d'expériences particulièrement traumatisantes comme la torture ou le viol, la majorité de ceux que frappent la cécité ou la paralysie retrouvent rapidement le degré de bonheur antérieur à leur changement d'état. Lors d'une étude portant sur cent vingt-huit tétraplégiques, la plupart ont reconnu qu'ils avaient tout d'abord songé à se suicider. Un an plus tard, seulement dix pour cent jugeaient leur vie misérable : la majorité l'estimait bonne[15]. Les étudiants de l'université de l'Illinois aux États-Unis n'ayant rien vécu de tel se déclaraient heureux 50 % du temps, malheureux 22 % du temps et ni l'un ni l'autre 29 % du temps. Il apparaît que les évaluations fournies par les étudiants handicapés sont identiques à 1 % près[16].

Souffrance et malheur

Tout comme nous avons distingué le bonheur du plaisir, il faut aussi faire la différence entre souffrance et malheur. On *subit* la souffrance mais on *crée* le malheur. Les souffrances sont déclenchées par une multiplicité de causes sur lesquelles nous avons parfois quelque pouvoir, souvent aucun. Naître avec un handicap, tomber malade, perdre un être cher, être pris dans une guerre ou victime d'une catastrophe naturelle, échappent à notre volonté. Tout autre est le malheur, c'est-à-dire *la façon dont nous vivons* ces souffrances. Le malheur peut certes être associé à des douleurs physiques et morales provoquées par des conditions extérieures, mais il n'est pas *essentiellement* lié à celles-ci. Dans la mesure où c'est l'esprit qui traduit la souffrance en malheur, il lui incombe d'en maîtriser la perception. L'esprit est malléable. Rien en lui n'impose une souffrance irrémédiable. Un changement, même minime, dans la manière de gérer nos pensées, de percevoir et d'interpréter le monde peut considérablement transformer notre existence.

Comment dès lors ne pas concevoir que celui, ou celle, qui a maîtrisé son esprit et développé une profonde paix intérieure puisse devenir pratiquement invulnérable aux circonstances extérieures ? Même si de telles personnes ne se rencontrent pas couramment, le simple fait qu'elles existent revêt une signification considérable pour la conduite et l'orientation de notre vie.

5

L'ALCHIMIE DE LA SOUFFRANCE

> *S'il y a moyen de se libérer de la souffrance*
> *Il convient d'utiliser chaque instant pour l'obtenir.*
> *Seuls les idiots souhaitent souffrir plus.*
> *N'est-il pas triste d'ingérer sciemment du poison ?*

> VIIe Dalaï-lama

Il y a bien longtemps de cela, le fils d'un roi de Perse avait été élevé avec le fils du Grand Vizir et leur amitié était devenue légendaire. Lorsque le prince accéda au trône, il dit à son ami :

— S'il te plaît, tandis que je vaque aux affaires du royaume, écris pour moi l'histoire des hommes et du monde, afin que j'en tire les enseignements nécessaires et que je sache de quelle manière il convient d'agir.

L'ami du roi consulta les historiens les plus célèbres, les savants les plus érudits et les sages les plus respectés. Au bout de cinq ans, il se présenta fièrement au palais :

— Sire, dit-il, voici trente-six volumes où se trouve relatée toute l'histoire du monde depuis la création jusqu'à votre avènement.

— Trente-six volumes ! s'écria le roi, comment aurais-je le temps de les lire ? J'ai tant à faire pour administrer mon royaume et m'occuper des deux cents reines de mon palais. Je t'en prie, ami, condense ton histoire.

Deux ans après, l'ami revint au palais, porteur de dix volumes. Mais le roi était en guerre contre le monarque voisin. Il fallut le rejoindre sur une montagne dans le désert, d'où il dirigeait la bataille.

— Le sort de notre royaume est en train de se jouer. Où veux-tu que je prenne le temps de lire dix volumes ? Abrège encore l'histoire des hommes.

Le fils du Vizir repartit et travailla trois ans à compiler un volume qui donnait une juste vision de l'essentiel. Le roi était à présent occupé à légiférer.

— Tu as bien de la chance d'avoir le temps d'écrire tranquillement. Moi, pendant ce temps je dois débattre des impôts et de leur recouvrement. Apporte-moi dix fois moins de pages, j'y consacrerai ma soirée avec profit.

Ainsi fut fait, deux ans plus tard. Mais lorsque l'ami revint avec soixante pages, il trouva le roi alité, agonisant des suites d'une congestion grave. L'ami lui-même n'était plus jeune ; les rides sillonnaient son visage auréolé de cheveux blancs.

— Alors ? murmura le roi dans son dernier souffle, l'histoire des hommes ?

Son ami le regarda longuement et, comme le souverain allait expirer, il lui dit :

— Ils souffrent, Seigneur[1].

Certes, ils souffrent, à chaque instant et dans le monde entier. Des êtres meurent alors qu'ils viennent à peine de naître, d'autres alors qu'ils viennent à peine d'enfanter. À chaque seconde, des êtres sont assassinés, torturés, battus, mutilés, séparés de leurs proches. D'autres sont abandonnés, trompés, expulsés, rejetés. Les uns tuent les autres par haine, cupidité, ignorance, arrivisme, orgueil ou jalousie. Des mères perdent leurs enfants, des enfants perdent leurs parents. Les malades se succèdent sans fin dans les hôpitaux. Certains souffrent sans espoir d'être soignés, d'autres sont soignés sans espoir d'être guéris. Les mourants endurent leur agonie, et les survivants leur deuil. Certains meurent de faim, de froid, d'épuisement, d'autres sont calcinés par le feu, écrasés par des rochers ou emportés par les eaux.

Ce n'est pas seulement vrai des êtres humains. Les animaux s'entre-dévorent dans les forêts, les savanes, les océans ou le ciel. À chaque instant, des dizaines de milliers d'entre eux sont tués par les hommes, déchiquetés pour être mis en boîte. D'autres endurent d'interminables tourments sous la domination de leur propriétaire, portant de lourdes charges, enchaînés leur vie entière, chassés, pêchés, piégés dans des dents de fer, étranglés dans des rets, étouffés dans des nasses, suppliciés pour leur chair, leur musc, leur ivoire, leurs os, leur fourrure, leur peau, jetés vivants dans l'eau bouillante ou écorchés vifs.

Il ne s'agit pas de simples mots, mais d'une réalité qui fait partie intégrante de notre quotidien : la mort, la nature éphémère de toute chose et la souffrance. Bien que l'on puisse se sentir submergés, impuissants devant tant de douleur, vouloir s'en détourner ne serait qu'indifférence ou lâcheté. Il nous incombe d'être intimement concernés, en pensées et en actes, et de faire tout ce qui est en notre pouvoir pour soulager ces tourments.

Les modalités de la souffrance

Le bouddhisme parle de la souffrance en formation, de la souffrance du changement et du cumul des souffrances. La souffrance en formation est comparable à un fruit vert sur le point de mûrir, la souffrance du changement à un plat savoureux mêlé de poison et le cumul des souffrances à l'apparition d'un abcès sur une tumeur. La souffrance en formation n'est pas encore ressentie comme telle. La souffrance du changement commence par une sensation de plaisir qui se transforme en souffrance et le cumul des souffrances est associé à une augmentation de la douleur.

Il distingue aussi trois types de souffrance : la souffrance visible, la souffrance cachée et la souffrance invisible. La souffrance visible est partout évidente. La souffrance cachée se dissimule sous l'apparence du plaisir, de l'euphorie, de l'insouciance, du divertissement. C'est la souffrance du changement. Le gourmet consomme un mets délicieux, et un moment plus tard le voilà convulsé par les spasmes d'une intoxication ; une famille est tranquillement réunie pour un pique-nique campagnard lorsque, soudain, un enfant est mordu par un serpent ; les noceurs dansent allégrement à la fête du village et le chapiteau s'enflamme tout à coup. Ce type de souffrance est susceptible de survenir à chaque instant de la vie, mais reste caché pour qui se laisse leurrer par le mirage des apparences et s'entête à penser que les êtres et les choses durent, échappant au changement incessant qui affecte toute chose.

Il y a aussi la souffrance sous-jacente aux activités les plus ordinaires. Il n'est pas facile d'identifier cet aspect, qui n'est pas aussi immédiatement repérable qu'une rage de dents. Cette souffrance ne nous envoie aucun signal et ne nous empêche pas de fonctionner dans le monde, puisqu'elle participe au contraire à son fonctionnement le plus quotidien. Quoi de plus anodin en apparence qu'un œuf à la coque ? Concédons que les poules de ferme ont un sort moins cruel, mais pénétrez un jour dans le monde de l'élevage en batterie : à la naissance, les poussins mâles sont séparés des femelles et passés au broyeur. Pour que les poules grandissent plus vite et pondent davantage d'œufs, elles sont nourries jour et nuit sous un éclairage artificiel. La surpopulation les rendant agressives, elles ne cessent de s'arracher mutuellement les plumes. Elles sont si serrées dans leurs cages que si vous placez une poule seule par terre elle tombe, parce qu'elle ne sait plus marcher. Rien de cette histoire ne transparaît dans l'œuf à la coque du petit déjeuner.

Il y a enfin la souffrance invisible, la plus difficilement perceptible car elle trouve son origine au sein même de l'aveuglement de notre esprit et y demeure aussi longtemps que nous nous trouvons sous l'emprise de l'ignorance et de l'égocentrisme. La confusion liée au manque de discernement et de sagesse nous aveugle sur ce qu'il est opportun d'accomplir et d'éviter afin que nos pensées, nos paroles et nos actes engendrent le bonheur et non le mal-être. Cette confusion, et les tendances qui lui sont associées, nous incite à perpétuer les comportements à la source de nos tourments. Pour dissiper une méprise à ce point préjudiciable, il faut se réveiller du rêve de l'ignorance et ouvrir les yeux sur les aspects les plus subtils du processus du bonheur et de la souffrance.

Sommes-nous capables d'identifier l'ego comme la cause de cette souffrance ? En général, non ; c'est pourquoi l'on qualifie d'invisible ce troisième type de souffrance. L'égocentrisme, ou plus précisément le sentiment maladif que l'on est le centre du monde — que nous appellerons le « sentiment de l'importance de soi » — est à l'origine de la plupart des pensées perturbatrices. Du désir obsessionnel à la haine, en passant par la jalousie, il attire la douleur comme l'aimant la limaille de fer.

Il semble donc qu'il n'existe pas la moindre échappatoire aux souffrances surgissant de toutes parts. Les prophètes ont succédé aux sages, les saints aux puissants, et les fleuves de la souffrance coulent toujours. Mère Teresa a œuvré pendant un demi-siècle pour les mourants de Calcutta, mais si les hospices qu'elle a fondés venaient à disparaître, ces mourants seraient à nouveau dans la rue, comme si rien ne s'était passé. Dans les quartiers voisins, ils meurent toujours sur le trottoir. Devant l'omniprésence, la magnitude, la multiplicité et la continuité de la souffrance, nous mesurons notre impuissance. Les textes bouddhistes disent que dans le *samsara*, le cycle des morts et des renaissances, on ne saurait trouver un lieu, même de la taille d'une pointe d'aiguille, qui soit exempt de souffrance.

Une telle vision doit-elle nous acculer au désespoir, à la folie, au découragement ou, pire, à l'indifférence ? Incapables d'en supporter l'intensité, serons-nous détruits par ce spectacle ?

Les causes de la souffrance

Peut-on imaginer mettre un terme à la souffrance ? Selon le bouddhisme, la souffrance sera toujours présente *en tant que phénomène global*. Cependant, *chaque individu* a la possibilité de s'en libérer.

S'agissant de l'ensemble des êtres, en effet, on ne peut s'attendre à ce que la souffrance disparaisse de l'univers, car, pour le bouddhisme, le monde est sans début ni fin. Il ne peut y avoir de véritable début, car *rien* ne peut devenir soudainement *quelque chose*. Le néant n'est qu'un mot qui nous permet de nous représenter l'absence voire l'inexistence des phénomènes du monde. Mais une simple idée ne peut donner naissance à quoi que ce soit.

Quant à une véritable fin où *quelque chose deviendrait rien*, elle se révèle pareillement impossible. Or, partout où la vie s'épanouit dans l'univers, la souffrance est présente : maladie, vieillesse, mort, séparation d'avec ceux que l'on aime, union forcée avec ceux qui nous oppriment, privation de ce dont on a besoin, confrontation avec ce que l'on redoute, etc.

Cette vision ne conduit pas pour autant le bouddhisme à adhérer aux vues de certains philosophes occidentaux pour lesquels la souffrance est *inéluctable* et le bonheur hors d'atteinte. Pessimiste notoire, Schopenhauer était convaincu que l'homme n'est *absolument* pas fait pour le bonheur et qu'il s'en lasse *immédiatement* ; autrement dit, il ne peut *jamais* en faire l'expérience[2]. En affirmant que « nul contentement ne peut être de durée » et que « viendra infailliblement une peine nouvelle[3] », Schopenhauer et ses pairs constatent les symptômes de la souffrance et décrivent l'état du monde conditionné par l'ignorance, ce que le bouddhisme appelle *samsara*.

En observant l'aspect répétitif de la souffrance, ils posent un diagnostic sans être en mesure de préconiser un traitement, ce qui les conduit à juger la maladie incurable. Pareils à des chercheurs qui auraient renoncé à étudier les causes et les façons de guérir les maladies infectieuses sous prétexte qu'elles n'ont cessé de surgir, partout et depuis toujours, ces philosophes décrètent la guérison impossible. Le pas est vite franchi : le pessimisme devient une philosophie, voire un dogme, culminant dans l'éloge du spleen.

Pour qu'un tel pessimisme soit justifié, il faudrait que la souffrance soit *inhérente* à l'existence et possède un caractère *absolu*. Or ce n'est pas le cas.

Sur le plan individuel, il est en effet possible d'éradiquer les causes de la souffrance. La raison en est simple : le malheur a des causes que l'on peut identifier et sur lesquelles on peut agir. C'est uniquement en se trompant sur la nature de ces causes que l'on en vient à douter de la possibilité d'une guérison.

La première erreur consiste à penser que le malheur est inévitable parce qu'il résulte d'une volonté divine ou de quelque autre principe immuable et que, de ce fait, il échappe pour toujours à notre contrôle. La deuxième soutient gratuitement l'idée que le malheur n'a pas de cause identifiable, qu'il nous tombe dessus par hasard et ne dépend pas de nous. La troisième erreur relève d'un fatalisme confus qui, comme l'explique Alain, revient à penser que, « quelles que soient les causes, le même effet en résultera[4] ».

Si le malheur avait des causes immuables, nous ne pourrions jamais lui échapper. Il serait alors préférable, dit le Dalaï-lama, « de ne pas s'infliger de tourments supplémentaires en ressassant constamment nos souffrances. Autant penser à autre chose, aller à la plage et boire une bonne bière ! ». En effet, s'il n'y avait aucun remède à la souffrance, il ne servirait à rien de l'aggraver par un sentiment de détresse. Mieux vaudrait soit l'accepter pleinement, soit distraire son esprit afin de la ressentir de façon moins cuisante.

Le malheur pourrait-il vraiment avoir des causes immuables ? Selon la philosophie bouddhiste, pour être agissante toute cause doit être elle-même changeante. Elle fait partie d'un flot dynamique impliquant un très grand nombre d'autres causes interdépendantes et transitoires. Si l'on y réfléchit bien, d'un point de vue strictement logique, une cause immuable ne peut rien engendrer, car en *participant* à un processus de causalité qui entraîne le *changement*, la cause s'en trouve elle-même affectée. Ce faisant, elle perd son immutabilité. Rien ne peut exister de façon autonome et invariable. Dû à des causes impermanentes, le malheur est lui aussi sujet au changement et peut être transformé. Il n'y a donc pas de malheur originel ni de souffrance éternelle.

Si, à l'opposé, le malheur advenait sans cause ou d'une manière totalement désordonnée, alors les lois de causalité n'auraient aucun sens : tout pourrait provenir de n'importe quoi, des fleurs pourraient croître en plein ciel et la lumière créer l'obscurité.

Ce qui advient n'est toutefois pas dénué de causes. Quel brasier n'a pas commencé par une étincelle, quelle guerre par des pensées de haine, de peur ou d'avidité ? Quelle souffrance intérieure n'a pas poussé sur le terrain fertile de l'envie, de l'animosité, de la vanité ou, plus fondamentalement, de l'ignorance ?

Chacun a donc la faculté d'examiner les causes de la souffrance et de s'en libérer graduellement. Chacun a le potentiel de dissiper les voiles de l'ignorance, de se débarrasser des toxines mentales qui provoquent le malheur, de trouver la paix intérieure et d'œuvrer au bien des êtres, extrayant ainsi la quintessence de sa condition humaine.

Quelle différence cela fait-il au regard des souffrances infinies des vivants ? Un ami qui se consacre au travail humanitaire m'a raconté une histoire qui le soutient dans sa détermination, lorsqu'il lui arrive de penser que ses efforts sont vains devant l'immensité de la tâche à accomplir. Un homme marche sur une plage couverte de millions d'étoiles de mer qui meurent au soleil. À chaque pas, il ramasse une étoile et la rejette à la mer.

Un camarade qui le regarde lui fait remarquer : « Te rends-tu compte qu'il y a des millions d'étoiles de mer sur la plage ! Si louables soient-ils, tes efforts ne font aucune différence. » Et l'homme, tout en jetant une étoile de plus à l'eau, de répondre : « Si, pour *celle-ci*, cela fait une différence ! » Ce n'est donc pas l'énormité de la tâche qui importe, mais la magnitude de notre courage.

Les quatre vérités de la souffrance

Le premier obstacle à la réalisation du bonheur consiste à ne pas reconnaître la souffrance pour ce qu'elle est. Bien souvent, on tient pour bonheur ce qui n'est qu'une souffrance déguisée. Cette ignorance nous empêche d'en rechercher les causes, donc d'y remédier. Nous sommes comme certains malades qui, inconscients du mal qui les afflige, ne reconnaissent pas les symptômes de leur maladie et négligent de procéder à un examen médical. Ou pire, comme ceux qui se savent souffrants mais préfèrent pratiquer la politique de l'autruche plutôt que de suivre un traitement.

Il y a plus de deux mille cinq cents ans, sept semaines après qu'il eut atteint l'Éveil sous l'arbre de la Bodhi, le Bouddha donna son premier enseignement au parc des Gazelles, près de Bénarès. Il y énonça les Quatre Nobles Vérités. La première est la vérité de la souffrance. Pas seulement la souffrance qui saute aux yeux, mais aussi, nous l'avons vu, ses formes plus subtiles. La deuxième est la vérité des causes de la souffrance, l'ignorance qui entraîne le désir avide, la malveillance, l'orgueil et bien d'autres pensées qui empoisonnent notre vie et celle des autres. Ces poisons mentaux pouvant être éliminés, la cessation de la souffrance — la troisième vérité — est donc possible. La quatrième vérité est celle de la voie qui transforme cette possibilité en réalité. Cette voie, c'est le processus qui met en œuvre toutes les méthodes permettant d'éliminer les causes fondamentales de la souffrance. En somme, il faut :

Reconnaître la souffrance.
Éliminer son origine.
Réaliser sa cessation,
Et à cette fin pratiquer la voie.

L'accent que le Bouddha a mis sur la souffrance dès son premier sermon ne reflète nullement une vision pessimiste de l'existence. À l'image d'un médecin expérimenté, il nous engage à reconnaître la nature de cette souffrance pour en identifier les causes, en trouver les remèdes et les appliquer. C'est pourquoi les enseignements bouddhistes disent souvent que l'on doit considérer soi-même comme un malade, le Bouddha ou le maître spirituel comme un habile médecin, son enseignement comme une ordonnance et le chemin de la transformation personnelle comme le processus de guérison.

Lorsque la souffrance se traduit en mal-être

Tout comme nous avons distingué bonheur et plaisir, il est important de clarifier la différence entre le malheur, ou plus exactement le « mal-être », et les douleurs éphémères. Celles-ci dépendent de circonstances extérieures ; alors que le malheur, ou *doukha,* est un profond état d'insatisfaction qui perdure en dépit de circonstances extérieures favorables. À l'inverse, répétons qu'il est possible de souffrir physiquement ou mentalement, de ressentir de la tristesse par exemple, sans perdre le sentiment de plénitude, *soukha*, qui repose sur la paix intérieure et l'altruisme. Il s'agit de deux niveaux d'expérience que l'on peut comparer respectivement aux vagues et aux profondeurs de l'océan. À la surface, une tempête fait rage, mais dans les profondeurs le calme demeure. Le sage reste toujours relié aux profondeurs. À l'opposé, celui qui vit seulement les expériences de la surface et ignore les profondeurs de la paix intérieure se trouve perdu lorsqu'il est ballotté par les vagues de la souffrance.

Mais, objectera-t-on, comment ne pas être bouleversé lorsque mon enfant est très malade et que je sais qu'il va mourir ? Comment ne pas être déchiré quand je vois des milliers de civils déportés, blessés, victimes de la guerre ? Dois-je ne plus rien ressentir ? Au nom de quoi accepter cela ? Qui ne serait pas affecté en effet, même le plus serein des sages ? Combien de fois ai-je vu le Dalaï-lama verser des larmes en pensant aux souffrances de personnes qu'il venait à peine de rencontrer. La différence entre le sage et l'être ordinaire est que le premier peut manifester un inconditionnel amour à celui qui souffre et faire tout ce qui est en son pouvoir pour atténuer sa douleur, sans que sa propre vision de l'existence s'en trouve ébranlée. L'essentiel est d'être disponible aux autres, sans pour autant sombrer dans le désespoir lorsque les événements naturels de la vie et de la mort suivent leur cours.

J'ai depuis plusieurs années un ami sikh, un homme d'une soixantaine d'années à la belle barbe blanche qui travaille à l'aéroport de Delhi. Chaque fois que je suis en transit, nous prenons une tasse de thé et discutons de philosophie et de spiritualité, reprenant la conversation là où nous l'avions laissée quelques mois plus tôt. Un jour, il me confia d'emblée : « Mon père est mort il y a quelques semaines. Je suis bouleversé, car je ressens sa disparition comme une injustice. Je ne peux ni la comprendre ni l'admettre. » Pourtant, le monde en lui-même ne peut pas être qualifié d'injuste — il ne fait que refléter les lois de cause à effet — et l'impermanence, la précarité de toute chose, est un phénomène naturel.

Avec le plus de douceur possible, je lui ai raconté l'histoire de cette femme éperdue à la mort de son enfant et qui vint trouver le Bouddha en le suppliant de le ramener à la vie. Le Bouddha lui demanda de lui apporter une poignée de terre provenant d'une maison où il n'y aurait jamais eu aucun décès. Après avoir fait le tour du village et s'être rendu compte que toutes les maisons avaient connu le deuil, elle revint auprès du Bouddha qui la réconforta par des paroles d'amour et de sagesse.

Je lui contai aussi l'histoire de Dza Mura Tulkou, un maître spirituel qui vécut au début du XXe siècle à l'est du Tibet. Il avait fondé une famille et, tout au long de sa vie, il avait éprouvé pour sa femme une grande tendresse qui était réciproque. Il ne faisait rien sans elle et disait toujours que, si elle venait à disparaître, il ne lui survivrait pas longtemps. Elle mourut subitement. Les proches et les disciples se rendirent immédiatement auprès du maître. Se rappelant les paroles qu'ils lui avaient souvent entendu prononcer, aucun d'entre eux n'osait lui annoncer la nouvelle. Finalement, un disciple lui apprit le plus simplement possible que son épouse était morte.

La réaction dramatique qu'ils craignaient ne se produisit pas. Le maître les regarda avec étonnement et leur dit : « Comment se fait-il que vous sembliez si consternés ? Combien de fois ne vous ai-je pas enseigné que les phénomènes et les êtres étaient impermanents. Même le Bouddha a quitté le monde. » Quelle que fût la tendresse que le sage avait nourrie pour son épouse, et en dépit de la grande tristesse qu'il éprouvait très certainement, être ravagé par la douleur n'aurait rien ajouté à son amour pour elle, au contraire. Pour lui, il était plus important de prier sereinement pour la défunte et de lui faire l'offrande de cette sérénité.

Rester douloureusement obsédé par une situation ou par le souvenir d'un défunt au point d'en être brisé des mois ou des années durant n'est pas une preuve d'affection mais un attachement qui n'est source d'aucun bienfait ni pour les autres ni pour soi-même. Si l'on arrive à admettre que la mort fait partie de la vie, la détresse cède peu à peu la place à la compréhension et à la paix. « Ne crois pas me rendre un grand hommage si tu laisses ma mort devenir le grand événement de ta vie. Le meilleur tribut que tu puisses payer à ta mère est de continuer de mener une existence riche et heureuse. » Telles sont les paroles qu'adressa une mère à son fils, quelques instants avant sa mort[5].

La façon dont nous vivons ces vagues de souffrance dépend donc considérablement de notre propre attitude. Ainsi vaut-il toujours mieux se familiariser et se préparer aux souffrances que l'on est susceptible de rencontrer et dont certaines sont inévitables, telles la maladie, la vieillesse et la mort, plutôt que d'être pris au dépourvu et de sombrer dans la détresse. Une douleur physique ou morale peut être intense sans pour autant détruire notre vision positive de l'existence. Une fois que nous avons acquis une certaine paix intérieure, il est plus facile de préserver notre force d'âme ou de la retrouver rapidement, même si, extérieurement, nous nous trouvons confrontés à des circonstances particulièrement difficiles.

Cette paix de l'esprit nous viendrait-elle simplement parce que nous la désirons ? C'est peu probable. On ne gagne pas sa vie seulement en le souhaitant. De même, la paix est un trésor de l'esprit qui ne s'acquiert pas sans efforts. Si nous nous laissons submerger par nos problèmes personnels, si tragiques soient-ils, nous ne faisons qu'accroître nos difficultés et devenons également un fardeau pour ceux qui nous entourent. Si notre esprit s'habitue à ne considérer que la douleur que lui causent les événements ou les êtres, un jour viendra où le moindre incident lui procurera une peine infinie. L'intensité de ce sentiment s'amplifiant avec l'habitude, tout ce qui nous arrivera finira par nous affliger : la paix n'aura plus de place en nous. Toutes les apparences prendront un caractère hostile, nous nous révolterons amèrement contre notre sort au point de douter du sens même de l'existence. Aussi est-il essentiel d'acquérir une certaine paix intérieure, de sorte que, sans diminuer en aucune façon notre sensibilité, notre amour et notre altruisme, nous sachions nous relier aux profondeurs de notre être.

Les aspects les plus atroces de la souffrance — la misère, la famine, les massacres — sont souvent moins visibles dans les pays démocratiques où le progrès matériel a permis de remédier à nombre de maux qui continuent d'affliger les pays pauvres et politiquement instables. Mais les habitants de ce « meilleur des mondes » semblent avoir perdu la capacité d'accepter les souffrances inévitables de la maladie et de la mort. Il est commun en Occident de considérer la souffrance comme une anomalie, une injustice ou un échec. En Orient, celle-ci est moins dramatisée et on l'envisage avec davantage de courage et de tolérance. Dans la société tibétaine, il n'est pas rare de voir des gens plaisanter au chevet d'un mort, ce qui paraîtrait choquant en Occident. Ce n'est pas le signe d'un manque d'affection, mais d'une compréhension de l'inéluctabilité de telles épreuves, et aussi de la certitude qu'il existe un remède intérieur au tourment, à l'angoisse de se retrouver seul. Aux yeux d'un Occidental, beaucoup plus individualiste, tout ce qui perturbe, menace et finalement détruit l'individu est ressenti comme un drame absolu car l'individu constitue un monde à lui seul. En Orient, où prévaut une vision plus holistique du monde et où l'on accorde une plus grande importance aux relations entre tous les êtres et à la croyance en un continuum de conscience qui reprend naissance, la mort n'est pas un anéantissement, mais un passage.

Tirer le meilleur parti de la souffrance

Selon la voie bouddhiste, la souffrance n'est en aucun cas souhaitable. Cela ne signifie pas qu'on ne puisse pas en *faire usage*, lorsqu'elle est inévitable, pour progresser humainement et spirituellement. Comme l'explique le Dalaï-lama : « Une profonde souffrance peut nous ouvrir l'esprit et le cœur, et nous ouvrir aux autres[6]. » La souffrance peut être un extraordinaire enseignement, à même de nous faire prendre conscience du caractère superficiel de nombre de nos préoccupations habituelles, du passage irréversible du temps, de notre propre fragilité et surtout de ce qui compte vraiment au plus profond de nous-même.

Après avoir vécu plusieurs mois au seuil de la mort dans d'atroces douleurs, Guy Corneau, psychanalyste canadien, finit par « lâcher prise ». Il cessa de se révolter contre une souffrance difficile à soigner, et s'ouvrit au potentiel de sérénité qui est toujours présent au plus profond de soi : « Cette ouverture du cœur ne fit que s'accentuer au fil des jours et des semaines qui suivirent. J'étais plongé dans une béatitude sans nom. Un immense feu d'amour brûlait en moi. Je n'avais qu'à fermer les yeux pour m'y abreuver, m'emplir et me rassasier… Plus, je savais que l'amour était le tissu même de cet univers, l'identité commune de chaque être et de chaque chose. Il n'y avait que l'amour et rien d'autre… À long terme, la souffrance favorise la découverte d'un monde où il n'y a pas de séparation réelle entre l'extérieur et l'intérieur, entre le corps et l'esprit, entre moi et les autres[7]. »

Il serait donc absurde de nier que la souffrance peut avoir des qualités pédagogiques si l'on sait l'utiliser à bon escient. Par contre, s'y résigner en pensant simplement « c'est la vie ! » équivaut à renoncer d'avance à cette possibilité de transformation intérieure qui s'offre à chacun et permettrait d'éviter que la souffrance ne soit systématiquement convertie en malheur. Ne plus être submergé par des obstacles tels que la maladie, l'inimitié, la trahison, la critique ou les revers de fortune ne signifie en rien que les événements ne nous affectent pas, ni que nous les ayons éliminés à jamais, mais qu'ils n'entravent plus notre progression vers la liberté intérieure. Afin de ne pas être terrassé par la souffrance et de l'utiliser au mieux comme un catalyseur, il est important de ne pas laisser l'anxiété et le découragement envahir l'esprit. Shantideva écrit : « S'il y a un remède, à quoi bon le mécontentement ? S'il n'y a pas de remède, à quoi bon le mécontentement ? »

Éviter de faire retomber le blâme sur les autres

Systématiquement blâmer les autres pour nos tourments et voir en eux les seuls responsables de nos souffrances revient à nous garantir une vie misérable. Ne sous-estimons pas les répercussions de nos actes, de nos paroles et de nos pensées. Si nous avons semé un mélange de graines de fleurs et de plantes vénéneuses, il ne faut pas s'étonner que la récolte soit mixte. Si nous alternons comportements altruistes et nuisibles, ne soyons pas surpris de glaner un mélange contrasté de joies et de souffrances. Selon Luca et Francesco Cavalli-Sforza, père et fils, l'un généticien des populations, professeur à l'université de Stanford, l'autre philosophe : « Les conséquences d'une action, quelle qu'elle soit, mûrissent au fil du temps et retombent tôt ou tard sur celui qui l'a accomplie : il ne s'agit pas d'une intervention de la justice divine, mais d'une simple réalité[8]. » Considérer en effet que la souffrance résulte de la volonté divine débouche sur une incompréhension totale des calamités répétées qui accablent certaines personnes et certains peuples. Pourquoi un Tout-Puissant aurait-il créé des conditions conduisant à tant de souffrances ? Selon la perspective bouddhiste, nous sommes le résultat d'un très grand nombre d'actes libres dont nous sommes responsables. Le VIIe Dalaï-lama écrivait :

> Un cœur glacé par l'eau des tourments
> Est le résultat d'actes destructeurs,
> Le fruit de notre propre folie :
> N'est-il pas triste d'en blâmer les autres[9] ?

Cette approche est liée à la notion bouddhiste de *karma*, trop souvent mal comprise en Occident. *Karma* signifie « acte », mais désigne également le lien dynamique qui existe entre un acte et son résultat. Chaque action — et autant chaque *intention* qui la sous-tend — est considérée comme positive ou négative selon ses effets sur le bonheur et la souffrance. Il est aussi insensé de vouloir vivre heureux sans avoir renoncé aux actes nuisibles que de mettre sa main dans le feu en espérant ne pas se brûler. De même, on ne peut acheter le bonheur, le voler ou le trouver par hasard : il faut le cultiver soi-même. Pour le bouddhisme, la souffrance n'est donc pas une anomalie ou une injustice, elle est dans la nature du monde conditionné que l'on appelle *samsara*. C'est le produit logique et inéluctable de la loi de cause à effet. Le bouddhisme qualifie le monde de « conditionné », dans la mesure où tous les éléments qui le composent résultent d'un nombre infini de causes et de circonstances toutes sujettes à l'impermanence et à la destruction.

Comment le bouddhisme considère-t-il la tragédie des innocents torturés, massacrés ou mourant de famine ? À première vue, leurs souffrances semblent dues à des causes bien plus tragiques et puissantes que de simples pensées négatives. Pourtant, ce sont bien l'insensibilité de ceux qui laissent mourir de faim ou la haine de ceux qui torturent qui sont à l'origine des immenses souffrances d'une grande partie de l'humanité. Le seul antidote à ces aberrations consiste à prendre la pleine mesure des souffrances des autres, puis à comprendre au plus profond de soi qu'aucun être vivant au monde ne souhaite souffrir. Selon le Dalaï-lama : « Rechercher le bonheur en restant indifférent à la souffrance des autres est une erreur tragique[10]. »

Gérer la souffrance

S'il est concevable de remédier aux douleurs mentales en transformant l'esprit, comment appliquer un tel processus à la souffrance physique ? Comment faire face à une douleur qui nous accule aux limites du tolérable ? Ici encore, il convient de distinguer deux types de souffrance : la douleur physiologique, et la souffrance mentale et émotionnelle que la première engendre. Il y a certainement plusieurs manières de vivre une même douleur, plus ou moins intensément.

Du point de vue neurologique, on sait que la réaction émotionnelle à la douleur varie de façon importante d'un individu à l'autre, et qu'une part considérable de la sensation douloureuse est associée au désir anxieux de la supprimer. Si nous laissons cette anxiété submerger notre esprit, la plus bénigne des douleurs devient vite insupportable. Notre appréciation de la douleur dépend donc aussi de notre esprit : c'est lui qui réagit à la douleur par la peur, la révolte, le découragement, l'incompréhension ou le sentiment d'impuissance, de sorte qu'au lieu de subir un seul tourment, nous les cumulons.

Comment, dès lors, prendre en main la douleur au lieu d'en être la victime ? Si l'on ne peut lui échapper, mieux vaut parier sur elle que de prétendre la rejeter. Que l'on sombre dans le découragement le plus total ou que l'on conserve sa force d'âme et son désir de vivre, dans les deux cas la douleur subsiste, mais, dans le second, on sera capable de préserver sa dignité et sa confiance en soi, ce qui fait une grande différence.

À cette fin, le bouddhisme a élaboré différentes méthodes. L'une fait appel à l'imagerie mentale, une autre permet de transformer la douleur en s'éveillant à l'amour et à la compassion, une troisième consiste à examiner la nature de la souffrance et, par extension, celle de l'esprit qui souffre.

Le pouvoir des images

Dans la tradition bouddhiste on a souvent recours à ce que la psychologie moderne appelle l'imagerie mentale en vue de modifier la perception de la douleur. On visualise, par exemple, un nectar bienfaisant, lumineux, qui imprègne l'endroit où la douleur est la plus pénible et la dissout peu à peu en une sensation de bien-être. Puis ce nectar emplit le corps tout entier et la sensation douloureuse s'estompe.

Une synthèse des résultats publiés dans une cinquantaine d'articles scientifiques[11] a montré que, dans 85 % des cas, le recours aux méthodes mentales augmente la capacité à supporter la douleur. Parmi ces diverses techniques, l'imagerie mentale s'est avérée la plus efficace, encore que cette efficacité varie en fonction des supports visuels. On peut ainsi visualiser une situation neutre (imaginer que l'on écoute attentivement une conférence) ou agréable (se voir dans un endroit plaisant, devant un superbe paysage). Il existe d'autres méthodes destinées à distraire le patient de sa douleur, telles que la concentration sur un objet extérieur (regarder une projection de photographie), la pratique d'un exercice répétitif (compter de cent à zéro, de trois chiffres en trois chiffres), ou l'acceptation consciente de la douleur ; toutefois ces trois dernières méthodes ont donné de moins bons résultats. L'interprétation proposée pour expliquer cette disparité est que l'imagerie mentale mobilise davantage l'attention et est ainsi plus apte à distraire le malade de sa douleur que les méthodes fondées sur des *images extérieures*, un *exercice* intellectuel ou une *attitude*. Un groupe de chercheurs a établi qu'au terme d'un mois de pratique guidée d'imagerie mentale, 21 % des patients attestent une amélioration notable de leur migraine chronique, contre 7 % du groupe contrôle, qui n'a pas suivi l'entraînement[12].

La force de la compassion

La seconde méthode permettant de gérer la souf-france, physique mais aussi morale, est liée à la pratique de la compassion. Celle-ci est un état d'esprit fondé sur le souhait que les êtres soient délivrés de leurs souffran-ces et des causes de leurs souffrances. Il en résulte un sentiment d'amour, de responsabilité et de respect à l'égard de tous. Grâce à ce sentiment de compassion, nous prenons en charge notre propre souffrance, unie à celle de tous les êtres, en pensant : « D'autres que moi sont affligés par des peines comparables aux miennes, et parfois bien pires. Comme j'aimerais qu'ils puissent, eux aussi, en être libérés ! » Notre douleur n'est plus ressentie alors comme une dégénérescence oppressante. Imprégné d'altruisme, nous cessons de nous demander avec amertume : « Pourquoi moi ? »

Mais pourquoi penser délibérément à la souffrance des autres, alors que nous faisons l'impossible pour éviter la nôtre ? Ce faisant, n'alourdissons-nous pas inutilement notre propre fardeau ? Le bouddhisme nous enseigne que non. Lorsque nous sommes totalement absorbé par nous-même, nous sommes vulnérable et devenons facilement la proie du désarroi, de l'impuissance et de l'angoisse. Mais lorsque, par compassion, nous éprouvons un puis-sant sentiment d'empathie face aux souffrances des autres, la résignation impuissante fait place au courage, la dépression à l'amour, l'étroitesse d'esprit à une ouver-ture envers tous ceux qui nous entourent.

Contempler la nature même de notre esprit

La troisième méthode est celle des contemplatifs. Elle est sans doute la moins évidente, mais nous pouvons nous en inspirer pour réduire nos souffrances physiques et mentales. Elle consiste à contempler la nature de l'esprit qui souffre. Les maîtres bouddhistes enseignent la méthode suivante : lorsqu'on éprouve une puissante douleur physique ou mentale, il faut simplement la regarder. Même si sa présence est lancinante, demandons-nous quelle est sa couleur, sa forme ou toute autre caractéristique immuable. On s'aperçoit alors que les contours de la douleur s'estompent à mesure qu'on tente de les cerner. En fin de compte, on reconnaît qu'il y a, derrière la douleur, une présence consciente, celle-là même qui se trouve à la source de toute sensation et de toute pensée. La nature fondamentale de l'esprit est cette pure faculté de connaissance. Détendons notre esprit et essayons de laisser la douleur reposer dans cette nature claire et inaltérable. Cela nous permettra de ne plus être la victime passive de la douleur, mais, peu à peu, de faire face et de remédier à la dévastation qu'elle engendre dans notre esprit.

La nature de l'esprit

Lorsque l'esprit s'examine lui-même, que peut-il apprendre sur sa propre nature ? La première chose qui se remarque, ce sont les courants de pensées qui ne cessent de surgir presque à notre insu. Que nous le voulions ou non, d'innombrables pensées traversent notre esprit, entretenues par nos sensations, nos souvenirs et notre imagination. Mais n'y a-t-il pas aussi une qualité de l'esprit toujours présente, quel que soit le contenu des pensées ? Cette qualité, c'est la conscience première qui sous-tend toute pensée et demeure tandis que, pendant quelques instants, l'esprit reste tranquille, comme immobile, tout en conservant sa faculté de connaître. Cette faculté, cette simple « présence éveillée », on pourrait l'appeler « conscience pure » car elle peut exister en l'absence de constructions mentales.

Continuons à laisser l'esprit s'observer lui-même. Cette « conscience pure », ainsi que les pensées qui surgissent en elle, on en fait indiscutablement l'expérience. Elle existe donc. Mais, hormis cela, que peut-on en dire ? Si l'on examine les pensées, est-il possible de leur attribuer une caractéristique quelconque ? Ont-elles une localisation ? Non. Une couleur ? Une forme ? Non plus. On n'y trouve que cette qualité, « connaître », mais aucune autre caractéristique intrinsèque et réelle. C'est dans ce sens que le bouddhisme dit que l'esprit est « vide d'existence propre ». Cette notion de vacuité des pensées est certes très étrangère à la psychologie occidentale. À quoi sert-elle ? Tout d'abord, lorsqu'une puissante émotion ou pensée surgit, la colère par exemple, que se passe-t-il d'ordinaire ? Nous sommes très facilement submergé par cette pensée qui s'amplifie et se multiplie en de nombreuses autres pensées qui nous perturbent, nous aveuglent et nous incitent à prononcer des paroles et à commettre des actes, parfois violents, qui font souffrir les autres et seront bientôt pour nous une source de regret. Au lieu de laisser se déclencher ce cataclysme, on peut examiner cette pensée de colère pour s'apercevoir que dès le départ ce n'est « que du vent ». Nous reviendrons sur ces techniques (voir chap. 9), mais disons d'ores et déjà que l'on peut ainsi s'affranchir de l'emprise des émotions perturbatrices.

Il y a un autre avantage à mieux appréhender la nature fondamentale de l'esprit. Si l'on comprend que les pensées surgissent de la conscience pure, puis s'y résorbent, comme les vagues émergent de l'océan et s'y dissolvent à nouveau, on a fait un grand pas vers la paix intérieure. Dorénavant, les pensées auront perdu une bonne part de leur pouvoir de nous troubler. Pour se familiariser avec cette méthode, lorsqu'une pensée surgit, essayons d'observer sa source ; quand elle disparaît, demandons-nous où elle s'est évanouie. Durant le bref laps de temps où notre esprit n'est pas encombré de pensées discursives, contemplons sa nature. Dans cet intervalle, où les pensées passées ont cessé et les pensées futures ne se sont pas encore manifestées, ne perçoit-on pas une conscience pure et lumineuse qui n'est pas modifiée par nos fabrications conceptuelles ? Procédant ainsi, par l'expérience directe, nous apprendrons peu à peu à mieux comprendre ce que le bouddhisme entend par « nature de l'esprit ».

Ce n'est certes pas facile, mais l'expérience montre que c'est possible. J'ai personnellement connu nombre de méditants ayant recours à cette méthode lors de maladies terminales connues pour être particulièrement douloureuses et qui semblaient remarquablement sereins et relativement peu affectés par la douleur. Mon regretté ami Francisco Varela, chercheur de renom en sciences cognitives, pratiquant depuis la méditation bouddhiste, m'a confié, lorsque nous nous sommes longuement entretenus quelques semaines avant sa mort d'un cancer généralisé, qu'il arrivait à demeurer presque tout le temps dans cette « présence éveillée ». La douleur physique lui semblait alors très lointaine et ne l'empêchait pas de conserver sa paix intérieure. Il n'avait d'ailleurs besoin que de très faibles doses d'analgésiques. Son épouse, Amy, m'a rapporté qu'il avait préservé cette lucidité et sérénité contemplative jusqu'à son dernier souffle.

Lors d'un congrès sur la souffrance auquel j'ai participé[13], certains niaient avec véhémence que l'on puisse préserver une forme de sérénité dans la souffrance physique et dans des conditions abominables comme la torture. J'ai alors rapporté les témoignages de plusieurs personnes que j'ai bien connues et qui ont vécu des épreuves physiques à peine concevables. Ani Patchèn, princesse, nonne et résistante tibétaine qui, au début de ses vingt et une années de détention, fut maintenue neuf mois dans l'obscurité totale. Seul le chant des oiseaux qu'elle entendait de sa cellule lui permettait de distinguer le jour de la nuit[14]. Citons encore l'exemple de Tendzin Tcheudrak, le médecin du Dalaï-lama, ou de Palden Gyatso[15]. Tous subirent d'effroyables tortures et passèrent de nombreuses années dans les prisons et les camps de travaux forcés chinois. Or ces personnes affirment que, si elles n'étaient certes pas « heureuses » au sens où nous l'entendons habituellement, elles avaient néanmoins su préserver *soukha*, cet état qui nous unit à la nature de notre esprit et à une juste compréhension des choses et des êtres. Tendzin Tcheudrak fut tout d'abord envoyé par les Chinois avec une centaine de compagnons dans un camp de travaux forcés au nord-est du Tibet. Cinq prisonniers, dont lui-même, survécurent. Il fut ensuite transféré d'un camp à l'autre pendant vingt années et crut à maintes reprises qu'il allait mourir de faim ou des sévices qu'on lui infligeait. Un psychiatre spécialiste du stress post-traumatique et qui s'est entretenu avec Tendzin Tcheudrak a été étonné qu'il soit sorti de cette épreuve sans manifester le moindre signe de ce syndrome post-traumatique : il n'était pas amer, ne montrait aucun ressentiment, manifestait une gentillesse sereine et n'avait aucun des problèmes psychologiques habituels (angoisses, cauchemars, etc.[16]). Tendzin Tcheudrak et Palden Gyatso témoignaient que même s'ils avaient parfois éprouvé de la haine envers leurs tortionnaires, ils étaient toujours revenus à la méditation sur la paix intérieure et la compassion. C'était elle qui avait préservé leur désir de vivre et les avait finalement sauvés.

Le « moine rebelle », Tenzin Kunchap, s'échappa plusieurs fois des prisons chinoises, mais fut chaque fois repris. Au cours de l'une de ses tentatives de fuite, il plongea dans une fosse septique pour échapper à ses poursuivants. Il fut finalement capturé, arrosé à la lance à eau et abandonné dans la cour de la prison où il se transforma en bloc de glace. Il ne fut ramené à la vie que pour être battu jusqu'à ce qu'il perde à nouveau connaissance. « Tu dois dépasser la haine et le découragement », se répétait-il constamment à l'issue des séances de torture à la matraque électrique[17]. Il ne s'agit pas là d'une prise de position intellectuelle et morale, culturellement et philosophiquement différente de la nôtre, ce dont nous pourrions débattre sans fin. Ces personnes ont le *droit* de dire qu'il est possible de préserver *soukha* même lorsqu'on est soumis régulièrement à la torture, parce qu'elles l'ont *vécu* pendant des années et que l'authenticité de leur expérience surpasse en force toute théorie.

Un autre souvenir qui me vient à l'esprit est celui d'un homme que je connais depuis plus de vingt ans et qui vit dans la province du Bumthang, au cœur du royaume himalayen du Bhoutan. C'est un homme-tronc. Il est né ainsi. Il vit en bordure d'un village dans une petite cabane en bambou de quelques mètres carrés. Il ne sort jamais et bouge à peine de son matelas posé à même le sol. Il urine par un petit tuyau et défèque par un trou aménagé dans le plancher au-dessus d'un ruisseau qui passe sous sa cabane bâtie sur pilotis. Il est arrivé du Tibet, porté par d'autres réfugiés, il y a quarante ans, et depuis, il a toujours vécu là. Le fait qu'il soit encore en vie est déjà assez extraordinaire en soi, mais ce qui frappe davantage, c'est la joie qui émane de lui. Chaque fois que je le vois, il manifeste toujours la même attitude sereine, simple, douce et sans affectation. Quand on lui fait de petits cadeaux (de la nourriture, une couverture, une petite radio...), il dit que ce n'est pas la peine de lui apporter quoi que ce soit : « De quoi aurais-je besoin ? » demande-t-il en riant. Dans sa minuscule cabane, on trouve souvent quelqu'un du village, un enfant, un vieillard, un homme ou une femme, qui viennent lui apporter de l'eau, un repas, bavarder un peu. Mais surtout, disent-ils, ils viennent parce que cela leur fait du bien de passer quelques moments auprès de lui. Ils lui demandent conseil. Lorsqu'un problème surgit au village, c'est le plus souvent à lui que l'on s'adresse. Et, de fait, quel autre intérêt pourrait-il avoir que celui d'autrui ? Lorsqu'il se rendait au Bumthang, Dilgo Khyentsé Rinpoché, mon père spirituel, s'arrêtait parfois pour lui rendre visite. Il lui donnait sa bénédiction, parce que notre ami la lui demandait, mais Khyentsé Rinpoché savait qu'elle n'était sans doute pas aussi nécessaire qu'à la plupart d'entre nous. Cet homme a trouvé le bonheur en lui, et rien ne peut le lui enlever, ni la vie ni la mort.

6

LE BONHEUR EST-IL POSSIBLE ?

> *La liberté extérieure que nous atteindrons dépend du degré de liberté intérieure que nous aurons acquis. Si telle est la juste compréhension de la liberté, notre effort principal doit être consacré à accomplir un changement en nous-même.*

> Mahatma Gandhi

Il nous est arrivé à tous, à tel ou tel moment de notre vie, de croiser des êtres qui respirent le bonheur. Ce bonheur semble imprégner chacun de leurs gestes, chacune de leurs paroles, avec une qualité et une amplitude qu'il est impossible de ne pas remarquer. Certains déclarent sans ambiguïté, mais aussi sans ostentation, qu'ils ont atteint un bonheur qui perdure au plus profond d'eux-mêmes, quels que soient les aléas de l'existence.

Bien qu'un tel état de plénitude stable se rencontre rarement, les recherches en psychologie sociale ont établi, nous en reparlerons, que si les conditions de vie ne sont pas trop oppressantes, la majorité des gens se déclarent satisfaits de la qualité de leur existence (75 %

en moyenne dans les pays développés). Ils feraient donc partie de ceux pour qui, selon la formule de Robert Misrahi, « le bonheur est la forme et la signification d'ensemble d'une vie qui se considère réflexivement elle-même comme comblée et comme signifiante, et qui s'éprouve elle-même comme telle[1] ».

Il serait vain d'écarter ces études et sondages qui reflètent l'opinion de centaines de milliers de personnes interrogées sur plusieurs dizaines d'années. Il est toutefois permis de questionner la nature du bonheur dont les sujets interrogés font état. En effet, leur bonheur ne se maintient de façon relativement stable que parce que les conditions matérielles de vie dans les pays développés sont en général excellentes. En revanche, il est éminemment fragile. Que l'une de ces conditions vienne soudain à manquer, à cause de la perte d'un proche ou d'un emploi par exemple, et ce sentiment de bonheur s'écroule. De plus, se déclarer satisfait de sa vie parce qu'il n'y a objectivement aucune raison de se plaindre de ces conditions de vie (de tous les pays étudiés, la Suisse abriterait le plus de gens « heureux ») n'empêche nullement de se sentir mal à l'aise au plus profond de soi-même.

Cette distinction entre bien-être extérieur et intérieur explique la contradiction apparente de ces études avec l'affirmation du bouddhisme selon laquelle la souffrance est omniprésente dans l'univers. Parler ainsi d'omniprésence ne signifie pas que tous les êtres font *constamment* l'expérience de la souffrance, mais qu'ils restent *vulnérables* à une souffrance latente qui peut surgir à tout moment. Ils le demeureront aussi longtemps qu'ils n'auront pas dissipé les poisons mentaux à la source du malheur.

Le bonheur ne serait-il qu'un répit dans la souffrance ?

Nombreux sont ceux qui n'envisagent le bonheur que comme une accalmie passagère, vécue de façon positive par contraste avec la souffrance. Pour Schopenhauer, « Tout bonheur est négatif... Au fond ils [la satisfaction et le contentement] ne sont que la cessation d'une douleur ou d'une privation[2] ». Quant à Freud, il affirme : « Ce qu'on nomme bonheur, au sens le plus strict, résulte d'une satisfaction plutôt soudaine de besoins ayant atteint une haute tension et n'est possible, de par sa nature, que sous forme de phénomène épisodique[3]. » Que la souffrance s'atténue ou cesse momentanément, et la période suivante sera vécue comme « heureuse » par comparaison. Mais le bonheur n'est-il vraiment que l'œil du cyclone ?

Un ami, interné de nombreuses années dans un camp de concentration chinois au Tibet, me racontait que, lorsqu'il était interrogé, on le forçait à rester debout immobile sur un tabouret pendant des journées entières. Lorsqu'il finissait par s'effondrer, il goûtait avec délice les brefs instants passés sur le ciment glacé de sa cellule avant qu'on ne le relève de force. Si c'est là un exemple, extrême sans doute, de bonheur résultant d'une atténuation de la souffrance, cet ami ne manquait pas de préciser que seul son état durable de plénitude intérieure lui avait permis de survivre aux années d'incarcération et de torture.

Dans un registre beaucoup moins tragique, je me souviens d'un voyage en train en Inde, dans des conditions assez difficiles et mouvementées. J'avais réservé ma place, comme il se doit pour un voyage de trente-six heures, mais mon wagon ne fut jamais accroché au train et je me retrouvais donc dans une voiture de substitution, bondée, sans compartiments et dont les fenêtres étaient dépourvues de vitres. Assis sur le bord d'une banquette en bois où se serrait une demi-douzaine de personnes frigorifiées (nous étions en janvier), je contemplais les quelques centaines d'autres passagers qui s'entassaient sur les banquettes et par terre dans les couloirs. Pour couronner le tout, j'avais une forte fièvre et un lumbago. Nous traversions le Bihar, pays de brigands, et les voyageurs attachaient où ils le pouvaient leurs bagages avec des chaînes. Bien que je sois rompu aux voyages en Inde, cela n'empêcha pas la sacoche qui contenait mon ordinateur portable et tout mon travail du mois précédent, que j'avais placée dans un coin apparemment sûr de la banquette supérieure, d'être subtilisée par un larron qui la tira, sans doute à l'aide d'un crochet, depuis la banquette voisine. Puis, vers onze heures du soir, les lumières du wagon tombèrent en panne, pendant plusieurs heures. Je me retrouvais donc assis dans le noir, emmitouflé dans mon sac de couchage, à écouter le bruit des rails et les imprécations des passagers quand ils s'assuraient de la présence de leurs valises. Soudain, je réalisais que, non seulement je n'étais pas contrarié, mais que je me sentais extraordinairement léger, en proie à un sentiment de félicité et de liberté totales. Peut-être penserez-vous que la fièvre me faisait divaguer, mais j'étais bel et bien lucide, et le contraste entre la situation et ce que je ressentais était si cocasse que je me pris à rire tout seul dans le noir. Ce ne fut certes pas une expérience de bonheur par atténuation, mais celle d'une plénitude, débutante encore, qui se manifestait avec plus de clarté du fait des circonstances extérieures particulièrement désagréables. Il s'agissait d'un moment de « lâcher-prise », cet état de satisfaction profonde que l'on ne trouve qu'à l'intérieur de soi-même et qui est donc indépendant des circonstances extérieures. Nous ne pouvons nier l'existence de *sensations* agréables et désagréables, mais elles ont peu d'importance au regard du bonheur. De telles expériences m'ont fait comprendre qu'il est certainement possible de vivre un état de bonheur durable.

Dès lors, l'objectif consiste à déterminer lucidement les causes du malheur et à y remédier. Le bonheur véritable ne se limitant pas à une atténuation momentanée des aléas de l'existence, il exige l'éradication des causes principales du malheur, à savoir, nous l'avons vu, l'ignorance et les poisons mentaux. Si le bonheur est bien une manière d'être, un état de connaissance et de liberté intérieure, il n'y a rien qui puisse fondamentalement empêcher sa réalisation.

Le déni de la possibilité du bonheur semble être influencé par l'idée d'un « monde pourri », croyance largement répandue en Occident selon laquelle le monde et l'homme sont foncièrement mauvais. Cette croyance provient en grande partie de la notion de péché originel que Freud, selon Martin Seligman, « a traîné dans la psychologie du XXe siècle en définissant toute civilisation et ses éléments fondateurs tels que la morale, la science, la religion et le progrès technologique, comme étant une défense élaborée contre les conflits de base de l'individu, tensions qui trouvent leur origine dans la sexualité infantile et l'agression. Nous réprimons ces conflits parce qu'ils nous causent une anxiété insupportable, et cette anxiété est transmuée en une énergie qui engendre la civilisation[4] ». Ce type d'interprétation a conduit nombre d'intellectuels contemporains à conclure de manière aberrante que tout acte de générosité ou de bonté est attribuable à une pulsion négative. Seligman cite l'exemple de D. K. Goodwin, la biographe de Franklin et Eleanor Roosevelt, d'après qui la raison pour laquelle l'épouse du Président consacra une grande partie de sa vie à aider les personnes de couleur, les pauvres et les infirmes, tenait au fait qu'elle « compensait ainsi le narcissisme de sa mère et l'alcoolisme de son père ». Nulle part l'auteur ne considère la possibilité qu'au plus profond d'elle-même Eleanor Roosevelt faisait tout simplement preuve de bonté ! Or, pour Seligman et ses collègues, « Il n'y a pas la moindre preuve que la force intérieure et la vertu sont dérivées de motivations négatives ».

On sait également que le constant bombardement de mauvaises nouvelles dans les médias et la présentation de la violence comme ultime remède à tout conflit encouragent ce que les sociologues anglo-saxons ont appelé le « syndrome du mauvais monde » (*wicked world syndrome*). Pour prendre un simple exemple, sur les trente-six expositions de photographies présentées à *Visa pour l'Image* à Perpignan en 1999, manifestation à laquelle j'ai participé en tant qu'exposant, deux seulement étaient consacrées à des sujets qui donnaient une idée constructive de la nature humaine. Les trente-quatre autres illustraient la guerre (les organisateurs avaient reçu les candidatures de plus de cent photographes traitant du Kosovo), les crimes de la Mafia à Palerme, les milieux de drogués à New York, etc.

Ce « syndrome du mauvais monde » remet en cause la possibilité d'actualiser le bonheur. Le combat semble perdu d'avance. Penser que la nature humaine est essentiellement corrompue teinte de pessimisme notre vision de l'existence et nous fait douter du fondement même de la quête du bonheur, c'est-à-dire de la présence d'un potentiel de perfection en chaque être. Rappelons que, selon le bouddhisme, la réalisation spirituelle est un épanouissement de ce potentiel. Il ne s'agit donc pas de tenter de purifier quelque chose de fondamentalement mauvais — cela serait aussi vain que de s'évertuer à blanchir un morceau de charbon — mais de nettoyer une pépite d'or afin d'en faire ressortir l'éclat.

Lorsque le messager devient le message

Tout cela est très joli en théorie, mais qu'en est-il en pratique ? Comme en témoigne le psychiatre américain Howard Cutler : « Avec le temps, j'ai acquis la conviction que le Dalaï-lama avait appris à vivre dans une plénitude et à un degré de sérénité que je n'ai jamais constaté chez quiconque. C'est cela qui m'a donné envie de cerner les principes qui lui ont permis d'y parvenir[5]. » Un tel exemple n'est-il pas trop éloigné de nous ? Un être parmi des milliards. En vérité, si inaccessible que cela puisse paraître, il ne s'agit certes pas d'un cas isolé. J'ai personnellement vécu trente-cinq années auprès de sages et de maîtres spirituels, mais aussi de personnes en apparence « ordinaires », dont la paix, la sérénité, la liberté et la joie intérieures étaient de toute évidence un état constant, affranchi des circonstances. Ces personnes n'avaient plus rien à gagner pour elles-mêmes et, de ce fait, pouvaient manifester une disponibilité totale à l'égard des autres. Mon ami Alan Wallace rapporte également le cas d'un ermite tibétain qu'il a bien connu et qui lui a déclaré, sans prétention aucune (il demeurait paisiblement dans son ermitage sans rien demander à personne) qu'il vivait depuis vingt ans dans « un état de constante félicité[6] ».

Il ne s'agit pas ici de s'émerveiller sur des cas d'exception ou de proclamer la prétendue supériorité d'une approche particulière (bouddhiste en l'occurrence) sur d'autres courants de pensée. La principale leçon que j'en tire est que, *si le sage peut être heureux, c'est que le bonheur est possible*. C'est un point essentiel, car nombreux sont ceux qui pensent en effet que le bonheur véritable est *impossible*. Pascal Bruckner, par exemple, soutient que « la satisfaction parfaite ne peut être qu'un rêve[7] » et que « les sagesses et les sciences les plus élaborées doivent avouer leur impuissance à garantir la félicité des peuples ou des individus[8] ».

À mon humble avis, les constructions philosophiques et les opinions intellectuelles, si sincères soient-elles, n'ont plus de raison d'être lorsqu'elles sont démenties par l'expérience vécue. Il m'était nécessaire de faire appel à des exemples dont j'ai été témoin, mais il faut bien garder à l'esprit que la personne du sage (et la sagesse qu'il incarne) ne représente pas un idéal inaccessible, mais un point de repère. Or c'est bien de points de repère dont nous avons besoin dans notre vie de tous les jours, pour mieux comprendre ce que nous pourrions devenir. Il ne s'agit pas de renoncer à la vie qui est la nôtre, mais de bénéficier de l'éclairage de ceux qui ont élucidé la dynamique du bonheur et de la souffrance.

La notion de félicité du sage n'est heureusement pas étrangère au monde occidental ni au monde moderne, bien qu'elle soit devenue une denrée rare. Selon le philosophe André Comte-Sponville : « Le sage n'a plus rien à attendre ni à espérer. Parce qu'il est pleinement heureux rien ne lui manque. Et parce que rien ne lui manque, il est pleinement heureux[9]. » De telles qualités ne tombent pas du ciel et si l'image du sage paraît un peu désuète aujourd'hui — en Occident tout au moins — à qui la faute ? Nous sommes responsables d'une pénurie qui nous afflige tous, « esprits forts » compris. On ne naît pas sage on le devient.

De l'ermitage au bureau ?

Voilà qui est fort inspirant, me direz-vous, mais qu'est-ce que je peux bien en tirer dans ma vie quotidienne, alors que j'ai une famille, exerce un métier, et passe le plus clair de mon temps dans des conditions fort éloignées de celles dont jouissent le sage et l'ermite ? Le sage représente une note d'espoir : il me montre ce que je pourrais devenir. Il a parcouru un chemin ouvert à tous, sur lequel chaque pas est une source d'enrichissement. Il n'est pas nécessaire d'être Andre Agassi pour trouver un grand plaisir à jouer au tennis, ou Louis Amstrong pour se délecter de la pratique d'un instrument de musique. Dans chaque domaine d'activité humaine, on peut trouver des sources d'inspiration qui, loin de nous décourager par leur perfection, stimulent au contraire notre enthousiasme en nous offrant une image admirable de ce vers quoi nous tendons. N'est-ce pas pour cela que les grands artistes, les hommes et les femmes de cœur, les justes et les héros sont aimés et respectés ?

La pratique spirituelle peut être éminemment bienfaisante même si l'on ne se retire pas complètement du monde. Il est en effet possible de s'adonner à un entraînement spirituel sérieux en consacrant quelques moments chaque jour à la méditation. Plus nombreuses qu'on ne le pense sont les personnes qui agissent ainsi tout en menant de front une vie de famille et un travail absorbant. Les dispositions positives qu'elles en retirent dépassent largement les quelques problèmes d'aménagement d'emploi du temps. On peut de cette façon entreprendre une transformation intérieure qui prend appui sur le réel, au jour le jour.

Personnellement, alors que je travaillais à l'institut Pasteur tout en étant plongé dans la vie parisienne, je me souviens fort bien des immenses bienfaits que m'apportaient quelques moments de recueillement journalier. Ils se perpétuaient comme un parfum dans les activités de la journée et leur conféraient une tout autre valeur. Par recueillement, je n'entends pas seulement un moment de relaxation, mais le fait de tourner le regard vers l'intérieur. Il est bon d'observer la façon dont les pensées surgissent, de contempler cet état de sérénité et de simplicité toujours présent derrière l'écran des pensées, qu'elles soient sombres ou joyeuses. Ce n'est pas si compliqué qu'il y paraît au premier abord. Il suffit de consacrer un peu de temps à cet exercice pour en mesurer la portée et en apprécier la richesse. Ainsi, acquérant peu à peu, grâce à l'expérience introspective, une meilleure connaissance de la façon dont surgissent les pensées, on apprend à ne plus être la proie des poisons mentaux. Dès lors que l'on a trouvé un peu de paix en soi, il devient beaucoup plus facile de mener une vie affective et professionnelle épanouissante. De même, dans la mesure où l'on se libère de tout sentiment d'insécurité, des peurs intérieures (lesquelles sont liées à une compréhension trop limitée du fonctionnement de l'esprit), ayant moins à redouter, on sera naturellement plus ouvert aux autres et mieux armé face aux péripéties de l'existence.

Aucun État, aucune Église, aucun despote ne peut décréter que nous sommes dans l'obligation de développer des qualités humaines. C'est à nous de faire ce choix. Comme le disent éloquemment Luca et Francesco Cavalli-Sforza : « Notre liberté intérieure ne connaît pas d'autres limites que celles que nous nous imposons ou celles dont nous acceptons qu'elles nous soient imposées. Et cette liberté aussi procure un grand pouvoir : elle peut transformer l'individu, lui permettre d'épanouir toutes ses capacités et de vivre dans une plénitude absolue chaque instant de son existence. Quand les individus se transforment, en faisant accéder leur conscience à maturité, le monde change aussi, parce que le monde est constitué d'individus[10]. »

7

UNE REGRETTABLE MÉPRISE

Les voiles de l'ego

> *En premier lieu, nous concevons le « moi », et nous y attachons.*
> *Puis nous concevons le « mien », et nous attachons au monde matériel.*
> *Comme l'eau captive de la roue du moulin, nous tournons en rond, impuissants.*
> *Je rends hommage à la compassion qui embrasse tous les êtres.*
>
> Chandrakirti[1]

Regardant vers l'extérieur, nous solidifions le monde en projetant sur lui des attributs qui ne lui sont nullement inhérents. Regardant vers l'intérieur, nous figeons le courant de la conscience en imaginant un moi qui trônerait entre un passé qui n'existe plus et un futur qui n'existe pas encore. Nous tenons pour acquis le fait de percevoir les choses telles qu'elles sont et mettons rarement cette opinion en doute. Spontanément, nous assignons aux choses et aux êtres des qualités intrinsèques et pensons « ceci *est* beau, cela *est* laid ». Nous divisons le monde entier en « désirable » et « indésirable », prêtons une permanence à ce qui est éphémère et percevons comme des entités autonomes ce qui est en réalité un réseau infini de relations sans cesse changeantes.

Si une chose était *vraiment* belle et plaisante, si ces qualités lui *appartenaient* en propre, il serait alors justifié de la considérer comme désirable en tout temps et en tout lieu. Mais existe-t-il une chose au monde qui soit universellement et unanimement reconnue comme belle ? Comme le dit un verset du Canon bouddhiste : « Pour l'amoureux, une jolie femme est un objet de désir ; pour l'ermite, un sujet de distraction ; et pour le loup, un bon repas. » De même, si un objet était intrinsèquement répugnant, tout le monde aurait de bonnes raisons de s'en écarter. Mais il en va tout autrement dès lors que nous ne faisons *qu'attribuer* ces qualités aux choses et aux personnes. Il n'y a pas, dans un bel objet, de qualité inhérente qui soit bénéfique à l'esprit, et rien qui puisse lui nuire dans un objet laid.

De même, un être que nous percevons aujourd'hui comme un ennemi est certainement l'objet d'une grande affection pour d'autres personnes, et nous tisserons peut-être un jour avec ce même ennemi des liens d'amitié. En réagissant comme si les caractéristiques étaient indissociables de l'objet auquel nous les attachons, nous nous écartons de la réalité et sommes entraînés dans un mécanisme d'attraction et de répulsion constamment entretenu par nos projections mentales. Nos concepts *figent* les choses en entités artificielles et nous perdons notre liberté intérieure, comme l'eau perd sa fluidité lorsqu'elle se transforme en glace.

La cristallisation de l'ego

Le bouddhisme définit la confusion mentale comme le voile qui empêche de percevoir clairement la réalité et obscurcit la compréhension de la nature véritable des choses. C'est aussi, sur le plan pratique, l'incapacité à discerner les comportements qui permettent de trouver le bonheur et d'éviter la souffrance. Parmi les nombreuses facettes de la confusion, la plus radicalement perturbatrice est celle consistant à s'attacher à la notion d'une identité personnelle, l'ego. Le bouddhisme distingue un « je » inné, instinctif — lorsqu'on pense, par exemple, « je me réveille » ou « j'ai froid » — et un « moi » conceptuel, formé par la force de l'habitude, auquel on attribue diverses qualités et que tout un chacun se représente comme le noyau de son être, indépendant et durable.

À chaque instant, de la naissance à la mort, le corps subit d'incessantes transformations et l'esprit est le théâtre d'innombrables expériences émotionnelles et conceptuelles. Pourtant, obstinément, on attribue au moi des qualités de permanence, de singularité et d'autonomie. Comme on sent par ailleurs que ce moi est des plus vulnérables, qu'il faut le protéger et le satisfaire, entrent bien vite en jeu l'aversion et l'attirance : aversion pour tout ce qui menacerait ce moi, attirance pour tout ce qui lui plaît, le conforte, le rend confiant ou le met à l'aise. De ces deux émotions fondamentales, attraction et répulsion, découle une foule d'émotions diverses.

L'ego, écrit le philosophe bouddhiste Han de Wit, « c'est aussi une réaction affective à notre champ d'expérience, un mouvement mental de recul, basé sur la *peur*[2] ». Par crainte du monde et des autres, par peur de souffrir, par angoisse de vivre et de mourir, on s'imagine qu'en se retranchant à l'intérieur d'une bulle, celle de l'ego, on sera protégé. On crée l'illusion d'être séparé du monde, espérant ainsi s'éloigner de la souffrance.

Ce faisant, nous nous trouvons en porte à faux avec la réalité. Nous sommes en effet *fondamentalement interdépendants* avec les êtres et avec notre environnement. Notre expérience n'est autre que le *contenu* du flux mental, du continuum de conscience, et il ne s'impose pas d'envisager le moi comme une entité distincte au sein de ce flux. Imaginez une onde qui se propage, influence son environnement et est influencée par celui-ci sans pour autant véhiculer une quelconque entité. Mais nous sommes tellement habitués à apposer sur ce flux mental l'étiquette d'un moi, que nous nous identifions à ce dernier et craignons sa disparition. Il s'ensuit un puissant attachement au moi puis à la notion de « mien » — *mon* corps, *mon* nom, *mon* esprit, *mes* possessions, *mes* amis, etc. — qui entraîne soit un désir de possession, soit un sentiment de répulsion à l'égard de l'autre. C'est ainsi que les notions de soi et d'autrui se cristallisent dans notre esprit. Le sentiment erroné d'une dualité irréductible devient alors inévitable, formant la base de toutes les autres afflictions mentales, qu'il s'agisse du désir aliénant, de la haine, de la jalousie, de l'orgueil ou de l'égoïsme. Dès lors, nous percevons le monde dans le miroir déformant de nos illusions. On se trouve alors en constant désaccord avec la nature véritable des choses, ce qui nous mène inévitablement à la souffrance.

On observe cette cristallisation du « moi » et du « mien » dans nombre de situations de la vie courante. Vous faites tranquillement la sieste dans une barque au milieu d'un lac. Une autre embarcation vient heurter la vôtre et vous réveille en sursaut. Pensant qu'un batelier maladroit ou malicieux vous a percuté, vous vous dressez furibond, prêt à l'insulter… pour constater que l'embarcation en question est vide. Vous pouffez de rire devant votre méprise et vous vous rendormez paisiblement. La *seule* différence entre ces deux réactions est que, dans le premier cas, vous pensiez que *vous* étiez la cible de la malveillance de quelqu'un, tandis que, dans le deuxième cas, vous vous rendez compte que votre moi n'était pas visé.

De même, si quelqu'un vous donne un coup de poing, vous pouvez en être longtemps contrarié. Mais observez la douleur physique : elle s'estompe rapidement jusqu'à devenir imperceptible. La seule chose qui continue à vous faire mal, c'est la meurtrissure de l'ego. Si nous concevions le moi comme un simple concept, et non pas comme une entité autonome que nous devons protéger et satisfaire à tout prix, nous ne serions pas affectés de la sorte.

Autre exemple, souvent donné par le Dalaï-lama pour illustrer l'attachement au sentiment du « mien ». Vous contemplez un magnifique vase de porcelaine dans une vitrine. Un vendeur maladroit le fait tomber. Vous soupirez : « Quel dommage, un si joli vase ! » et continuez tranquillement votre chemin. En revanche, si vous venez d'acheter ce vase, que vous l'avez fièrement placé sur votre cheminée et qu'il tombe en se brisant en mille morceaux, vous vous exclamez avec horreur : « *Mon* vase est cassé ! » et vous en êtes profondément affecté. L'unique différence est l'étiquette de « mien » que vous avez attachée au vase.

Une étude de psychologie[3] l'a également attesté : on fait cadeau à des étudiants de divers objets ayant chacun une valeur marchande de cinq dollars — une chope de bière ou un stylo par exemple — puis l'on organise une vente aux enchères durant laquelle les étudiants ont la possibilité d'acheter les cadeaux des autres. Il s'avère que les étudiants ne veulent pas débourser plus de quatre dollars, en moyenne, pour acheter le cadeau reçu par quelqu'un d'autre (ils sous-évaluent ainsi sa valeur marchande). En revanche, ils répugnent à céder à moins de sept dollars le cadeau qu'ils viennent de recevoir ! Cela révèle de façon presque caricaturale la *valeur ajoutée par le sentiment de possession*.

Ce sentiment erroné d'un moi réel et indépendant fonde bien sûr l'égocentrisme, sous l'influence duquel notre sort prend une plus grande valeur que celui de l'autre. Si votre patron incendie un collègue que vous détestez, passe un savon à un autre qui vous est indifférent, puis vous fait des reproches acerbes, vous serez satisfait ou hilare dans le premier cas, indifférent dans le deuxième, et profondément blessé dans le troisième. En réalité, au nom de quoi le bien-être de l'une de ces trois personnes prévaudrait-il sur celui d'un autre ? L'égocentrisme qui fait de soi le centre du monde relève d'un point de vue entièrement *relatif*. Notre erreur est de figer notre propre point de vue et d'espérer, ou pire d'exiger que « notre » monde prévale sur celui d'autrui.

Lors d'une visite du Dalaï-lama au Mexique, quelqu'un lui montra une carte du monde et lui dit : « Regardez, si vous considérez la disposition des continents, vous vous apercevrez que le Mexique est au centre du monde. » Quand j'étais enfant, un ami breton me démontra de la même manière que la petite île Dumet, au large des côtes de La Turballe, était le centre des terres émergées ! Le Dalaï-lama répondit : « En continuant ce raisonnement, Mexico est au centre du Mexique, ma maison est au centre de la ville, ma famille est au centre de la maison et au sein de ma famille, c'est *moi* le centre du monde. »

Que faire de l'ego ?

À la différence du bouddhisme, très peu de méthodes psychologiques traitent du problème de réduire le sentiment de l'importance du moi, réduction qui, pour le sage, va jusqu'à l'éradication de l'ego. C'est certes là une idée neuve, voire subversive en Occident, lequel tient le moi pour l'élément fondateur de la personnalité. Éradiquer totalement l'ego ? Mais alors, je n'existe plus ? Comment peut-on concevoir un individu sans moi, sans ego ? Une telle conception n'est-elle pas psychiquement dangereuse ? Ne risque-t-on pas de sombrer dans une forme de schizophrénie ? L'absence d'ego ou un ego faible ne sont-ils pas des signes cliniques témoignant d'une pathologie plus ou moins sévère ? Ne faut-il pas disposer d'une personnalité construite avant de pouvoir renoncer à l'ego ? Telle est la réaction défensive de tout Occidental face à ces notions peu familières. L'idée qu'il est nécessaire d'avoir un moi robuste tient au fait que les personnes souffrant de troubles psychiques sont censées avoir un moi fragmenté, fragile et déficient.

La psychologie de la petite enfance décrit comment un bébé apprend à connaître le monde, à se situer peu à peu par rapport à sa mère, à son père et à ceux qui l'entourent ; comment il comprend, vers l'âge de un an, que lui et sa mère sont deux êtres distincts, que le monde n'est pas simplement une extension de lui-même, et qu'il peut être la cause d'une série d'événements. Cette prise de conscience est appelée « naissance psychologique ». Nous concevons ensuite l'individu comme une personnalité, idéalement stable, affirmée, elle-même fondée sur la croyance en l'existence d'un moi. L'éducation parentale, puis plus tard scolaire, vient étayer cette notion qui parcourt toute notre littérature et notre histoire. En un sens, on peut dire que la croyance en un moi établi est l'un des traits dominants de notre civilisation. Ne parle-t-on pas de forger des personnalités fortes, résistantes, adaptées, combatives ?

C'est là confondre ego et confiance en soi. L'ego ne peut procurer qu'une confiance factice, construite sur des attributs précaires — pouvoir, succès, beauté et force physique, brio intellectuel, opinion d'autrui — et sur tout ce que nous croyons constituer notre « identité », à nos yeux et à ceux d'autrui. Lorsque les choses changent et que le décalage avec la réalité devient trop grand, l'ego s'irrite, se crispe et vacille. La confiance en soi s'effondre, il ne reste plus que frustration et souffrance.

Pour le bouddhisme, une confiance en soi digne de ce nom est tout autre. C'est une *qualité naturelle de l'absence d'ego* ! Dissiper l'illusion de l'ego, c'est s'affranchir d'une vulnérabilité fondamentale. En effet, le sentiment de sécurité que procure une telle illusion est éminemment fragile. La confiance authentique naît de la reconnaissance de la nature véritable des choses et d'une prise de conscience de notre qualité fondamentale, ce que le bouddhisme appelle, nous l'avons vu, la « nature de Bouddha », présente en chaque être. Elle apporte une force paisible que ne menacent plus les circonstances extérieures ni les peurs intérieures, une liberté au-delà de la fascination et de la crainte.

Une autre idée répandue est qu'en l'absence d'un « moi » vigoureux on ne ressentirait guère d'émotions et que la vie deviendrait terriblement monotone. On manquerait de créativité, d'esprit d'aventure, bref de personnalité. Regardons autour de nous ceux qui manifestent un « ego » bien développé, voire hypertrophié. Nous n'avons que l'embarras du choix. Les empereurs du « je suis le plus fort, le plus célèbre, le plus influent, le plus riche et le plus puissant » ne manquent pas. Qui sont ceux en revanche qui ont réduit au minimum l'importance de l'ego pour s'ouvrir aux autres ? Socrate, Diogène, le Bouddha, Jésus, les Pères du désert, Gandhi, Mère Teresa, le Dalaï-lama, Nelson Mandela... et tant d'autres qui œuvrent dans l'anonymat.

L'expérience montre que ceux qui ont su s'affranchir quelque peu du diktat de l'ego pensent et agissent avec une spontanéité et une liberté qui contrastent heureusement avec la constante paranoïa qu'engendrent les caprices d'un moi triomphant. Écoutons Paul Ekman, l'un des plus éminents spécialistes de la science des émotions, qui étudie notamment ceux qu'il considère comme des « personnes douées de qualités humaines exceptionnelles ». Parmi les traits remarquables qu'il a notés chez celles-ci figurent « une impression de bonté, une qualité d'être que les autres perçoivent et apprécient et, à la différence de nombreux charlatans charismatiques, une parfaite adéquation entre leur vie privée et leur vie publique[4] ». Mais surtout, note Paul Ekman, « une absence d'ego : ces personnes inspirent les autres par le peu de cas qu'elles font de leur statut, de leur renommée, bref de leur moi. Elles ne se soucient pas le moins du monde de savoir si leur position ou leur importance sont reconnues ». Une telle absence d'égocentrisme, ajoute-t-il « est tout bonnement confondante d'un point de vue psychologique ». Ekman souligne également que « les gens aspirent instinctivement à être en leur compagnie et que, même s'ils ne savent pas toujours expliquer pourquoi, ils trouvent leur présence enrichissante ». De telles qualités présentent un contraste frappant avec les travers des champions de l'ego dont la présence est pour le moins attristante quand elle ne donne pas la nausée. Entre le théâtre grandiloquent, parfois l'enfer violent de l'ego roi et la chaleureuse simplicité du sans-ego, le choix ne semble pas trop difficile.

Pourtant, tout le monde est loin d'être d'accord sur ce point, Pascal Bruckner par exemple : « À l'encontre de ce que nous serinent maintes religions orientales, il faut réhabiliter l'ego, l'amour de soi, la vanité, le narcissisme, toutes choses excellentes quand elles travaillent à renforcer notre puissance[5]. » Voilà qui ressemble plus à la définition d'un dictateur que de Gandhi ou Martin Luther King. C'est en effet la tentation totalitaire : donner un maximum de pouvoir à l'ego en pensant qu'il va tout régler et refaire le monde à son image. Le résultat n'est-il pas Hitler, Staline, Mao et Big Brother ? Des mégalomanes qui ne supportent pas que la moindre parcelle du monde ne soit pas telle qu'ils la désirent.

Car la confusion est grande entre puissance et force d'âme. La puissance est un outil qui peut tuer ou guérir, la force d'âme, ce qui permet de traverser les tempêtes de l'existence avec un courage et une sérénité indomptables. Or cette force intérieure ne naît précisément que d'une vraie liberté vis-à-vis de la tyrannie de l'ego. L'idée qu'un puissant ego est nécessaire pour réussir dans la vie vient sans doute d'une confusion entre l'attachement au moi, à notre image, et la force d'âme, la détermination indispensable à la réalisation de nos aspirations profondes. De fait, moins on est influencé par le sentiment de l'importance de soi, plus il est facile d'acquérir une force intérieure durable. La raison en est simple : le sentiment de l'importance de soi constitue une cible exposée à toutes sortes de projectiles mentaux — jalousie, peur, avidité, répulsion — qui ne cessent de le déstabiliser.

L'imposture de l'ego

Dans notre expérience de tous les jours, le moi nous semble réel et solide. Certes, il n'est pas tangible comme un objet, néanmoins nous éprouvons ce moi dans sa *vulnérabilité* qui nous affecte à chaque instant : un simple sourire lui fait immédiatement plaisir et un froncement de sourcils le contrarie. À tout moment, il est « là », prêt à être blessé ou gratifié. Loin de le percevoir comme multiple et insaisissable, on en fait un bastion unitaire, central et permanent. Mais examinons ce qui est supposé contribuer à notre identité. Notre corps ? Un assemblage d'os et de chair. Notre conscience ? Une succession de pensées fugaces. Notre histoire ? La mémoire de ce qui n'est plus. Notre nom ? Nous lui attachons toutes sortes de concepts — celui de notre filiation, de notre réputation et de notre statut social — mais, en fin de compte, il n'est rien de plus qu'un assemblage de lettres. Lorsqu'on voit écrit JEAN, notre esprit sursaute, pensant « c'est moi ! », mais il suffit de séparer les lettres J-E-A-N pour que nous ne nous sentions plus du tout concernés. L'idée que nous nous faisons de « notre » nom n'est qu'une fabrication mentale, et l'attachement à notre lignée familiale et à notre « réputation » ne fait que restreindre notre liberté intérieure. Le sentiment profond d'un moi qui est au cœur de notre être : c'est bien cela qu'il nous faut examiner honnêtement.

Lorsqu'on explore le corps, la parole et l'esprit, on s'aperçoit que ce moi n'est qu'un mot, une étiquette, une convention, une désignation. Le problème, c'est que cette étiquette se prend pour quelque chose, et non des moindres. Pour démasquer l'imposture du moi, il faut pousser l'enquête jusqu'au bout. Quelqu'un qui soupçonne la présence d'un voleur dans sa maison doit inspecter chaque pièce, chaque recoin, chaque cachette possible, jusqu'à être sûr qu'il n'y a vraiment personne. Alors seulement peut-il avoir l'esprit en paix. Il s'agit ici d'une recherche introspective qui vise à découvrir

ce qui se cache derrière la chimère d'un moi qui défi-
nirait notre être.

Une analyse rigoureuse nous forcera de conclure que
le moi ne réside en aucune partie du corps. Il n'est pas
dans le cœur, la poitrine ou la tête. Il n'est pas non plus
diffus, comme une substance qui imprégnerait le corps
entier. Nous pensons volontiers que le moi est associé
à la conscience. Mais cette conscience est, elle aussi,
un flux insaisissable : le passé est mort, le futur n'est
pas encore né et le présent ne dure pas. Comment un
moi pourrait-il exister suspendu comme une fleur dans
le ciel, entre quelque chose qui n'existe plus et quelque
chose qui n'existe pas encore ? Il ne peut être décelé ni
dans le corps ni dans l'esprit (ou la conscience, laquelle
n'est pour le bouddhisme qu'un autre mot pour
« esprit »), ni, en tant qu'entité distincte, dans une
combinaison des deux, ni en dehors d'eux. Aucune analyse sérieuse, aucune expérience contemplative directe
ne permet de justifier le sentiment si puissant de posséder un moi. Le moi ne peut être trouvé dans ce à quoi
il est associé. Quelqu'un peut penser qu'il est grand,
jeune et intelligent, mais ni la taille ni la jeunesse ni
l'intelligence ne sont le moi. Le bouddhisme conclut
donc que le moi n'est qu'un nom par lequel on désigne
un *continuum*, comme on nomme un fleuve Gange ou
Mississippi. Un tel continuum existe, certes, mais de
façon purement conventionnelle et fictive. Il est totalement dénué d'existence réelle.

La déconstruction du moi

Pour y voir plus clair, reprenons cette analyse un peu
plus en détail[6]. La notion d'identité personnelle
comporte trois aspects : le « je », la « personne » et le

« moi[7] ». Ces trois aspects ne sont pas fondamentalement différents mais reflètent différentes manières de s'attacher à la perception que nous avons d'une identité personnelle.

Le « je » vit dans le présent ; c'est lui qui pense « j'ai faim », ou « j'existe ». C'est le lieu de la conscience, des pensées, du jugement et de la volonté. Il *est* l'expérience de notre état actuel.

La notion de « personne » est plus large, c'est un continuum dynamique, étendu dans le temps, intégrant divers aspects de notre existence aux plans corporel, mental et social. Ses frontières sont plus floues : la personne peut se référer au corps (« être bien fait de sa personne »), à des sentiments intimes (« un sentiment très personnel »), au caractère (« une brave personne »), aux relations sociales (« séparer sa vie personnelle de sa vie professionnelle ») ou à l'être humain en général (« le respect de la personne[8] »). Sa continuité dans le temps nous permet de relier les représentations de nous-même qui appartiennent au passé et les projections qui concernent le futur. La notion de personne est valide et saine si on la considère comme un simple concept désignant l'ensemble des relations entre la conscience, le corps et l'environnement. Elle est inappropriée et malsaine dès qu'on la considère comme une entité autonome.

Reste le « moi ». Nous venons de voir que nous estimons qu'il est le noyau même de notre être. Nous le concevons comme un tout indivisible et permanent qui nous caractériserait de l'enfance à la mort. Le moi n'est pas seulement l'addition de « mes » membres, « mes » organes, « ma » peau, « mon » nom, « ma » conscience, mais leur propriétaire exclusif. Nous parlons de « mon » bras et non pas d'une « extension longiforme du moi ». Si l'on nous coupe le bras, le moi a simplement perdu un bras, mais il reste intact. Un homme-tronc se sent diminué dans son intégrité physique, mais pense clairement qu'il a conservé son moi. Si l'on coupe le corps en rondelles, à quel moment le moi commence-t-il à disparaître ? Nous percevons un moi tant que nous gardons la faculté de penser. On en revient alors à la célèbre phrase de Descartes qui sous-tend toute la notion du moi dans la pensée occidentale : « Je pense, donc je suis. » Mais le fait de penser ne prouve strictement rien quant à l'existence du moi. Car ce « je » n'est rien d'autre que le contenu actuel de notre flux mental, lequel change à chaque instant. Comme l'explique le philosophe bouddhiste Han de Wit, la phrase « je pense, donc je suis » ne prouve pas l'existence d'un moi en tant que penseur : « Nous partons de l'idée que l'expérience implique un "moi" qui expérimente […] Mais l'*idée* "j'expérimente quelque chose" ne prouve pas qu'il *existe* une personne qui expérimente[9]. » Il ne suffit pas en effet de percevoir quelque chose, ou d'en avoir l'idée, pour que cette chose existe. On perçoit fort bien un mirage et une illusion, tous deux dénués de réalité. Han de Wit conclut : « L'ego est le résultat d'une activité mentale qui crée et "maintient en vie" une entité imaginaire dans notre esprit[10]. »

L'idée que le moi pourrait n'être qu'un concept va à l'encontre de l'intuition de la plupart des penseurs occidentaux. Descartes, à nouveau, est formel : « Lorsque je considère mon esprit, c'est-à-dire moi-même en tant que je suis seulement une chose qui pense, je n'y puis distinguer aucunes parties, mais je me conçois comme une chose seule, et entière[11]. » Le neurologiste Charles Scott Sherrington renchérit : « Le "moi" est une unité… Il se considère comme tel et les autres le traitent ainsi. On s'adresse à lui comme à "une" entité, par un nom auquel il répond[12]. » Indiscutablement, nous avons la perception instinctive d'un moi unitaire, mais, lorsque nous tentons de la préciser, il nous est bien difficile de mettre le doigt dessus.

À la recherche du « moi » perdu

Où se trouve donc le « moi » ? Il ne peut être uniquement dans mon corps, car quand je dis « *je* suis fier », c'est ma conscience qui est fière, pas mon corps. Se trouve-t-il alors uniquement dans ma conscience ? C'est loin d'être évident. Quand je dis : « Quelqu'un m'a *poussé* », est-ce ma conscience qui a été poussée ? Certes non. Le moi ne saurait évidemment pas se trouver en dehors du corps et de la conscience. S'il constituait une entité autonome séparée de l'un comme de l'autre, il ne pourrait être leur essence. Est-il simplement la somme de leurs parties, leur structure et leur continuité ? La notion de moi est-elle simplement associée à l'ensemble du corps et de la conscience ? On s'aperçoit que l'on commence à quitter la notion d'un moi conçu comme un propriétaire ou une essence, pour passer à une notion plus abstraite, celle d'un concept. La seule issue à ce dilemme aboutit à considérer le moi comme une *désignation mentale* ou *verbale* attachée à un processus dynamique, à un ensemble de relations changeantes qui intègrent perceptions de l'environnement, sensations, images mentales, émotions et concepts. *Le moi n'est qu'une idée*.

Elle survient lorsque nous amalgamons le « je », l'expérience du moment présent, avec la « personne », la continuité de notre existence. Comme l'explique le neuropsychiatre David Galin[13], nous avons en effet une tendance innée à simplifier les ensembles complexes pour en faire des « entités » et à induire que ces entités sont durables. Il est plus facile de fonctionner dans le monde en tenant pour acquis que la majeure partie de notre environnement ne change pas de minute en minute et en traitant la plupart des choses comme si elles étaient à peu près constantes. Je perdrais toute conception de ce qu'est « mon corps » si je le percevais comme un tourbillon d'atomes qui ne reste jamais identique à lui-même ne serait-ce qu'un millionième de seconde. Mais j'oublie trop vite que la perception ordinaire de mon corps et de l'ensemble des phénomènes n'est qu'une approximation et qu'en réalité *tout* change à *chaque instant*.

C'est ainsi que l'on réifie le moi et le monde. Le moi n'est pas inexistant — on en fait constamment l'expérience —, il existe en tant qu'illusion. C'est en ce sens que le bouddhisme dit que le moi est « vide d'existence autonome et permanente ». C'est en ce sens que le Bouddha disait que le moi, ainsi que tous les phénomènes qui nous apparaissent dotés d'une existence autonome sont semblables à un mirage. Vu de loin, le mirage d'un lac paraît réel, mais lorsqu'on s'en approche, on serait bien en peine d'y trouver de l'eau. Les choses ne sont ni telles qu'elles nous semblent exister ni totalement inexistantes : à la manière d'une illusion, elles apparaissent sans avoir de réalité ultime. Ainsi que l'enseignait le Bouddha :

> Comme l'étoile filante, le mirage, la flamme,
> L'illusion magique, la goutte de rosée, la
> bulle sur l'eau,
> Comme le rêve, l'éclair ou le nuage :
> Considère ainsi toutes choses[14].

Les visages fragiles de l'identité

La notion de « personne » inclut l'image que nous avons de nous-même. L'idée de notre identité, de notre statut dans la vie, est profondément ancrée dans notre esprit et influence constamment nos rapports avec les autres. Quand une discussion tourne à l'aigre, ce n'est pas tant le sujet de la discussion qui nous importune que la remise en cause de notre identité. Le moindre mot qui menace l'image que nous avons de nous-même nous est insupportable, alors que le même qualificatif appliqué à quelqu'un d'autre dans des circonstances différentes nous trouble peu. Si l'on a une forte image de soi, on essaiera constamment de s'assurer qu'elle est reconnue et acceptée. Rien n'est plus pénible que de la voir mise en doute.

Mais que vaut cette identité ? Il est intéressant de se rappeler que « personnalité » vient de *persona*, qui signifie « masque » en latin. Le masque « à travers » (*per*) lequel l'acteur fait « retentir » (*sonat*) son rôle[15]. Alors que l'acteur sait qu'il porte un masque, nous oublions souvent de distinguer entre le rôle que nous jouons dans la société et notre nature profonde.

Il nous arrive de faire l'expérience de rencontres dans des pays lointains, dans des conditions plus ou moins difficiles : un trekking, une traversée en mer. Seul compte durant ces quelques jours d'aventure partagée ce que sont à ce moment précis nos compagnons de voyage, avec pour unique bagage les qualités et les défauts qu'ils manifestent au cours des péripéties vécues ensemble. Peu importe alors « qui » ils sont, le métier qu'ils exercent, l'importance de leur fortune ou le rang qu'ils occupent dans la société. Lorsque ces compagnons se retrouvent par la suite, la spontanéité a souvent disparu parce que chacun a rajusté son

« masque », endossé son rôle et son statut social de père de famille, de peintre en bâtiments ou de chef d'entreprise. Le charme est rompu. Évanouie la spontanéité. Cette profusion d'étiquettes fausse les rapports humains, parce que, au lieu de vivre le plus sincèrement possible les événements de la vie, nous nous comportons avec affectation pour préserver notre image.

D'ordinaire, nous craignons d'aborder le monde sans références, et sommes pris de vertige quand doivent tomber les masques et les épithètes : si je ne suis plus musicien, écrivain, fonctionnaire, cultivé, beau ou fort, qui suis-je ? Pourtant, ne porter aucune étiquette est la meilleure garantie de liberté et la manière la plus souple, légère et joyeuse de traverser ce monde. Ne pas être victime de l'imposture de l'ego ne nous empêche nullement, bien au contraire, de nourrir une puissante détermination à atteindre les objectifs que nous nous sommes fixés et de jouir à chaque instant de la richesse de nos relations avec le monde et les êtres.

Au travers du mur invisible

Comment utiliser cette analyse qui va à l'encontre des conceptions et présupposés occidentaux ? Jusqu'à maintenant j'ai fonctionné tant bien que mal avec cette idée, même vague, d'un moi central. Dans quelle mesure une prise de conscience du caractère illusoire de l'ego risque-t-elle de changer mes rapports avec mes proches et le monde qui m'entoure ? Ce revirement ne risque-t-il pas de me déstabiliser ? À cela on peut répondre qu'il ne peut en résulter que des bienfaits. En effet, lorsque l'ego prédomine, l'esprit est comme un oiseau qui se heurte constamment à un mur de verre, celui de la croyance en l'ego, rétrécissant notre univers et l'enfermant dans ses étroites limites. Décontenancé, étourdi par ce mur, il ne sait comment le traverser. Mais ce mur est *invisible*, car il n'a pas d'existence véritable. C'est une fabrication de l'esprit. Cependant, il reste mur tant qu'il fragmente notre monde intérieur et contient le flot de notre altruisme et de notre joie de vivre. Si nous n'avions pas fabriqué le verre de l'ego, ce mur n'aurait pu être érigé et n'aurait aucune raison d'être. L'attachement à l'ego est fondamentalement lié aux souffrances que nous ressentons et à celles que nous infligeons aux autres. Abandonner cette fixation sur notre image intime, ne plus accorder autant d'importance à l'ego revient à gagner une immense liberté intérieure. Cela permet d'aborder tout être et toute situation avec naturel, bienveillance, force d'âme et sérénité. N'espérant pas gagner et ne craignant pas de perdre, on est libre de donner et de recevoir. Plus le moindre motif n'incite à penser, parler et agir de façon affectée, égoïste et inappropriée.

En s'accrochant à l'univers confiné de l'ego, on a tendance à être uniquement préoccupé par soi. La moindre contrariété nous perturbe et nous décourage. Nous sommes obsédés par nos succès, nos échecs, nos espoirs et nos inquiétudes ; le bonheur a alors toutes les chances de nous échapper. Le monde étroit du moi est comme un verre d'eau dans lequel on jette une poignée de sel : l'eau devient imbuvable. Si, en revanche, on brise les barrières du moi, et que l'esprit devient semblable à un vaste lac, la même poignée de sel ne changera rien à sa saveur.

Lorsque le moi cesse d'être considéré comme la chose la plus importante au monde, on se sent plus facilement concerné par les autres. La vue de leurs souffrances ne fait que redoubler notre courage et notre détermination à œuvrer pour leur bien.

Si l'ego constituait vraiment notre essence profonde, on comprendrait notre inquiétude à l'idée de s'en débarrasser. Mais s'il n'est qu'une illusion, alors s'en affranchir ne revient pas à extirper le cœur de notre être, simplement à ouvrir les yeux.

Il vaut donc la peine de consacrer certains moments de l'existence à laisser l'esprit reposer dans le calme intérieur afin de lui permettre de mieux comprendre, par l'analyse et l'expérience directe, la place qu'occupe l'ego dans notre vie. Tant que le sentiment de l'importance de soi tient les rênes de notre être, nous ne connaîtrons jamais de paix durable. La cause même de la douleur repose intacte au plus profond de nous et nous prive de la plus essentielle des libertés.

8

LE FLEUVE DES ÉMOTIONS

> *Les flammes brûlantes de la colère ont parcheminé le flot de mon être.*
> *La dense obscurité de l'illusion a aveuglé mon intelligence.*
> *Ma conscience se noie dans les torrents du désir.*
> *La montagne de l'orgueil m'a précipité dans les mondes inférieurs.*
> *Le cinglant blizzard de la jalousie m'a entraîné dans le samsara.*
> *Le démon de la croyance à l'ego m'a fermement garrotté.*

> Dilgo Khyentsé Rinpoché

Si les passions sont les grands mouvements de l'esprit, les émotions en sont les acteurs. Durant toute notre vie, en traversant notre esprit comme un fleuve tumultueux, elles déterminent d'innombrables états de bonheur et de malheur. Est-il souhaitable d'assagir ce fleuve ? Est-ce seulement possible ? Comment y parvenir ? Certaines émotions nous épanouissent, d'autres nous flétrissent. Rappelons qu'*eudemonia*, l'un des mots grecs que l'on traduit par « bonheur », a le sens de floraison, épanouissement, accomplissement, grâce. L'amour dirigé vers le bien-être des autres, la compassion entièrement concernée par leurs souffrances, en pensées et en actes, sont des exemples d'émotions épanouissantes qui favorisent le rayonnement du bonheur. La soif d'un désir obsédant, l'avidité qui s'agrippe à l'objet de son attachement ainsi que la haine sont des exemples d'émotions afflictives. Comment développer les émotions constructives et remédier aux émotions destructrices ?

Avant de répondre à ces questions, il faut commencer par préciser le sens que l'on donne au mot « émotion ». Selon le bouddhisme, toute activité mentale, la pensée rationnelle incluse, est associée à une sensation relevant du plaisir, de la douleur ou de l'indifférence. De même, la plupart des états affectifs, tels l'amour et la haine, s'accompagnent de pensées. Selon les sciences cognitives, il n'y a pas à proprement parler de « centres émotionnels » dans le cerveau[1]. Les circuits neuronaux véhiculant les émotions sont intimement liés à ceux qui véhiculent la cognition. Ces processus ne peuvent être séparés : les émotions apparaissent dans un contexte d'actions et de pensées, pratiquement jamais sous une forme isolée des autres aspects de notre expérience. Notons que cela va à l'encontre de la théorie freudienne, selon laquelle de puissantes émotions de colère ou de jalousie, par exemple, peuvent survenir sans contenu cognitif et conceptuel particulier.

L'impact des émotions

Issu du verbe latin *emovere* qui signifie « mouvoir », le mot émotion recouvre tout sentiment qui fait se mouvoir l'esprit, que ce soit vers une pensée nocive, neutre ou positive. Pour le bouddhisme, l'émotion qualifie ce qui conditionne l'esprit et lui fait adopter une certaine perspective, une certaine vision des choses. Il ne s'agit pas forcément d'un *accès émotionnel* jaillissant soudain à l'esprit — définition plus proche de ce que les scientifiques étudient en tant qu'émotion. De plus, le bouddhisme s'attache moins à distinguer l'émotion de la pensée qu'à mettre en évidence les types d'activité mentale qui favorisent le « bien-être », *soukha*, le nôtre comme celui des autres, et ceux qui lui nuisent à court et à long terme.

La manière la plus simple d'établir des distinctions entre nos émotions consiste à examiner leur motivation (l'attitude mentale et le but fixé) et leurs résultats. Selon le bouddhisme, si une émotion *renforce notre paix intérieure et tend au bien d'autrui*, elle est *positive*, ou constructive ; si elle détruit notre sérénité, *trouble profondément notre esprit et nuit aux autres,* elle est *négative*, ou perturbatrice. Quant aux conséquences, le seul critère est le bien ou la souffrance que nous engendrons par nos actes, nos paroles et nos pensées, pour nous-même comme pour les autres. C'est ce qui différencie, par exemple, une « sainte colère » — l'indignation motivée par une injustice dont nous sommes témoins — d'une fureur engendrée par le désir de blesser autrui. La première a libéré des peuples de l'esclavage, de la domination, elle nous pousse à défiler dans les rues et à changer le monde. Elle est destinée à faire cesser l'injustice au plus vite, ou à faire prendre conscience à quelqu'un de l'erreur qu'il commet. La seconde n'engendre que souffrances.

Si la motivation, le but visé et les conséquences sont positifs, on peut utiliser des moyens appropriés, quelle que soit leur apparence. Le mensonge et le vol sont généralement des actes nuisibles et donc à première vue répréhensibles, mais on peut aussi mentir pour sauver la vie d'une personne traquée par un tueur, ou dérober les réserves alimentaires d'un potentat égoïste pour épargner la mort à un village menacé de famine. En revanche, si la motivation est négative et si le but manifeste est de nuire, ou s'il est simplement égoïste, même en recourant à des moyens apparemment respectables, il s'agit d'actes foncièrement négatifs. Le poète tibétain Shabkar disait : « L'homme compatissant est bon, même en colère ; dénué de compassion, il tue avec le sourire. »

Ce qu'en dit la science

Selon les scientifiques américains Paul Ekman et Richard Davidson : « La psychologie occidentale n'évalue généralement pas les émotions selon leur caractère bénéfique ou nuisible. Elle décrit les émotions elles-mêmes (colère, peur, surprise, dégoût, mépris, joie, auxquels certains psychologues ajoutent la curiosité, l'intérêt, l'amour, l'affection et les sentiments de honte et de culpabilité[2]) ainsi que les divers sentiments (plaisants ou déplaisants) qui les sous-tendent et incitent à l'approche ou au retrait[3]. » La curiosité et l'amour sont des exemples typiques d'émotions d'approche, la peur et l'aversion, de retrait.

Selon les mêmes auteurs : « Peu de théoriciens catégorisent les émotions en tant que "positives" ou "négatives", et même ceux qui le font[4] n'affirment pas que toutes les émotions négatives sont nuisibles pour soi ou pour les autres. Ils reconnaissent que certaines d'entre elles peuvent être nuisibles dans des situations particulières, mais ce caractère négatif n'est pas considéré comme inhérent à une émotion donnée. »

Les psychologues (Cosmides, Tooby, Ekman et Izard[5]) qui envisagent les émotions du point de vue de l'évolution des espèces considèrent qu'elles se sont adaptées selon leur degré d'utilité pour notre survie en fonction de leur aptitude à gérer au mieux les événements majeurs de la vie : reproduction, soin de la progéniture, relations avec les compétiteurs et les prédateurs. La jalousie, par exemple, peut être considérée comme l'expression d'un instinct très ancien qui contribue à maintenir la cohésion d'un couple, dans la mesure où la personne jalouse veillera à écarter un rival, augmentant ainsi les chances de survie de sa progéniture. La colère peut nous aider à surmonter rapidement un obstacle qui entrave la réalisation de nos désirs ou nous agresse. Toutefois, aucun de ces théoriciens n'a affirmé que la colère, ou toute autre émotion humaine apparue au cours de l'évolution, avait cessé d'être adaptée à notre façon de vivre actuelle. Tous s'accordent cependant à considérer comme pathologique une violence chronique et impulsive[6], et reconnaissent que la colère et l'hostilité sont nuisibles à la santé[7]. Lors d'une étude, 255 étudiants en médecine passèrent un test de personnalité mesurant leur degré d'hostilité. Vingt-cinq ans plus tard, il s'est avéré que les plus agressifs avaient eu *cinq fois* plus d'accidents cardiaques que les moins coléreux[8].

Les auteurs[9] qui envisagent qu'un *épisode* émotionnel puisse être nuisible s'appuient sur deux éléments prépondérants. Dans le premier cas, un épisode est considéré comme dysfonctionnel ou perturbateur lorsque le sujet exprime une émotion adéquate mais avec une intensité disproportionnée. Si un enfant fait une bêtise, la colère de ses parents peut avoir une valeur pédagogique ; la rage ou la haine sont totalement dis-proportionnées. De même, « le chagrin est une dépres-sion adaptée aux circonstances, alors que la dépression, en tant que maladie, est une souffrance disproportion-née par rapport à la conjoncture ambiante[10] ».

Dans le deuxième cas, l'épisode émotionnel est nui-sible lorsque le sujet exprime une émotion inappropriée à une situation donnée. Si un petit enfant vous fait un pied de nez, il vaut mieux en rire que de s'attrister ou se mettre en colère. On rejoint ainsi Aristote, selon qui : « N'importe qui peut se mettre en colère. C'est facile. Mais se mettre en colère avec la bonne personne, au bon degré, au bon moment, pour la bonne raison et de la bonne façon — cela n'est pas facile[11]. »

Quel que soit le cas de figure, pour ces psychologues le but ne consiste pas à se départir entièrement d'une émotion ni à la transcender, mais à en gérer l'expé-rience et la manière dont elle se traduit en actes. L'hos-tilité, par exemple, doit être contrôlée de façon à neutraliser efficacement un individu nuisible sans pour autant donner libre cours à une violence immodérée et cruelle que ne justifient en aucun cas les circonstances. Selon le bouddhisme, l'hostilité est toujours négative parce qu'elle engendre ou perpétue la haine. Il est tout à fait possible de mener une action ferme et déterminée pour neutraliser une personne dangereuse, sans éprou-ver la moindre trace de haine. On demandait un jour au Dalaï-lama quelle serait la meilleure conduite à suivre si un malfaiteur entrait dans la pièce en menaçant ses occupants de son revolver. Il répondit sur un ton mi-sérieux, mi-badin : « Je lui tirerais dans les jambes pour le neutraliser, puis j'irai vers lui pour lui caresser la tête et m'occuper de lui. » Il savait fort bien que la réalité n'est pas toujours aussi simple, mais souhaitait faire comprendre qu'une action énergique suffisait, et qu'il était non seulement inutile mais néfaste d'y ajouter de la haine.

Ekman et Davidson concluent : « Plutôt que de se concentrer sur une prise de conscience accrue de notre état intérieur, comme le fait le bouddhisme, la psychologie a mis l'accent sur une réévaluation des situations extérieures[12] ou sur un contrôle et une régulation de l'expression des émotions dans notre comportement[13]. » La psychanalyse, quant à elle, tente de faire prendre conscience au patient de tendances et d'événements passés, de fixations et de blocages qui conduisent aux souffrances de la névrose et l'empêchent de fonctionner normalement dans le monde.

La position du bouddhisme est différente : on met l'accent sur la prise de conscience accrue des pensées *instantanées*, ce qui permet d'identifier immédiatement une pensée de colère lorsqu'elle surgit, puis de la déconstruire dans l'instant suivant, comme un dessin sur l'eau se défait à mesure qu'on l'ébauche. Le même processus se reproduit pour la pensée suivante, et ainsi de suite. Il faut donc travailler les pensées une à une, en analysant la façon dont elles surviennent et se développent et en apprenant peu à peu à mieux les gérer. Cette méthode, que l'on retrouve partiellement en Occident dans la thérapie cognitive développée par Aaron Beck, est essentiellement centrée sur l'instant présent. C'est ainsi que nous pourrons graduellement transformer notre manière d'être. « Prenez soin des minutes, les heures prendront soin d'elles-mêmes », disait à son fils un Anglais plein de sagesse[14]. Il est donc important, du point de vue de la santé mentale, d'être vigilant à la façon dont les pensées surviennent et d'apprendre à s'affranchir de leur contrainte, au lieu d'essayer de développer puis de visionner le film interminable de notre histoire psychique, comme le propose notamment la psychanalyse.

Vers une psychologie positive

Jusqu'aux années 1980, peu de chercheurs s'étaient penchés sur les moyens permettant de développer les traits positifs de notre tempérament. En 1998, un groupe de psychologues américains s'est réuni sous l'égide de Martin Seligman, alors président de l'Association américaine de psychologie, pour fonder le Réseau de psychologie positive et coordonner les différentes recherches qui le constituent. Il s'agit d'un élargissement du champ d'étude de la psychologie par rapport à ce qui a été longtemps sa vocation principale : étudier et, si possible, remédier aux dysfonctionnements émotionnels et aux états mentaux pathologiques. Si l'on consulte le répertoire des livres et articles consacrés à la psychologie depuis 1887 (*Psychological Abstracts*), on y relève 136 728 titres mentionnant la colère, l'anxiété ou la dépression contre seulement 9 510 titres mentionnant la joie, la satisfaction ou le bonheur[15] ! Il est certes légitime de traiter les troubles psychologiques qui handicapent, voire paralysent la vie des gens, mais le bonheur ne se résume pas à l'absence de malheur. La psychologie positive, représentée par cette nouvelle génération de chercheurs, a pour but d'étudier et de renforcer les émotions positives qui nous permettent de devenir de meilleurs êtres humains tout en acquérant une plus grande joie de vivre.

Plusieurs raisons justifient une telle approche. En 1969, le psychologue Norman Bradburn a montré que les affects plaisants et déplaisants ne représentent pas seulement des contraires, mais procèdent de mécanismes différents et doivent donc être étudiés séparément. Se contenter d'éliminer la tristesse et l'anxiété n'assure pas automatiquement la joie et le bonheur. La suppression d'une douleur ne conduit pas nécessairement au plaisir. Il est donc nécessaire non seulement d'éradiquer les émotions négatives mais aussi de développer les émotions positives.

Cette position rejoint celle du bouddhisme qui affirme, par exemple, que s'abstenir de faire du tort aux autres (l'élimination de la malveillance) ne suffit pas, et que cette abstention doit être renforcée par un effort déterminé à faire leur bien (l'épanouissement de l'altruisme et sa mise en œuvre). Selon Barbara Fredrickson, de l'université de Michigan, l'une des fondatrices de la psychologie positive, « les émotions positives ouvrent l'esprit et élargissent la palette des pensées et des actions : la joie, l'intérêt, le contentement, l'amour[16] […]. Les pensées positives engendrent des comportements flexibles, accueillants, créateurs et réceptifs ». Selon ces scientifiques, leur développement présente donc un avantage évolutif indiscutable dans la mesure où il nous aide à élargir notre univers intellectuel et affectif, à nous ouvrir à de nouvelles idées et de nouvelles expériences. À l'opposé de la dépression, qui provoque souvent une plongée en vrille, les émotions positives engendrent une spirale ascendante : « elles construisent la force d'âme et influencent la façon de gérer l'adversité[17] ».

Pourquoi parle-t-on d'« émotion négative » ?

Selon le bouddhisme, le terme « émotion négative » n'implique pas nécessairement que l'émotion en question soit associée à un sentiment déplaisant qui conduit au retrait ou au rejet, comme dans le cas du dégoût. Au contraire, elle peut être liée à l'attirance, au désir avide et obsédant. Ce terme n'entraîne pas non plus l'idée d'une négation ou d'un refus. L'adjectif « négatif » signifie simplement *moins* de bonheur, de lucidité et de liberté intérieure. Il qualifie toute émotion qui est source de tourments pour nous et notre entourage. De même, une émotion ou un facteur mental « positif » ne supposent pas de voir la vie en rose, mais contribuent à *soukha*. Ces notions ne font pas appel à un dogme ni à un code moral édicté par une instance suprême, mais vont au cœur même des mécanismes du bonheur et de la souffrance. Chacun d'entre nous en a fait l'expérience. Quand on donne libre cours à la jalousie, le résultat ne se fait pas attendre : on ne connaît plus un instant de paix et on crée un enfer pour les autres. Notre première réaction ne doit pas consister simplement à étouffer cette émotion, mais à comprendre les *raisons* pour lesquelles elle n'a aucun effet positif.

Une simple compréhension mentale changera-t-elle quelque chose ? Sur le moment, la personne n'a généralement que faire des effets positifs ou négatifs de son émotion. Pourtant, cette compréhension lui permettra d'ouvrir les yeux sur le processus répétitif des souffrances qu'engendrent les émotions négatives. Elle finira par comprendre qu'elle se brûle chaque fois qu'elle met sa main dans le feu.

Le mot tibétain *nyeun-mong* (*klesha* en sanskrit) désigne un état mental perturbé, tourmenté et épuisant, qui « nous afflige de l'intérieur ». Observons la haine, la jalousie ou l'obsession à l'instant où elles naissent : il est indiscutable qu'elles provoquent en nous un profond malaise. Par ailleurs, les actes et les paroles qu'elles inspirent vont le plus souvent blesser les autres. À l'opposé, les pensées de bonté, de tendresse, de tolérance nous donnent de la joie et du courage, nous ouvrent l'esprit et nous libèrent intérieurement. Elles nous incitent également à la bienveillance et à l'empathie.

De plus, les émotions perturbatrices ont tendance à déformer notre perception de la réalité et nous empêchent de la voir telle qu'elle est. L'attachement idéalise son objet, la haine le diabolise. Ces émotions nous font croire que la beauté ou la laideur sont inhérentes aux êtres et aux choses. Or c'est l'esprit qui les décrète « attirantes » ou « repoussantes ». Cette méprise crée un écart entre l'apparence des choses et leur réalité, trouble le jugement et conduit à penser et à agir comme si ces qualités ne dépendaient pas en grande partie de notre manière de voir. À l'inverse, les émotions et facteurs mentaux « positifs » (selon l'acception bouddhiste) renforcent notre lucidité et la justesse de notre raisonnement dans la mesure où ils sont fondés sur une appréciation plus juste de la réalité. Ainsi, l'amour altruiste reflète l'interdépendance intime entre les êtres, notre bonheur et celui d'autrui, tandis que l'égocentrisme creuse un fossé toujours plus profond entre soi et autrui.

L'essentiel est donc d'identifier les types d'activité mentale qui conduisent au « bien-être », entendu dans le sens de *soukha*, et ceux qui renforcent le « mal-être », même lorsque ces derniers nous accordent de brefs épisodes de plaisir. Cet examen requiert une évaluation nuancée de la nature des émotions. La délectation que l'on éprouve, par exemple, à faire une remarque intelligente mais malveillante, est considérée comme négative. À l'inverse, l'insatisfaction, la tristesse même, devant notre incapacité actuelle à soulager une souffrance n'entravent en rien la quête de *soukha*, car elles nous encouragent à cultiver l'altruisme et à le mettre en action. Quoi qu'il en soit, le plus sûr moyen d'analyse est l'introspection, l'observation intérieure.

La première étape de cette analyse consiste à identifier la façon dont surviennent les émotions. Cette démarche exige de cultiver une attention vigilante au déroulement des activités mentales, accompagnée d'une prise de conscience permettant de distinguer les émotions destructrices de celles qui favorisent l'épanouissement du bonheur. Cette analyse, maintes fois répétée, est le préliminaire indispensable à la transformation d'un état mental perturbé. À cette fin, le bouddhisme préconise un entraînement prolongé et rigoureux à l'introspection, processus qui implique la stabilisation de l'attention et l'accroissement de la lucidité. Cette discipline est proche de la notion d'« attention soutenue et volontaire » du fondateur de la psychologie moderne, William James[18]. Mais tandis que James doutait de la possibilité de développer et de maintenir cette attention volontaire plus de quelques secondes, les contemplatifs bouddhistes savent que l'on peut la développer considérablement. Une fois les pensées calmées, l'esprit clarifié et concentré, on est alors apte à examiner avec efficacité la nature des émotions.

Dans l'immédiat, certains processus mentaux tels que l'avidité, l'hostilité et la jalousie peuvent concourir à l'obtention de ce qu'on juge désirable, attrayant. Nous avons également parlé des avantages de la colère et de la jalousie en termes de préservation de l'espèce humaine. Mais, à long terme, ils nuisent à notre épanouissement et à celui des autres. Chaque épisode d'agressivité et de jalousie nous fait reculer d'autant dans la recherche de la sérénité et du bonheur. Le traitement des émotions auquel recourt le bouddhisme a pour unique but de nous libérer des causes fondamentales de la souffrance. Il part du principe que certains événements mentaux sont perturbateurs quels que soient le degré et le contexte dans lesquels ils surviennent. C'est le cas notamment pour les trois processus mentaux considérés comme les « toxines » fondamentales de l'esprit : le désir (en tant que « soif », avidité qui tourmente), la haine (le désir de nuire) et la confusion (qui déforme notre perception de la réalité.) Le bouddhisme y ajoute généralement l'orgueil et la jalousie, qui constituent les cinq poisons majeurs auxquels se rattachent une soixantaine d'états mentaux négatifs. Les textes font également état de « quatre-vingt-quatre mille émotions négatives ». Celles-ci ne sont pas toutes précisément détaillées, mais ce nombre symbolique donne une idée de la complexité de l'esprit humain et nous invite à comprendre que les méthodes de transformation de l'esprit doivent être adaptées à l'immense variété des dispositions mentales. C'est pour cette raison que le bouddhisme parle des « quatre-vingt-quatre mille portes » qui mènent au chemin de la transformation intérieure.

9
ÉMOTIONS PERTURBATRICES :
LES REMÈDES

> *Le désir, la haine et les autres passions sont des ennemis sans mains, sans pieds ; ils ne sont ni braves, ni intelligents ; comment ai-je pu devenir leur esclave ? Embusqués dans mon cœur, ils me frappent à leur aise, et je ne m'en irrite même pas ; fi de cette absurde patience !*

Shantideva

Selon le bouddhisme, maîtriser l'esprit consiste entre autres choses à ne pas laisser ses émotions s'exprimer sans discrimination. Un torrent dont on a stabilisé les berges peut manifester sa vigueur sans pour autant dévaster la campagne environnante. Comment ôter aux émotions conflictuelles leur pouvoir aliénant sans devenir insensible au monde, sans ternir les richesses de l'existence ? Si l'on se contente de les reléguer au fond de l'inconscient, elles resurgiront à la première occasion avec une puissance accrue et ne cesseront de renforcer les tendances qui entretiennent les conflits intérieurs. L'idéal est au contraire de laisser les émotions négatives se former et se défaire sans laisser de marques dans l'esprit. Les pensées et les émotions continueront à surgir, mais elles ne s'additionneront plus et perdront le pouvoir de faire de nous leurs esclaves.

On pourrait penser que les émotions conflictuelles — la colère, la jalousie, l'avidité — sont acceptables parce que naturelles, et qu'il n'est pas nécessaire d'intervenir. Mais la maladie est, elle aussi, un phénomène naturel. Il n'en serait pas moins aberrant de s'y résigner et de l'accueillir comme un ingrédient désirable de l'existence. Il est aussi légitime d'agir sur les émotions perturbatrices que de soigner une maladie. Ces émotions sont-elles vraiment des maladies ? Au premier abord ce parallèle peut paraître abusif. Mais à y regarder de plus près, force est de constater qu'il est loin d'être infondé, car la plupart des troubles intérieurs naissent d'un faisceau d'émotions perturbatrices.

La spirale des émotions

Ne pourrait-on pas simplement laisser les émotions négatives s'épuiser d'elles-mêmes ? L'expérience montre que, comme une infection non traitée, les émotions perturbatrices gagnent en puissance dès qu'on leur donne libre cours. Laisser exploser la colère, par exemple, tend à créer un état psychologique instable qui rend de plus en plus irascible. Les conclusions d'études psychologiques[1] vont à l'encontre de l'idée reçue selon laquelle en donnant libre cours à ses émotions on fait baisser temporairement la tension accumulée. En vérité, du point de vue physiologique, c'est tout le contraire qui se produit. Si l'on évite de laisser la colère s'exprimer ouvertement, la tension artérielle diminue (et elle diminue encore davantage si l'on adopte une attitude amicale), mais elle augmente si on la laisse exploser[2].

En laissant systématiquement ses émotions négatives s'exprimer, on contracte des habitudes dont on sera à nouveau la proie aussitôt que leur charge émotionnelle aura atteint le seuil critique. En outre, ce seuil s'abaissera de plus en plus et l'on se mettra de plus en plus facilement en colère. Il en résultera ce qu'on appelle banalement un « mauvais caractère », accompagné d'un mal-être chronique.

Notons également que des études du comportement ont montré que les personnes les plus aptes à maîtriser leurs émotions (en les contrôlant sans pour autant les réprimer) sont aussi celles qui manifestent le plus souvent un comportement altruiste lorsqu'elles sont confrontées à la souffrance des autres[3]. La majorité des personnes hyper-émotives sont davantage préoccupées par leur trouble à la vue des souffrances dont elles sont le témoin que par la manière dont elles pourraient y remédier.

Il ne s'ensuit pas pour autant qu'il faille refouler les émotions. Cela reviendrait à les empêcher de s'exprimer tout en les laissant intactes, ce qui ne peut être qu'une solution temporaire et malsaine. Les psychologues affirment qu'une émotion refoulée peut provoquer de graves troubles mentaux et physiques, et qu'il faut à tout prix éviter de retourner nos émotions contre nous-même. Toutefois, l'expression incontrôlée et outrancière des émotions peut, elle aussi, provoquer des maladies mortelles, et non des moindres, le meurtre et la guerre en étant des exemples courants ! On peut mourir d'apoplexie dans un accès de colère ou se consumer littéralement de désir obsessionnel. Dans tous les cas, on n'a pas su établir le juste dialogue avec ses émotions.

Est-il possible de se libérer des émotions négatives ?

On pourrait penser que l'ignorance et les émotions négatives sont inhérentes au courant de la conscience : essayer de s'en débarrasser reviendrait à se battre contre une partie de soi-même. Toutefois l'aspect le plus fondamental de la conscience, la pure faculté de connaître, ce que nous avons appelé la qualité « lumineuse » de l'esprit, ne contient essentiellement ni haine ni désir. L'expérience introspective montre au contraire que les émotions négatives sont des événements mentaux transitoires qui peuvent être annihilés par leur contraire, à savoir les émotions positives qui agissent comme des antidotes.

À cette fin, il faut commencer par *reconnaître* que les émotions afflictives sont préjudiciables au bien-être. Cette évaluation n'est pas fondée sur une distinction dogmatique entre le bien et le mal, mais sur une observation attentive des répercussions que certaines émotions ont, à court et à long terme, sur soi-même et sur les autres. Le simple fait de reconnaître l'effet néfaste des afflictions mentales ne suffit cependant pas à les surmonter. Encore faut-il, après cette prise de conscience, se familiariser graduellement avec chaque antidote — la bonté comme antidote de la haine, par exemple — jusqu'à ce que l'absence de haine devienne une seconde nature. Le mot tibétain *gom*, que l'on traduit généralement par *méditation*, signifie plus exactement « familiarisation ». La méditation en effet ne consiste pas simplement à s'asseoir tranquillement à l'ombre d'un arbre et à se détendre pour jouir d'un moment de répit dans ses activités quotidiennes, mais à se familiariser avec une nouvelle vision des choses, une nouvelle façon de gérer ses pensées, de percevoir les êtres et le monde des phénomènes.

Le bouddhisme enseigne diverses méthodes pour réussir cette « familiarisation ». Les trois principales sont les *antidotes*, la *libération* et l'*utilisation*[4]. La première consiste à rechercher un *antidote spécifique* pour chaque émotion négative. La deuxième permet de dénouer ou « libérer » l'émotion en découvrant sa nature véritable. La troisième méthode utilise la force de chaque émotion comme un *catalyseur* de transformation intérieure. Le choix de l'une ou l'autre de ces méthodes dépend du moment, des circonstances et des capacités de celui qui les utilise. Toutes ont en commun un point essentiel et un même but : nous aider à ne plus être victime des émotions conflictuelles.

L'usage des antidotes

La première méthode consiste à neutraliser les émotions afflictives à l'aide d'un antidote spécifique, comme on neutralise les effets destructeurs d'un poison à l'aide d'un sérum, ou un acide à l'aide d'une base. L'un des points fondamentaux souligné par le bouddhisme est que deux processus mentaux diamétralement opposés ne peuvent survenir *simultanément*. On peut *osciller* rapidement entre l'amour et la haine, mais on ne peut pas ressentir *dans le même instant de conscience* le désir de nuire à quelqu'un et celui de lui faire du bien. Ces deux impulsions sont aussi antagonistes que l'eau et le feu. Comme le remarque le philosophe Alain : « Un mouvement exclut l'autre ; si vous tendez amicalement la main, cela exclut le coup de poing[5]. »

De même, en entraînant son esprit à l'amour altruiste, on élimine peu à peu la haine, car ces deux états d'esprit peuvent alterner mais non coexister au même instant. Il importe donc de commencer par découvrir les antidotes qui correspondent à chaque émotion négative, puis de les cultiver. Ces antidotes sont au psychisme ce que les anticorps sont à l'organisme.

Puisque l'amour altruiste agit comme un antidote direct contre la haine, plus on le développe, plus le désir de nuire s'amenuisera pour finalement disparaître. Il ne s'agit pas de refouler la haine, mais de tourner l'esprit vers quelque chose de diamétralement opposé : l'amour et la compassion. Suivant une pratique bouddhiste traditionnelle, on commence par raviver sa propre aspiration au bonheur, puis on étend cette aspiration à ceux qui nous sont chers, et enfin à tous les êtres, amis, inconnus et ennemis. Peu à peu, l'altruisme imprégnera de plus en plus notre esprit, jusqu'à devenir une seconde nature. Ainsi, l'entraîne-ment à la pensée altruiste est une protection durable contre l'animosité et l'agressivité chroniques.

Il est de même impossible à l'avidité ou au désir-passion de coexister avec le détachement, lequel permet de goûter la paix intérieure et de se reposer à l'ombre fraîche de la sérénité. Le désir ne peut pleinement se développer que si on lui donne quartier libre au point de le laisser accaparer l'esprit. Le piège ici, c'est que le désir — et son allié le plaisir — sont loin d'avoir l'aspect hideux de la haine. Ils sont même fort sédui-sants. Mais bientôt, les fils de soie du désir, qui parais-saient si légers de prime abord, se tendent et le doux vêtement qu'ils ont tissé devient une camisole. Plus on se débat, plus l'étreinte se resserre.

Le désir peut, nous le verrons, être sublimé et utilisé pour engendrer une félicité altruiste. Toutefois, le plus souvent, l'exacerbation du désir donne naissance au sentiment d'avoir été dupe de son pouvoir de séduction. Dans le pire des cas, il nous incite continuellement à vouloir l'assouvir coûte que coûte : plus cet assouvis-sement semble nous échapper, plus il nous obsède. En revanche, dès que l'on contemple ses aspects perturbateurs et que l'on tourne son esprit vers le calme intérieur, l'obsession liée au désir fond comme neige au soleil. Qu'on ne s'y méprenne pas : il ne s'agit pas de cesser d'aimer ceux dont on partage l'existence, ni de devenir indifférent à leur égard, mais de ne pas se cramponner aux êtres et aux situations avec une attitude possessive mêlée d'un profond sentiment d'insécurité. Si nous cessons de projeter sur les êtres les exigences insatiables de nos attachements, nous serons en mesure de les aimer davantage et d'être réellement concerné par leur bien-être véritable.

Pour prendre un autre exemple, l'envie et la jalousie procèdent de l'incapacité fondamentale à se réjouir du bonheur ou du succès d'autrui. Exacerbée, la jalousie devient violente et destructrice. Comment faire quand nous sommes la proie de ces images torturantes ? Le jaloux, s'abandonnant à un automatisme morbide, se rejoue mentalement des scènes qui « remuent le couteau dans la plaie ». Toute possibilité de bonheur est alors exclue. Si demeure le minimum de lucidité pour établir ce constat et faire le choix courageux de l'antidote requis, il faut laisser un temps ces images de côté, sans plus les renforcer. Il est ensuite profitable d'engendrer l'empathie, l'amour altruiste envers tous les êtres, y compris nos rivaux. Avec cet antidote, la plaie cicatrisera et, le temps aidant, la jalousie ne nous apparaîtra plus que comme un mauvais rêve.

On pourrait objecter : « Ce serait parfait dans un monde idéal, mais les sentiments humains ne sont-ils pas par nature ambivalents ? On aime et on jalouse en même temps. La complexité, la richesse de nos sentiments sont telles que nous pouvons ressentir simultanément des émotions contradictoires. » Les émotions en question sont-elles véritablement incompatibles, comme le chaud et le froid ? On peut, dit-on, éprouver un profond amour pour un compagnon ou une compagne, et en même temps les haïr parce qu'ils nous trompent. S'agit-il alors vraiment d'amour ? L'amour au sens où nous l'avons défini est le souhait que l'être que nous aimons soit heureux et comprenne les causes du bonheur. L'amour véritable et la haine ne peuvent coexister, car le premier souhaite le bonheur de l'autre, et le second son malheur. Lorsqu'on « hait » la personne que l'on « aime », on ne veut pas véritablement lui nuire, car alors on ne l'aimerait pas, mais l'on ne supporte pas la façon dont elle se comporte : on réprouve sa conduite, on est furieux qu'elle nous échappe. L'attachement, le désir et la possessivité accompagnent souvent l'amour mais ne *sont pas* l'amour. Ils peuvent coexister avec la haine, car celle-ci n'est pas leur contraire. Il existe certes des états mentaux entièrement incompatibles : l'orgueil et l'humilité, la jalousie et la joie, la générosité et l'avarice, le calme et l'énervement, etc. Pour ceux-là il n'y a pas d'ambivalence possible.

Le propre de l'expérience introspective consiste à distinguer, au sein de cette complexité, les émotions qui contribuent au bonheur de celles qui sont cause de souffrance. C'est à leur usage que l'herboriste distinguera les plantes vénéneuses des plantes médicinales. De même, si nous observons honnêtement les répercussions de nos émotions, il nous sera de moins en moins difficile de distinguer celles qui accroissent notre joie de vivre de celles qui la diminuent.

Libérer les émotions

La deuxième méthode consiste à se demander si, plutôt que de tenter d'enrayer chaque émotion qui nous afflige avec son antidote particulier, nous pourrions identifier un antidote *unique*, agissant à un niveau plus fondamental sur *toutes* nos afflictions mentales. Il n'est ni possible ni désirable d'entraver l'activité naturelle de l'esprit, et il serait vain et malsain d'essayer de bloquer ses pensées. En revanche, si l'on examine les émotions, on s'aperçoit qu'elles ne sont que des flux dynamiques dénués d'existence intrinsèque — ce que le bouddhisme appelle la « vacuité » d'existence réelle des pensées. Que va-t-il se passer si, au lieu de contrecarrer une émotion perturbatrice par son contraire, la colère par la patience par exemple, on se contente d'examiner la nature de l'émotion elle-même ?

Une forte bouffée de colère nous submerge. On a l'impression que l'on n'a pas d'autre choix que de se laisser emporter. Mais observons attentivement. Puis-je localiser cette colère dans ma poitrine, mon cœur ou ma tête ? S'il me semble que oui, a-t-elle une couleur ou une forme ? Je serais bien en peine de lui trouver de telles caractéristiques. Lorsqu'on contemple un gros nuage noir dans un ciel d'orage, il a l'air si massif qu'on pourrait s'y asseoir. Pourtant si l'on vole vers ce nuage, on ne trouve rien que l'on puisse saisir : il n'est que vapeur et vent. Examinons la colère de plus près. D'où tire-t-elle le pouvoir de me dominer à ce point ? Possède-t-elle une arme ? Brûle-t-elle comme un feu ou écrase-t-elle comme un rocher ? Plus je cherche à cerner la colère de cette manière, plus elle disparaît sous mon regard, comme la gelée blanche sous les rayons du soleil.

D'où vient-elle, où se poursuit-elle, où disparaît-elle ? Tout ce qu'on peut affirmer c'est qu'elle naît de notre esprit, y dure quelque instants et s'y dissout à nouveau. Mais, nous l'avons déjà vu, cet esprit lui-même est insaisissable. En examinant attentivement la colère, nous n'y trouverons par conséquent rien de consistant, rien qui justifie l'influence tyrannique qu'elle exerce sur notre façon d'être. Faute de nous livrer à cette investigation, nous nous laissons obnubiler par l'objet de la colère et envahir par l'émotion destructrice. Si, au contraire, nous réalisons que la colère n'a aucune consistance en elle-même, elle perd soudainement de sa puissance. Écoutons Khyentsé Rinpoché :

> « Rappelez-vous qu'une pensée n'est que le produit de la conjonction fugace de nombreux facteurs et circonstances. Elle n'existe pas par elle-même. Aussi, dès qu'une pensée apparaît, reconnaissez sa nature de vacuité. Elle perdra aussitôt le pouvoir de susciter la pensée suivante, et la chaîne de l'illusion prendra fin. Reconnaissez cette vacuité des pensées et laissez ces dernières se reposer un moment dans l'esprit détendu pour que la clarté naturelle de l'esprit reste limpide et inaltérée[6]. »

C'est ce que le bouddhisme appelle la *libération de la colère au moment où elle surgit*, en reconnaissant son caractère de vacuité, son absence d'existence propre. Cette libération se produit spontanément, comme dans l'image précédemment citée du dessin tracé avec le doigt sur l'eau. Ce faisant, on n'a pas refoulé la colère, mais neutralisé son pouvoir de se transformer en cause de souffrance.

Le plus souvent, nous ne faisons cette analyse qu'une fois la crise passée. Ici, c'est au moment même où la colère surgit qu'il faut en reconnaître la nature. Grâce à cette compréhension, les pensées n'ont plus le loisir de s'enchaîner jusqu'à constituer un flot obsessionnel et asservissant. Elles traversent l'esprit sans y laisser de résidus, comme le vol sans trace d'un oiseau dans le ciel.

Cette pratique consiste donc à concentrer son attention sur la colère elle-même au lieu de la fixer sur son *objet*. Habituellement, on ne considère que cet objet, en lui attribuant un caractère intrinsèquement détestable, et l'on trouve ainsi immanquablement une justification à sa colère. Au contraire, si l'on observe la colère elle-même, elle finit par s'évanouir sous le regard intérieur. Elle peut certes resurgir, mais, à mesure qu'on s'habitue à un tel processus de libération, l'émotion devient de plus en plus transparente, et, avec le temps, l'irascibilité finit par disparaître.

Cette méthode peut être utilisée pour toutes les autres afflictions mentales ; elle permet de jeter un pont entre l'exercice de la méditation et les occupations quotidiennes. Si l'on s'habitue à regarder les pensées au moment où elles surviennent, et à les laisser se défaire avant qu'elles ne monopolisent l'esprit, il sera beaucoup plus facile de rester maître de son esprit et de gérer les émotions conflictuelles au sein même de la vie active. Pour nous donner le goût de la vigilance et de l'effort, rappelons-nous les douleurs cuisantes que les émotions destructrices nous infligent.

Utiliser les émotions comme catalyseurs

La troisième méthode est la plus subtile et la plus délicate. Si l'on examine attentivement ses émotions, on découvre que, comme les notes de musique, elles ont de nombreuses composantes, ou harmoniques. La colère incite à l'action et permet souvent de surmonter un obstacle. Elle présente aussi des aspects de clarté, de vivacité et d'efficacité qui ne sont pas mauvais en eux-mêmes. Le désir possède un aspect de félicité, distinct de l'attachement. L'orgueil, un aspect de confiance en soi, qui est dénué d'hésitation sans pour autant sombrer dans l'arrogance. La jalousie, une détermination à agir qui ne peut être confondue avec l'insatisfaction malsaine qu'elle entraîne.

Pour peu que l'on sache séparer ces différents aspects, il devient concevable de reconnaître et d'utiliser les côtés positifs d'une pensée généralement considérée comme négative. En effet, ce qui confère à une émotion son caractère nocif, c'est le moi fictif qui s'identifie et s'accroche à cette émotion, saisie comme réelle, et qui, enraciné dans les tendances habituelles de l'individu, déclenche une réaction en chaîne au fil de laquelle l'éclair initial de clarté et de vivacité devient colère et hostilité. Un entraînement approprié permet d'intervenir avant que ne s'amorce la réaction.

C'est donc un *défi* que nous lancent les émotions : celui de reconnaître qu'elles ne sont pas intrinsèquement perturbatrices, mais le deviennent aussitôt que nous nous identifions à elles et que nous nous y attachons. La « conscience pure », dont nous avons parlé et qui est source de tous les événements mentaux n'est en soi ni « bonne » ni « mauvaise », et les pensées ne deviennent perturbatrices qu'à partir du moment où le processus de la « fixation » prend place, où l'on s'attache aux caractéristiques que l'on attribue à l'objet de l'émotion, et au moi qui la ressent.

Si l'on réussit à éviter cette fixation, il n'est plus nécessaire de faire intervenir un antidote extérieur : les émotions elles-mêmes agissent comme des catalyseurs qui permettent de se dégager de leur influence nuisible. En fait, le point de vue change : quand on tombe à la mer, c'est l'eau elle-même qui tient lieu d'appui et permet de nager vers la terre ferme. Encore faut-il savoir nager, c'est-à-dire être suffisamment habile pour utiliser les émotions à bon escient sans se noyer dans leurs aspects négatifs.

Ainsi, pour celui qui maîtrise les processus les plus intimes de la pensée, les passions peuvent être utilisées comme du bois attisant le feu de l'altruisme et de la réalisation spirituelle. Toutefois, ce genre de pratique exige une grande maîtrise du langage des émotions et n'est pas sans danger : laisser s'exprimer de puissantes émotions sans pour autant en devenir la proie, c'est jouer avec le feu ou, plutôt, essayer d'attraper un joyau sur la tête d'un serpent. Si l'on y parvient, la compréhension de la nature de l'esprit progressera d'autant, alors que, si l'on échoue, on se trouvera submergé par les qualités négatives de la colère, et l'emportement redoublera. Toute tentative maladroite provoque un retour de flamme. Le marin expérimenté peut mener son voilier toutes voiles dehors lorsque le vent forcit, mais le barreur novice aura toutes les chances de chavirer.

Trois méthodes, un seul but

Nous avons vu qu'il fallait contrecarrer chaque émotion négative par un antidote particulier, puis qu'un seul ferait l'affaire et, finalement, qu'on pouvait aussi bien utiliser l'émotion négative de façon positive. Les contradictions ne sont qu'apparentes. Ces méthodes ne sont que des moyens différents d'aborder le même problème et d'arriver au même résultat : ne pas être la victime des émotions perturbatrices et des souffrances qu'elles entraînent habituellement. Dans le même registre, on peut fort bien envisager plusieurs manières de ne pas être empoisonné par une plante vénéneuse. On peut avoir recours à des antidotes adaptés à chaque poison pour en neutraliser les effets. On peut aussi identifier l'origine de la vulnérabilité à ces poisons, notre système immunitaire, puis, en une seule opération, renforcer ce système pour acquérir une résistance globale à *tous* ces poisons. On peut finalement analyser les poisons, isoler les diverses substances qui les composent et s'apercevoir que certaines d'entre elles, employées à des doses appropriées, ont des vertus médicinales.

Ce qui importe, c'est que dans tous les cas on a atteint le même but : ne plus être l'esclave des émotions négatives et progresser vers la libération de la souffrance. Chacune de ces méthodes est comme une clé : peu importe qu'elle soit en fer, en argent ou en or, pourvu qu'elle ouvre une porte sur la liberté.

Mais il ne faut pas oublier qu'à l'origine des émotions perturbatrices se trouve l'attachement au moi. Pour s'affranchir définitivement de la souffrance intérieure, il ne suffit pas de se libérer des émotions elles-mêmes, il faut éradiquer l'attachement à l'ego. Est-ce possible ? Oui, car l'ego n'existe, nous l'avons vu, que comme une illusion. Or une idée fausse peut être dissipée. Elle ne peut l'être, toutefois, que par la sagesse qui reconnaît la non-existence de l'ego.

Les émotions dans le temps

Il arrive que les émotions soient si puissantes qu'elles ne laissent aucune place à la réflexion et qu'il soit impossible de les gérer au moment où elles s'expriment. Le psychologue Paul Ekman parle d'une période « réfractaire » durant laquelle on n'enregistre que ce qui justifie la colère, ou toute autre émotion forte[7]. On est totalement imperméable à tout ce qui pourrait faire comprendre que l'objet de la colère n'est pas aussi haïssable qu'il en a l'air.

Alain décrit ainsi ce processus : « Voilà le piège des passions. Un homme qui est bien en colère se joue à lui-même une tragédie bien frappante, vivement éclairée, où il se représente tous les torts de son ennemi, ses ruses, ses préparations, ses mépris, ses projets pour l'avenir : tout est interprété selon la colère, et la colère en est augmentée[8]. » Dans ce cas, il n'est d'autre choix que de travailler sur les émotions *après* qu'elles se sont calmées. Ce n'est qu'une fois les vagues des passions retombées que nous découvrons à quel point notre vision des choses était faussée. Nous sommes alors surpris de constater combien nos émotions nous ont dominé et induit en erreur. Nous pensions que notre colère était justifiée ; or, pour être légitime, elle aurait dû faire plus de bien que de mal, ce qui est rarement le cas. La colère peut briser le *statu quo* d'une situation inacceptable ou faire comprendre à l'autre qu'il agit de façon néfaste. Mais de telles colères, purement inspirées par l'altruisme, sont rares. Le plus souvent, la colère aura blessé quelqu'un en nous laissant dans un état de profonde insatisfaction. Il ne faut donc jamais sous-estimer le pouvoir de l'esprit : celui de créer et de cristalliser des mondes de haine, d'avidité, de jalousie, d'euphorie ou de désespoir.

Fort d'une certaine expérience, on pourra affronter l'émotion *avant* qu'elle ne surgisse. On la verra « venir de loin » et on saura distinguer entre celles qui entraînent la souffrance et celles qui contribuent au bonheur. Les méthodes que nous venons de décrire permettent d'être mieux préparé à gérer les émotions, qui cesseront peu à peu de nous submerger. Pour éviter les feux de forêt en période de sécheresse, le forestier taille des coupe-feu, fait des provisions d'eau et reste vigilant. Il sait fort bien qu'il est plus facile d'éteindre une étincelle qu'un gigantesque brasier.

Dans un troisième temps, une connaissance et une maîtrise de l'esprit encore accrues permettront de traiter les émotions au moment précis où elles surgissent, *pendant* qu'elles s'expriment. C'est ainsi que, comme nous l'avons décrit, les émotions qui nous affligent sont « libérées » à mesure qu'elles surgissent. Elles sont incapables de semer le trouble dans l'esprit et de se traduire par des paroles et des actes engendrant de la souffrance. Cette méthode exige de la persévérance, car nous ne sommes pas habitués à traiter les pensées de cette manière.

Contrairement à ce qu'on pourrait penser, l'état de liberté intérieure à l'égard des émotions n'entraîne ni apathie ni indifférence. L'existence n'en perd pas ses couleurs. Simplement, au lieu d'être toujours le jouet de nos pensées négatives, de nos humeurs et de notre tempérament, nous sommes devenus leur maître. Non comme un tyran qui, sans relâche, exercerait un contrôle obsessionnel sur ses sujets, mais comme un être humain libre et maître de son destin.

À ce point, les états mentaux conflictuels laissent place à un riche éventail d'émotions positives qui interagissent avec les autres êtres selon une appréhension fluide du réel. La sagesse et la compassion deviennent les influences prédominantes qui guident nos pensées, nos paroles et nos actes. Khyentsé Rinpoché résume ainsi cette progression vers la liberté intérieure :

> « Quand un rayon de soleil frappe un morceau de cristal, des lumières irisées en jaillissent, brillantes mais insubstantielles. De même, les pensées, dans leur infinie variété — dévotion, compassion, méchanceté, désir —, sont insaisissables, immaté-

rielles, impalpables. Il n'en est pas une qui soit vide d'existence propre. Si vous savez reconnaître la vacuité de vos pensées au moment même où elles surgissent, elles s'évanouiront. La haine et l'attachement ne pourront plus ébranler votre esprit, et les émotions perturbatrices cesseront d'elles-mêmes. Vous n'accumulerez plus d'actes néfastes et, de ce fait, vous ne causerez plus de souffrances. Voilà l'ultime pacification[9]. »

Un travail de longue haleine

La grande majorité des recherches en psychologie moderne sur la régulation des émotions a porté sur la façon de gérer et de moduler les émotions *après* qu'elles ont envahi notre esprit. Ce qui semble manquer, c'est la reconnaissance du rôle central que peuvent jouer une vigilance et une lucidité accrues, la « présence éveillée » pour employer le terme bouddhiste, dans ces processus. *Reconnaître* une émotion au moment même où elle survient, *comprendre* qu'elle n'est qu'une pensée dénuée d'existence propre et *la laisser se dénouer* spontanément en évitant la cascade de réactions qu'elle entraîne habituellement, tout cela est au cœur de la pratique contemplative bouddhiste.

Dans un ouvrage récent[10], Paul Ekman, qui participe depuis plusieurs années aux rencontres entre le Dalaï-lama et d'éminents scientifiques sous les auspices du mouvement Mind and Life (Esprit et Vie), a mis l'accent sur l'utilité d'une considération attentive des sensations émotionnelles, comparable à la vigilance et la présence éveillée du bouddhisme. Il estime que c'est là l'une des manières les plus pragmatiques de gérer les émotions, c'est-à-dire de décider si l'on souhaite ou non exprimer une émotion en paroles et en actes.

Il est admis que la maîtrise de toute discipline — la musique, la médecine, les mathématiques… — exige un entraînement intense. Pourtant, il semble qu'en Occident, mis à part la psychanalyse dont les résultats sont incertains et le processus pénible, on envisage rarement de faire des efforts persistants et à long terme dans le but de transformer ses états émotionnels et son tempérament. Le but même de la psychothérapie est différent et reste très modeste : selon Han de Wit, « il ne peut être d'atteindre la cessation de la souffrance (le *nirvana*), ou l'Éveil, mais de permettre aux personnes désespérément "coincées" dans le *samsara* (et dans la souffrance qu'il entraîne) de s'y mouvoir avec plus d'aisance […] La méditation n'entend pas rendre le *samsara* supportable, car le bouddhisme le considère comme foncièrement malsain, fondamentalement irrationnel et source inéluctable de souffrance[11] ». Le but du bouddhisme ne consiste donc pas simplement à « normaliser » notre façon névrotique de fonctionner dans le monde. L'état que l'on considère généralement comme « normal » n'est qu'un point de départ, non le but. Notre existence vaut mieux que cela !

Ainsi, la plupart des méthodes conçues par la psychologie occidentale pour modifier de façon durable les états affectifs concernent surtout le traitement d'états manifestement pathologiques. Selon Ekman et Davidson : « Quelques exceptions mises à part — notamment les développements récents mais rapides de la "psychologie positive" — aucun effort n'a été investi dans le développement des qualités de l'esprit chez des individus qui ne souffrent pas de désordres mentaux[12]. » Pour le bouddhisme, cette approche est insuffisante, car un grand nombre d'émotions conflictuelles *sont* des désordres mentaux. Une personne en proie à une haine féroce ou à une obsédante jalousie ne peut être raisonnablement considérée comme saine d'esprit, même si son état ne relève pas immédiatement de la psychiatrie. Ces émotions conflictuelles faisant partie de notre quotidien, l'importance sinon l'urgence qu'il y a de s'en occuper paraissent moins évidentes. En conséquence, la notion d'entraînement de l'esprit n'entre pas dans l'éventail des préoccupations courantes de l'homme moderne, au même titre que le travail, les activités culturelles, l'exercice physique et les loisirs.

L'enseignement de valeurs humaines est en général considéré comme du ressort de la religion ou de la famille. La spiritualité et la vie contemplative s'en trouvent réduites à n'être plus que des compléments vitaminés de l'âme. Les connaissances philosophiques que l'on acquiert sont le plus souvent coupées de toute pratique, et il incombe à l'individu de choisir ses propres règles de vie. Mais à notre époque, livré à la pseudo-liberté de faire tout ce qui lui passe par la tête et privé de points de repère, ce malheureux individu se retrouve désemparé. Les considérations abstraites et bien plus souvent incompréhensibles de la philosophie contemporaine, combinées à la fébrilité de la vie quotidienne et à la suprématie du divertissement, laissent peu de place à la quête d'une source d'inspiration authentique quant à la direction à donner à notre vie. Ainsi que le souligne le Dalaï-lama : « On voudrait que la spiritualité soit facile, rapide et bon marché. » Autant dire inexistante. C'est ce que Trungpa Rinpoché appelait le « matérialisme spirituel[13] ». Pierre Hadot, spécialiste de la philosophie antique, souligne que la « philosophie n'est qu'un exercice préparatoire à la sagesse[14] » et qu'une véritable école philosophique correspond avant tout à un certain choix de vie.

Il faut reconnaître que nous offrons une résistance phénoménale au changement. Nous ne parlons pas ici des volte-face superficielles de la nouveauté dont raffole notre société, mais de l'inertie profonde à l'égard de toute transformation véritable de notre manière d'être. La plupart du temps, on ne souhaite même pas entendre évoquer la possibilité de changer, et l'on préfère se moquer de ceux qui cherchent une solution de rechange. Personne n'a vraiment envie de se mettre en colère, d'être jaloux ou orgueilleux, mais chaque fois que l'on cède à ces émotions on va prétexter que c'est chose normale, que cela fait partie des sortilèges de l'existence. Alors à quoi bon se transformer ? Soyons nous-même ! Bref, distrayons-nous, changeons d'air, de voiture, de compagnon, consommons au maximum, saoulons-nous de l'inepte et du superflu, mais surtout ne touchons pas à l'essentiel, car il faudrait faire là de vrais efforts. Pareille attitude se justifierait si nous étions vraiment satisfaits de notre sort. Mais est-ce le cas ? C'est encore Alain qui écrivait : « Il y a du prosélytisme dans le fou et premièrement une volonté de ne pas être guéri[15]. » Ou, comme le disait un ami tibétain : « Si vous pensez que tout est parfait dans votre vie, soit vous êtes un Bouddha, soit vous êtes complètement idiot. »

Parce que l'ego est récalcitrant, qu'il se rebiffe dès que son hégémonie est menacée, on préfère protéger ce parasite qui nous est si cher et on se demande ce que serait la vie en son absence — on ose à peine y penser ! Voilà une bien curieuse logique du tourment.

Pourtant, une fois entamé le travail introspectif, il s'avère que cette transformation est loin d'être aussi pénible qu'il y paraît. Au contraire, dès lors que l'on décide d'entreprendre une telle métamorphose intérieure, même si l'on affronte inévitablement quelques difficultés, on découvre rapidement une « joie en forme d'effort » qui fait de chaque pas une satisfaction nouvelle. On a le sentiment d'acquérir une liberté et une force intérieures grandissantes, qui se traduisent par une diminution des angoisses et des peurs. Le sentiment d'insécurité fait place à une confiance empreinte de joie de vivre, et l'égocentrisme chronique, à un altruisme chaleureux.

Un ami spirituel, Sengdrak Rinpotché, qui vit depuis plus de trente ans dans la montagne à la frontière entre le Népal et le Tibet, me racontait que lorsque, adolescent, il a commencé ses retraites, il a connu des années très difficiles. Les émotions, le désir notamment, étaient si fortes qu'il crut devenir fou (aujourd'hui, il parle de cela avec un grand sourire). Puis, peu à peu, en se familiarisant avec les diverses façons de traiter les émotions, il acquit une parfaite liberté intérieure. Depuis, chaque instant n'est pour lui que pure joie. Et cela se voit ! Il est la personne la plus simple, la plus allègre et la plus réconfortante que j'aie rencontrée. On a l'impression que rien ne pourrait l'affecter et que les difficultés extérieures glissent sur lui comme des gouttes d'eau sur une rose. Lorsqu'il parle, les yeux pétillants de gaieté, il dégage une telle impression de légèreté qu'on croirait qu'il va s'envoler comme un oiseau. Bien qu'il ait fait plus d'années de pratique que la plupart des méditants que je connais, il se comporte comme s'il était le dernier des débutants. Il vit toujours sur son flanc de montagne, entouré maintenant de trois cents méditants, hommes et femmes, qui sont venus le rejoindre et pratiquent dans des ermitages disséminés ici et là, autour du sien.

Qui songerait à déplorer qu'il faille des années pour construire un hôpital et une génération pour parfaire une éducation ? Alors, pourquoi se plaindre des années de persévérance nécessaires pour devenir un être humain équilibré et plein de bonté ?

10

LE DÉSIR

Il est rare qu'un bonheur vienne justement se poser sur le désir qui l'avait réclamé.

Marcel Proust

Personne ne contestera qu'il est naturel de désirer et que le désir joue un rôle moteur dans notre vie. Ne confondons pas ici les aspirations profondes que le cours de notre existence engendre avec le désir qui n'est qu'une soif, un tourment pour l'esprit. Le désir peut en effet prendre des formes infiniment diverses : on peut désirer un verre d'eau fraîche, un être aimé, un moment de paix, le bonheur d'autrui ; on peut aussi désirer se donner la mort. Le désir peut nourrir notre existence comme il peut l'empoisonner.

Il peut aussi s'élargir, se libérer et s'approfondir pour devenir une aspiration. Celle de faire de soi un meilleur être humain, d'œuvrer au bien des êtres ou d'atteindre l'Éveil spirituel. Il importe en effet d'établir une distinction entre le désir, qui est essentiellement une force aveugle, et l'aspiration, qui est précédée d'une motivation et d'une attitude. Si cette motivation est vaste et altruiste, elle peut être la source des plus grandes qualités humaines et des plus grands accomplissements. Quand elle est limitée et égocentrique, elle ne sert qu'à alimenter les préoccupations sans fin de la vie ordinaire, qui se succèdent comme des vagues, de la naissance à la mort, et ne comportent aucune garantie de satisfaction profonde. Quand elle est négative, elle peut conduire à des destructions dévastatrices.

Si naturel soit-il, le désir dégénère rapidement en « poison mental » dès qu'il devient soif impérative, obsession ou attachement incontrôlable. Un tel désir est d'autant plus frustrant et aliénant qu'il est en porte à faux avec la réalité. Lorsqu'on est obsédé par une chose ou un être, la possession ou la jouissance de ces derniers devient à nos yeux une nécessité absolue. Or l'avidité est source de tourment. De plus, cette « possession » ne peut être que précaire, momentanée et sans cesse remise en question. Elle est également illusoire, dans le sens où l'on n'a finalement que très peu de contrôle sur ce que l'on pense posséder. Comme l'enseignait le Bouddha Shakyamouni : « En proie au désir, comme un singe dans la forêt, tu sautes de branche en branche, sans jamais trouver de fruit, de vie en vie, sans jamais trouver de paix. »

Les désirs présentent différents degrés de durée et d'intensité. Un désir mineur, comme celui d'avoir une tasse de thé ou de prendre une bonne douche chaude, est en général aisément satisfait et n'est contrarié que dans des conditions extrêmement adverses. Il y a encore le désir de réussir à un examen, de s'acheter une voiture ou un logement, dont la réalisation peut présenter quelques difficultés, généralement surmontables si l'on fait preuve de persévérance et d'ingéniosité. Enfin, il existe un niveau de désir plus fondamental comme celui de fonder une famille, d'être heureux avec le compagnon ou la compagne qu'on a choisi, d'exercer un métier que l'on aime. La réalisation de ce type de désir prend beaucoup de temps, et la qualité de vie qu'il engendre dépend de nos aspirations profondes, de l'orientation que l'on souhaite donner à sa vie : veut-on exercer une activité qui nourrit la joie de vivre, ou simplement « faire de l'argent » et acquérir un certain rang dans la société ? Envisage-t-on une relation de couple sous l'angle de la possession ou de la réciprocité altruiste ? Quels que soient nos choix, partout et toujours on retrouve la dynamique du désir.

De nos jours, le désir ne cesse d'être alimenté et amplifié par la presse, le cinéma, la littérature et la publicité. Il nous rend dépendant de l'intensité de nos émotions, pour ne conduire qu'à des satisfactions de courte durée. On n'a d'ailleurs guère le temps de prendre la mesure de sa frustration, car d'autres sollicitations arrivent à la rescousse ; distraits, nous remettons sans cesse à plus tard l'examen et la mise en œuvre de ce qui pourrait nous apporter un sentiment de plénitude digne de ce nom. Et le manège continue de tourner.

J'ai connu à Hong Kong quelques-uns de ces jeunes loups de la Bourse qui dorment au bureau par terre dans leur sac de couchage afin de pouvoir se réveiller au milieu de la nuit et sauter sur leurs ordinateurs pour « attraper » la bourse de New York avant sa fermeture. Eux aussi cherchent à être heureux, mais sans grand succès. L'un d'entre eux m'a confié que lorsque, une ou deux fois par an, il se retrouve assis en short au petit matin au bord de la mer, à regarder d'un air presque surpris la beauté de l'océan, il ne peut s'empêcher de penser : « Quelle drôle de vie je mène ! Et pourtant le lundi matin, je recommence. » Manque de sens des priorités ? de courage ? rester à la surface miroitante des leurres sans prendre le temps de s'asseoir quelques moments de plus sur le rivage, celui de laisser monter du fond de soi la réponse à la question : « Qu'est-ce que je veux vraiment faire de ma vie ? » Une fois la réponse trouvée, il est toujours temps de songer à sa réalisation. Mais n'est-il pas tragique d'oblitérer la question ?

Le désir aliénant

Le bouddhisme ne prône pas l'abolition des désirs simples ni des aspirations essentielles, mais la liberté à l'égard des désirs asservissants, ceux qui entraînent une foule de tourments inutiles. Le désir de nourriture quand on a faim, l'aspiration à œuvrer pour la paix dans le monde, la soif de connaissances, le souhait de partager notre vie avec des êtres chers, l'élan qui incite à s'affranchir de la souffrance : pour autant que ces désirs ne sont pas teintés d'avidité et n'exigent pas de saisir l'insaisissable, ils peuvent contribuer à notre satisfaction profonde. Le désir avide en revanche est insatiable. Quand on a une chose, on en veut une deuxième, puis une troisième, et ainsi de suite. Comment cela aurait-il une fin ? Seuls l'échec ou la fatigue viennent momentanément à bout de cette soif de possession, de sensations ou de pouvoir.

Les mécanismes du désir

La soif de sensations agréables s'installe facilement dans l'esprit du fait que le plaisir est avenant, toujours prêt à offrir ses services. Il présente bien, met en confiance et, par quelques images convaincantes, balaie toutes nos hésitations : qu'aurions-nous à craindre d'une offre si alléchante ? Partir sur le chemin des désirs est la facilité même. Mais l'allégresse des premiers pas est de courte durée, cédant la place à la déception de toute attente naïve et au sentiment de solitude accompagnant la satiété des sens. Les plaisirs, une fois goûtés, ne demeurent pas, ne s'accumulent pas, ne se conservent pas et ne fructifient pas : ils s'évanouissent. Il n'est donc guère réaliste d'espérer qu'ils nous procureront un jour une félicité durable.

Le grand pessimiste qu'était Schopenhauer déclarait : « Tout désir naît d'un manque, d'un état qui ne nous satisfait pas ; donc il est souffrant, tant qu'il n'est pas satisfait. Or nulle satisfaction n'est de durée ; elle n'est que le point de départ d'un désir nouveau. Nous voyons le désir partout arrêté, partout en lutte, donc toujours à l'état de souffrance ; pas de terme dernier à l'effort ; donc pas de mesure, pas de terme à la souffrance[1]. » Cette affirmation est vraie mais incomplète. Elle suppose en effet que l'on ne peut échapper au désir et aux souffrances qu'il perpétue. Pour y échapper, il faut commencer par comprendre comment il survient.

La première constatation est que tout désir passionnel (nous ne parlons pas ici de sensations primaires comme la faim ou la soif) est précédé d'une image mentale. La formation de cette image peut être déclenchée par un objet extérieur (une forme, un son, un contact, une odeur ou un goût) ou intérieur (un souvenir ou un fantasme). Même si nous sommes influencés par des tendances latentes, même si le désir — sexuel en premier lieu — est inscrit dans notre constitution physique, il ne peut s'exprimer sans une représentation mentale. Celle-ci peut être volontaire ou paraître s'imposer à notre esprit, elle se forme lentement ou avec la rapidité de l'éclair, subrepticement ou ostensiblement, mais elle précède toujours le désir, car son objet doit se refléter dans nos pensées. On ne peut désirer et entretenir une sensation que si on la juge agréable. La compréhension de ce processus nous rend apte à gérer l'accélération du dialogue intérieur que provoque la survenue du désir.

Ce point de vue du bouddhisme est proche de celui des sciences cognitives. Selon Aaron Beck, l'un des fondateurs de la thérapie cognitive, les émotions sont toujours engendrées par la cognition, et non le contraire. La pensée d'une personne attirante donne naissance au désir, la pensée d'un danger provoque la peur, la pensée d'une perte engendre la tristesse, et la pensée qu'une limite a été transgressée déclenche la colère. Lorsqu'on ressent l'une de ces émotions, il n'est pas très difficile de retracer l'enchaînement de pensées qui y a conduit. Selon Seligman : « Il y a trente ans, la révolution effectuée par la psychologie cognitive a renversé à la fois Freud et les *behavioristes*, dans les milieux académiques tout au moins [...]. Selon la théorie freudienne classique, en effet, c'est le contenu des pensées qui est déterminé par les émotions[2]. » Ce dernier point de vue peut sembler exact dans le cas de crises émotionnelles qui semblent à première vue irrationnelles, de crises d'angoisse aiguës, de phobies graves qui sont l'expression de fixations formées dans le passé. Il n'en demeure pas moins que ces tendances résultent d'une accumulation d'images et de pensées.

Généralement, dès lors que les images mentales liées à un désir commencent à proliférer dans l'esprit, soit on assouvit ce désir, soit on le réprime. Dans le premier cas il y a abandon de la maîtrise de soi, dans le second un conflit se déclenche. Le conflit intérieur créé par la répression est toujours une source de tourment. À l'opposé, choisir l'assouvissement, c'est se dire : « À quoi bon tant de complications, assouvissons notre désir, et n'en parlons plus. » Le problème, c'est qu'on en reparlera très bientôt : l'assouvissement n'est qu'un répit. Les images mentales que le désir ne cesse de former resurgissent très vite. Or, plus l'assouvissement sera fréquent, plus ces images deviendront nombreuses, envahissantes et contraignantes. Nous avons ainsi déclenché une autocombustion du désir : plus on boit de l'eau salée, plus on a soif. Le renforcement répété des images mentales conduit à l'habitude et à la dépendance, mentale et physique. À ce point, l'expérience du désir est ressentie davantage comme une servitude que comme une satisfaction. Nous avons perdu notre liberté.

Un autre exemple classique est celui de la démangeaison. On cherche instinctivement à la soulager en se grattant. Ce soulagement est certes agréable sur le moment, mais la démangeaison ne tarde pas à revenir, plus irrésistible que jamais, et l'on finit par se gratter jusqu'au sang. On a confondu soulagement et guérison. Lorsqu'on décide de ne plus se gratter malgré la forte envie qui persiste, ce n'est pas parce qu'il serait « mal » de se gratter, mais parce que l'on a appris d'expérience que se mettre la chair à vif est chose pénible, et qu'en laissant le feu de la démangeaison se calmer, on cessera d'en subir le tourment. Il ne s'agit donc pas d'un refoulement malsain, ni d'une question de morale ou de mœurs, mais d'une action intelligente où un bien-être durable se voit préféré à l'alternance du soulagement et de la douleur. Il s'agit d'une démarche pragmatique, fondée sur l'analyse et le bon sens. Le philosophe bouddhiste indien du IIe siècle, Nagarjuna, résume ainsi ce processus : « Qu'il est bon de se gratter lorsque cela nous démange, mais quel bonheur lorsque cela ne nous démange plus. Qu'il est bon de satisfaire nos désirs, mais quel bonheur d'être libre des désirs[3]. » Le principal obstacle à cette liberté, c'est la résistance que l'on oppose à toute forme de changement intérieur qui implique un effort. On préfère déclarer crânement : « Moi, j'ai choisi de me gratter. »

Il est possible de devenir plus attentif à la manière dont se forment les images mentales et d'acquérir la compréhension, puis la maîtrise, de leur évolution. La répression (ou l'assouvissement) ne s'exerce que lorsque l'intensité du désir est devenue telle, qu'il est pénible de résister à sa traduction en acte. Mais, dans le cas où les images mentales se forment puis s'effacent naturellement, il n'y a ni intensification ni répression du désir. Dans le chapitre consacré aux antidotes, nous avons considéré diverses méthodes permettant de conserver sa liberté à l'égard du désir sans pour autant le refouler. À mesure que la puissance des images mentales diminue, on cesse d'être soumis au désir, et ce, pendant de longues périodes, sans avoir à procéder au moindre refoulement. Les quelques images qui surgissent encore ne sont rien de plus que des étincelles fugitives dans l'espace de l'esprit.

Du désir à l'obsession

Le désir obsédant qui accompagne souvent la passion amoureuse dégrade l'affection, la tendresse, la joie d'apprécier et de partager la vie d'autrui. Il se situe à l'antipode de l'amour altruiste. Il procède d'un égocentrisme maladif qui, en l'autre, ne chérit que soi-même ou, pire, tente de construire son propre bonheur à ses dépens. Ce type de désir ne veut que s'approprier et contrôler les êtres, les objets et les situations qu'il juge attirants. Il considère qu'être désirable est un caractère inhérent à telle personne, dont il amplifie les qualités et sous-estime les défauts. « Le désir embellit les objets sur lesquels il pose ses ailes de feu[4] », remarquait Anatole France.

La passion romantique est l'exemple même de ce genre d'aveuglement. « Un amour puissant, exclusif et obsédant. Une affectivité violente qui nuit au jugement. » Ainsi le Petit Robert définit-il la passion. Elle se nourrit d'exagérations et de fantasmes, et s'obstine à vouloir que les choses soient autres que ce qu'elles sont. Comme un mirage, son objet idéalisé reste insaisissable et fondamentalement frustrant. Stendhal n'écrivait-il pas : « La passion peut se comparer à la loterie : duperie certaine et bonheur cherché par les fous[5] ! » On ne sera pas surpris que le Dalaï-lama qualifie l'amour romantique de : « Pas très réaliste[6] », et il ajoute : « C'est un pur fantasme qui ne vaut pas les efforts que l'on y consacre. » D'autres renchérissent, Christian Boiron, par exemple, pour lequel « l'amour romantique avec son cortège de passion (lutte), de tristesse (inhibition), voire de jalousie (fuite) est totalement dans le domaine de la pathologie[7] ».

Qu'en est-il de l'engouement sexuel ? On admettra, avec ce dernier auteur, que « l'attirance sexuelle n'est pas pathologique, mais ce n'est pas non plus une émotion, il s'agit de l'expression normale d'un désir, comme la faim et la soif ». Il n'en reste pas moins que c'est la passion sexuelle qui éveille en nous les plus puissantes émotions, car elle tire sa force des cinq sens qu'elle implique tous ensemble : la vue, le toucher, l'ouïe, le goût et l'odorat. En l'absence de liberté intérieure, toute expérience sensorielle intense engendre son cortège d'attachements et nous assujettit toujours davantage. Elle ressemble à un petit tourbillon dans une rivière : on n'y fait guère attention, on pense qu'on peut nager sans problème, mais dès que le tourbillon s'accélère et se creuse, on est aspiré sans recours. Celui qui sait conserver une parfaite liberté intérieure éprouve toutes ces sensations dans la simplicité du moment présent, dans la félicité d'un esprit affranchi d'attachement et d'attente.

Le désir obsessionnel est une exacerbation de l'intensité et de la fréquence des images mentales qui le déclenchent. Comme un disque rayé, il ressasse inlassablement le même leitmotiv. C'est une polarisation de l'univers mental, une perte de fluidité qui fige la liberté intérieure. Chaque élément de notre univers devient souffrance, chaque instant est vécu comme un tourment, chaque événement avive nos conflits et resserre nos entraves. Alain déclare : « Cet amoureux maltraité, qui se tortille sur son lit au lieu de dormir, et qui médite des vengeances corses, que resterait-il de son chagrin s'il ne pensait ni au passé ni à l'avenir ? Cet ambitieux mordu au cœur par un échec, où va-t-il chercher sa douleur, sinon dans un passé qu'il ressuscite et dans un avenir qu'il invente[8] ? »

Ces obsessions deviennent très douloureuses lorsqu'elles ne sont pas assouvies et se renforcent lorsqu'elles le sont. L'univers de l'obsession est donc un monde où l'urgence se mêle à l'impuissance. Nous sommes pris dans un engrenage de tendances et de pulsions qui confèrent à l'obsession son caractère lancinant. L'une de ses autres caractéristiques est l'insatisfaction foncière qu'elle suscite. Elle ne connaît pas de joie, encore moins de plénitude. Il ne peut en aller autrement, puisque la victime de l'obsession cherche obstinément un assouvissement dans des situations qui sont la cause même de ses tourments. Le drogué renforce sa dépendance, l'alcoolique s'enivre jusqu'au délire, l'amoureux éconduit contemple la photo de sa belle du matin au soir, le jaloux rumine les circonstances qui ont causé son dépit. L'obsession engendre un état de souffrance chronique et d'anxiété, auxquelles se mêlent à la fois le désir et la répulsion, l'insatiabilité et la fatigue. Elle rend « accro » aux causes de la souffrance.

Il est intéressant de noter que l'étude du cerveau indique que ce ne sont pas les mêmes aires cérébrales et circuits neuronaux qui interviennent lorsqu'on ressent un « besoin » et lorsqu'on « aime » quelque chose[9]. Cela permet de comprendre comment, quand on a développé une accoutumance à certains désirs, on peut en devenir dépendant : on continue à ressentir le besoin de les satisfaire, même lorsqu'on n'apprécie plus la sensation. On en vient alors à désirer sans aimer[10]. On aimerait pourtant se libérer de l'obsession, laquelle est pénible dans la mesure où elle nous contraint à désirer ce qui a cessé de nous satisfaire. Pour les mêmes raisons, on peut aussi aimer quelque chose ou quelqu'un sans pour autant éprouver du désir à son égard.

La dissociation entre le besoin et le bien-être est illustrée, à l'extrême, par la façon dont certains Esquimaux piègent les loups, en plantant dans la neige un couteau dont émerge seule la lame aiguisée. Lorsque les loups commencent à lécher la lame, ils s'y coupent la langue, et leur sang ruisselle. Léchant alors de plus belle le fil de la lame, ils aggravent leurs blessures jusqu'à mourir d'hémorragie.

Dans le même ordre d'idées, des chercheurs ont implanté à des rats des électrodes dans une région du cerveau où l'excitation procure une sensation de plaisir. Les rats peuvent stimuler eux-mêmes les électrodes en appuyant sur une barre. La sensation de plaisir est si intense que, très vite, ils abandonnent toute autre activité, y compris la nourriture et le sexe. La recherche de cette sensation devient une soif inextinguible, un besoin incontrôlable, et les rats pressent la barre jusqu'à ce qu'épuisement ou que mort s'ensuive.

Désir, amour et attachement

Comment distinguer l'amour véritable de l'attachement possessif ? L'amour altruiste pourrait être comparé au son pur d'un verre de cristal et l'attachement au doigt qui se pose sur le bord du verre et en étouffe le son. Reconnaissons d'emblée que la notion d'amour dénué d'attachement est relativement étrangère à la mentalité occidentale. Ne pas être attaché ne signifie pas que l'on aime moins une personne, mais que l'on n'est pas essentiellement préoccupé par l'amour de soi à travers l'amour que l'on prétend donner à l'autre. L'amour altruiste est la joie de partager la vie de ceux qui nous entourent, amis, compagnes, compagnons, femme ou mari, et de contribuer à leur bonheur. On les aime pour ce qu'ils sont et non pas à travers le prisme déformant de l'égocentrisme. Au lieu d'être attaché à l'autre, on est concerné par son bonheur ; au lieu de vouloir le posséder, on se sent responsable de son bien-être ; au lieu d'attendre anxieusement une gratification de sa part, on sait recevoir avec joie son amour réciproque.

Puis, graduellement, on essaie d'étendre plus encore cet amour. Il faut être capable d'aimer tous les êtres, sans conditions. N'est-ce pas trop demander que d'aimer un ennemi ? Cela peut paraître une entreprise irréalisable. Pourtant ce sentiment est fondé sur une constatation très simple : tous les êtres sans exception souhaitent éviter la souffrance et connaître le bonheur. L'amour altruiste véritable est le désir que ce souhait se réalise. Si l'amour que l'on porte aux êtres dépend exclusivement de la manière dont ils nous traitent, il est alors impossible d'aimer un ennemi. Cependant, il est toujours possible de souhaiter qu'il cesse de souffrir et soit heureux.

Comment concilier cet amour inconditionnel et impartial avec le fait que nous avons dans l'existence des relations privilégiées avec certains êtres ? Prenons l'exemple du soleil. Il brille également sur tous les êtres, avec la même clarté et la même chaleur dans toutes les directions. Cependant il y a des êtres qui pour diverses raisons se trouvent plus près de lui et reçoivent plus de chaleur. Mais à aucun moment cette situation privilégiée n'entraîne une exclusion. Malgré les limites inhérentes à toute métaphore, on comprend qu'il est possible de faire naître en soi une bonté telle que l'on en vient à considérer *tous* les êtres comme des mères, des pères, des frères, des sœurs ou des enfants. Au Népal, par exemple, on dira « grande sœur » à toute femme plus âgée que soi et « petite sœur » aux plus jeunes. Une telle bonté ouverte, altruiste, attentionnée, loin de diminuer l'amour que l'on porte à ses proches, ne fait que l'augmenter, l'approfondir et l'embellir.

Il faut bien sûr être réaliste : on ne peut *concrètement* manifester de la même manière son affection et son amour à tous les êtres vivants. Il est normal que *les effets* de notre amour concernent certaines personnes plus que d'autres. Toutefois, une relation particulière avec un compagnon ou une compagne n'a aucune raison de limiter l'amour et la compassion que l'on peut ressentir pour tous les êtres. Cette limitation, lorsqu'elle se produit, s'appelle *attachement*. Celui-ci est nuisible dans la mesure où il restreint inutilement le champ de l'amour altruiste. Le soleil ne rayonne plus dans toutes les directions, il ne reste plus qu'un mince *faisceau* de lumière. Cet attachement est source de souffrance, car l'amour égocentrique se heurte constamment aux barrières qu'il a lui-même érigées. Le désir possessif et exclusif, l'obsession et la jalousie n'ont en effet de sens que dans l'univers clos de l'attachement. L'amour altruiste est l'expression la plus élevée de la nature humaine, tant que cette nature n'est pas viciée, obscurcie et distordue par les manipulations de l'ego. L'amour altruiste ouvre une porte intérieure qui rend inopérant le sentiment de l'importance de soi, donc la peur ; il nous permet de donner avec joie et de recevoir avec gratitude.

11

LE GRAND SAUT VERS LA LIBERTÉ

Quel soulagement pour le porteur qui a longtemps marché dans le monde de la souffrance que de poser à terre son lourd et inutile fardeau.

Longchen Rabjam[1]

Être libre, c'est être maître de soi-même. Pour beaucoup de gens, une telle maîtrise concerne la liberté d'action, de mouvement et d'opinion, l'occasion de réaliser les buts qu'on s'est fixés. Ce faisant, on situe principalement la liberté à l'extérieur de soi, sans prendre conscience de la tyrannie des pensées. De fait, une conception répandue en Occident consiste à penser qu'être libre revient à pouvoir faire tout ce qui nous passe par la tête et traduire en actes le moindre de nos caprices. Étrange conception, puisque nous devenons ainsi le jouet des pensées qui agitent notre esprit, comme les vents courbent dans toutes les directions les herbes au sommet d'un col.

« Pour moi, le bonheur serait de faire tout ce que je veux sans que personne m'interdise quoi que ce soit », déclarait une jeune Anglaise interrogée par la BBC.

La liberté anarchique, qui a pour seul but l'accomplissement immédiat des désirs, apportera-t-elle le bonheur ? On peut en douter. La spontanéité est une qualité précieuse à condition de ne pas la confondre avec l'agitation mentale. Si nous lâchons dans notre esprit la meute du désir, de la jalousie, de l'orgueil ou du ressentiment, elle aura tôt fait de s'approprier les lieux et de nous imposer un univers carcéral en expansion continue. Les prisons s'additionnent et se juxtaposent, oblitérant toute joie de vivre. En revanche, un seul espace de liberté intérieure suffit pour embrasser la dimension tout entière de l'esprit. Un espace vaste, lucide et serein, qui dissout tout tourment et nourrit toute paix.

La liberté intérieure, c'est d'abord l'affranchissement de la dictature du « moi » et du « mien », de l'« être » asservi et de l'« avoir » envahissant, de cet ego qui entre en conflit avec ce qui lui déplaît et tente désespérément de s'approprier ce qu'il convoite. Savoir trouver l'essentiel et ne plus s'inquiéter de l'accessoire entraîne un profond sentiment de contentement sur lequel les fantaisies du moi n'ont aucune prise. « Celui qui éprouve un tel contentement, dit le proverbe tibétain, tient un trésor au creux de sa main. »

Être libre revient donc à s'émanciper de la contrainte des afflictions qui dominent l'esprit et l'obscurcissent. C'est prendre sa vie en main, au lieu de l'abandonner aux tendances forgées par l'habitude et à la confusion mentale. Ce n'est pas lâcher la barre, laisser les voiles flotter au vent et le bateau partir à la dérive, mais barrer en mettant le cap vers la destination choisie.

Les méandres de l'irrésolution

On ne peut pas coudre avec une aiguille à deux pointes

Proverbe tibétain.

Au Tibet, on raconte l'histoire d'un chien qui vivait entre deux monastères séparés par une rivière. Un jour, entendant la cloche qui sonnait l'heure du déjeuner dans le premier monastère, il se mit à nager pour traverser la rivière. Arrivé à mi-chemin, il entendit sonner la cloche du deuxième monastère et rebroussa chemin, pour finalement n'arriver à temps à aucun des deux repas.

L'irrésolution peut ainsi s'opposer à tout accomplissement. Tourmenté par les scénarios de ce qui pourrait advenir, incapable de prendre une décision, à peine a-t-on enfin décidé d'agir qu'on se retrouve plongé dans le doute : une autre action ne serait-elle pas préférable à celle que l'on vient tout juste d'entreprendre ? L'attente et l'appréhension qui nous déchirent sont bien souvent l'expression d'une insécurité profonde devant un avenir peuplé d'espoirs et de craintes. L'irrésolution et l'immobilisme qu'elle engendre constituent ainsi un obstacle majeur à la quête du bonheur. Les atermoiements ne relèvent pas d'une sage réflexion ni d'un doute de bon aloi, mais d'une hésitation paralysante et d'une rumination anxieuse étroitement liées au sentiment de l'importance de soi. À force d'être préoccupé par soi-même, l'on se retrouve constamment écartelé entre l'espoir et la peur. Ces derniers monopolisent l'esprit et obscurcissent le jugement, perpétuellement déchiré entre plusieurs « solutions ». On souffre alors, selon les termes d'Alain, de « cette agitation qui chasse le sommeil et ne vient que de ces vaines résolutions qui ne décident rien et qui sont lancées à chaque fois dans le corps, et qui le font sauter comme un poisson sur l'herbe[2] ».

Il est plus facile à qui est moins obsédé par soi-même d'examiner objectivement les tenants et les aboutissants d'une situation, de prendre une décision et de l'exécuter avec détermination. Quand le choix n'est pas évident, conserver un certain détachement à l'égard des événements à venir permet de trancher sans rester figé dans l'irrésolution ou la peur. Le sage, dit-on, agit peu, mais une fois qu'il a décidé de l'action, sa résolution est comme une parole gravée dans le roc.

———————

Dans la vie quotidienne, cette liberté permet d'être ouvert et patient avec les autres, tout en restant ferme quant à l'orientation que l'on a choisi de donner à son existence. Avoir le sens d'une direction est en effet essentiel. Dans l'Himalaya, lorsqu'on fait un trekking, il faut souvent marcher pendant des jours, voire des semaines. On souffre du froid, de l'altitude, des tempêtes de neige, mais, comme chaque pas rapproche du but, il y a toujours une joie dans l'effort qui permet de l'accomplir. Que l'on vienne à s'égarer, à se retrouver sans repères dans une vallée inconnue ou dans une forêt, et l'on perd immédiatement courage : le poids de la fatigue et de la solitude se fait soudainement sentir, l'anxiété monte et chaque pas de plus est une épreuve. On n'a plus envie de marcher mais de s'asseoir, désespéré. De la même façon, l'angoisse que certains ressentent ne vient-elle pas d'un manque de direction dans leur existence, de ne pas avoir pris conscience du potentiel de transformation qui est en eux ?

Prendre conscience que l'on n'est ni parfait ni totalement heureux n'est pas une faiblesse. C'est un constat très sain qui n'a rien à voir avec le manque de confiance en soi, l'apitoiement sur son sort ou une vision pessimiste de la vie. Une telle prise de conscience conduit à une nouvelle appréciation des priorités de l'existence, à un sursaut d'énergie que, dans le bouddhisme, on appelle renoncement, mot souvent mal compris et qui exprime en réalité un profond désir de liberté.

Le paradoxe du renoncement

Dans l'esprit de beaucoup, l'idée de renoncement et celle de son compagnon, le non-attachement, évoquent une descente dans les oubliettes de l'ascèse et de la discipline. La triste privation des petits plaisirs quotidiens. Ne plus faire ceci ou cela. Une série d'injonctions, d'interdits qui restreignent la liberté de jouir. Un proverbe tibétain dit : « Parler à quelqu'un de renoncement, c'est comme donner un coup de bâton sur le nez d'un cochon. Il n'aime pas du tout ça ! » Pourtant, le véritable renoncement ressemble davantage à l'essor de l'oiseau dans le ciel quand s'effacent les barreaux de sa cage. Tout d'un coup, les préoccupations sans fin qui oppressaient l'esprit s'évanouissent, laissant s'exprimer librement le potentiel de la liberté intérieure. Nous ressemblons trop souvent au marcheur épuisé, qui porterait un lourd sac à dos rempli d'un mélange de provisions et de cailloux. Ne serait-il pas raisonnable de le poser quelques instants à terre pour faire le tri et l'alléger ?

Le renoncement ne consiste donc pas à se priver de ce qui nous procure joie et bonheur — ce serait absurde — mais à mettre un terme à ce qui nous cause d'innombrables et incessants tourments. C'est avoir le courage de s'affranchir de toute dépendance à l'égard des causes mêmes du mal-être. C'est décider de « sortir du trou », désir qui ne peut naître que de l'observation attentive de ce qui se passe en nous-même, dans la vie de tous les jours. Il est facile de manquer d'honnêteté envers soi-même et de se leurrer parce qu'on ne veut se donner ni le temps ni la peine d'analyser les causes de sa souffrance.

Le renoncement, en somme, ne revient pas à dire « non » à tout ce qui est agréable, à se priver de glace à la fraise ou d'une bonne douche chaude quand on revient d'une randonnée en montagne, mais à se demander, à propos d'un certain nombre d'éléments de notre vie : « Cela va-t-il me rendre plus heureux ? » Un bonheur authentique — oublions l'euphorie factice — doit perdurer à travers les aléas de l'existence. Au lieu de nous interdire de désirer, nous embrassons ce qu'il y a de plus désirable. Renoncer, c'est avoir l'audace et l'intelligence d'examiner ce que l'on considère habituellement comme des plaisirs et de vérifier s'ils apportent réellement un mieux-être. Le renonçant n'est pas un masochiste qui considère comme mauvais tout ce qui est bon : qui s'accommoderait d'une pareille ineptie ? C'est celui qui a pris le temps de regarder en lui-même et constaté que certains aspects de sa vie ne méritaient pas qu'il s'y accroche.

Nos vies sont remplies d'une multitude d'activités incessantes. Le travail, bien sûr. Et encore, est-il nécessaire d'accroître toujours davantage ses possessions quand on vit déjà aisément ? Dès que nous avons des loisirs, du temps libre, qu'en faisons-nous ? Est-il de la première urgence de changer les lustres, de repeindre les volets mauves en brun, de replanter le jardin de cent façons différentes ? Est-il vraiment indispensable de faire du shopping jusqu'à épuisement, de changer de voiture tous les trois ans ? Davantage d'objets, davantage de vêtements, une maison décorée avec style, une cuisine raffinée nous feront certes plaisir, mais à quel prix ? Celui de notre temps, de notre énergie et de notre attention. Si l'on pèse le pour et le contre, il y a tant de choses que l'on peut transformer, et tant d'autres dont on peut se délester pour connaître une vie meilleure et moins dispersée dans le superflu. Ainsi que le disait le sage taoïste Tchouang-tseu : « Celui qui a pénétré le sens de la vie ne se donne plus de peine pour ce qui ne contribue pas à la vie. »

La distance vis-à-vis des choses non essentielles naît d'une profonde lassitude à l'égard d'un monde dominé par la confusion et la souffrance, ce que le bouddhisme appelle le *samsara*. Elle se manifeste par un désenchantement à l'égard des préoccupations les plus vaines de l'existence. Le non-attachement, c'est la force tranquille de qui est déterminé à ne pas se laisser mener par ses pensées, ni accaparer par toutes sortes d'activités et d'ambitions triviales, lesquelles dévorent son temps et ne lui apportent en fin de compte que des satisfactions mineures et éphémères.

Le non-attachement n'est en rien de l'indifférence, il a une connotation de joie, d'effort enthousiaste et de liberté. Il permet d'être ouvert aux autres, prêt à donner et à recevoir, libre d'attente et de crainte. Il apporte le soulagement de s'être enfin dégagé de l'insatisfaction chronique d'un cercle vicieux.

Libre du passé, libre de l'avenir

Un jour, un Tibétain vint trouver un sage âgé, auquel je rendais moi-même visite, près de Darjeeling en Inde. Il entreprit de lui raconter ses malheurs passés, puis continua par une énumération de tout ce qu'il redoutait du futur. Pendant tout ce temps, le sage faisait tranquillement rôtir des pommes de terre sur un petit brasero posé devant lui. Au bout d'un moment, il dit au visiteur plaintif : « À quoi bon tant te tourmenter pour ce qui n'existe plus et ce qui n'existe pas encore ? » Interloqué, le visiteur se tut et resta un bon moment en silence auprès du maître, qui lui tendait de temps à autre quelques bonnes patates croustillantes.

La liberté intérieure permet de savourer la simplicité limpide du moment présent, libre du passé et affranchi du futur. Se libérer de l'envahissement des souvenirs du passé ne signifie pas que l'on soit incapable de tirer des enseignements utiles des expériences vécues. S'affranchir de l'appréhension à l'égard du futur n'implique pas que l'on soit incapable d'aborder l'avenir avec lucidité, mais que l'on ne se laisse pas entraîner dans des tourments inutiles.

Une telle liberté a une composante de clarté, de transparence et de joie que la prolifération habituelle des ruminations et des fantasmes interdit. Elle permet d'accepter les choses avec sérénité sans pour autant tomber dans la passivité ou la faiblesse. C'est aussi une manière d'utiliser *toutes* les circonstances de la vie, favorables ou adverses, comme catalyseurs de transformation personnelle, d'éviter d'être distrait ou arrogant lorsque les circonstances sont favorables, puis déprimé quand elles se font contraires.

L'intelligence du renoncement

Le Bouddha Shakyamuni, l'exemple même du renonçant, était extrêmement réaliste. S'il renonça au monde, ce n'est ni parce que sa vie princière n'était pas suffisamment fastueuse, ni parce que ses ambitions étaient déçues ou ses désirs insatisfaits. Il avait connu tous les luxes, tous les plaisirs, toutes les richesses, la beauté, le pouvoir et la renommée. Il ne renonça pas à ce qui était souhaitable dans une vie humaine, mais à la seule souffrance, à l'insatisfaction inhérente au monde conditionné par l'absence de sagesse. Sous l'arbre de la Bodhi, à l'aube de son Éveil, lorsque les derniers voiles de l'ignorance tombèrent, le Bouddha comprit que le monde phénoménal se manifestait par le jeu de l'interdépendance et que rien n'existait de façon autonome et permanente, ni le moi ni les choses. Il déclara à Mara, le démon de l'ego : « Architecte, tu ne reconstruiras plus ta demeure. »

Les enseignements qu'il donna par la suite n'inculquent pas la frustration. Le renoncement est une façon sensée de prendre sa vie en main, c'est-à-dire d'être las de se laisser manipuler comme un pantin par l'égocentrisme, la course au pouvoir et aux possessions, la soif de renommée et la recherche insatiable des plaisirs. Le véritable renonçant est parfaitement sain d'esprit et bien informé de ce qui se passe autour de lui. Il ne fuit pas le monde parce qu'il est incapable de le gérer, mais se désintéresse des préoccupations futiles parce qu'il en voit les inconvénients. Son approche est éminemment pragmatique. Combien d'êtres confus, passionnés ou timorés se sont égarés dans les aberrations d'une vie qui passe aussi rapidement qu'un geste furtif ? « Par délicatesse, j'ai perdu ma vie », écrivait Rimbaud. Le renonçant ne manifeste pas de la faiblesse, mais de l'audace.

Le renoncement comporte également une délicieuse saveur de simplicité, de paix profonde. Lorsqu'on y a goûté, il devient de plus en plus facile. Il ne s'agit pourtant pas de se *forcer* à renoncer, une telle démarche serait utopique et sans lendemain. Pour se détacher de quelque chose, il faut avoir clairement présents à l'esprit les avantages qui en découlent, et ressentir une profonde aspiration à se libérer de ce à quoi on s'apprête à renoncer. Le renoncement est alors ressenti comme un acte libérateur, non comme une contrainte déchirante.

Sans négliger pour autant les êtres avec qui nous partageons notre vie, arrive le moment de sortir de ces interminables montagnes russes où alternent bonheur et souffrance. Voyageur fatigué, ou spectateur saoulé d'images et de bruit qui se retire vers le silence. Ce faisant, il ne rejette rien, mais il simplifie tout.

Le baume de la simplicité

« Notre vie se perd dans des détails… Simplifiez, simplifiez, simplifiez ! » disait le moraliste américain Henry David Thoreau[3]. Simplifier nos actes, nos paroles et nos pensées pour nous débarrasser du superflu. Simplifier nos activités, non pas sombrer dans l'indolence, mais au contraire acquérir une liberté grandissante et remédier à l'aspect le plus subtil de l'inertie : celui qui, alors même que nous sommes conscient de ce qui compte vraiment dans l'existence, nous fait préférer mille activités secondaires se succédant sans fin comme autant de vaguelettes.

Simplifier notre parole, c'est s'épargner le flot de propos inutiles que l'on ne cesse de proférer. C'est surtout s'abstenir de lancer des flèches qui percent le cœur d'autrui. Les conversations ordinaires sont des « échos d'échos », regrettait l'ermite Patrul Rinpoché. Il suffit d'allumer la télévision ou de se rendre à une soirée mondaine pour être englouti par un déluge de paroles qui non seulement sont inutiles mais exacerbent la convoitise, le ressentiment, la vanité… Il ne s'agit pas de se murer dans un silence hautain, mais de prendre conscience de ce qu'est une parole juste et de ce que représente la valeur du temps. Une parole juste évite les bavardages, les mensonges égoïstes, les mots cruels et les commérages qui ont pour seul effet de nous distraire et de semer le trouble. Elle est toujours adaptée aux circonstances, douce ou ferme selon les cas, et provient d'un esprit altruiste et maîtrisé.

Avoir l'esprit simple n'est pas être simple d'esprit[4]. Au contraire, la simplicité de l'esprit s'accompagne de lucidité. Telle l'eau claire qui permet de voir le fond du lac, la simplicité permet de voir la nature de l'esprit derrière le voile des pensées vagabondes.

Ainsi que l'exprime de manière si inspirante André Comte-Sponville : « Le simple vit comme il respire, sans plus d'efforts ni de gloire, sans plus d'effets ni de honte. La simplicité n'est pas une vertu qui s'ajouterait à l'existence. C'est l'existence même, en tant que rien ne s'y ajoute [...]. Sans autre richesse que tout. Sans autre trésor que rien. Simplicité est liberté, légèreté, transparence. Simple comme l'air, libre comme l'air [...]. Le simple ne se prend ni au sérieux ni au tragique. Il suit son bonhomme de chemin, le cœur léger, l'âme en paix, sans but, sans nostalgie, sans impatience. Le monde est son royaume, qui lui suffit. Le présent est son éternité, qui le comble. Il n'a rien à prouver, puisqu'il ne veut rien paraître. Ni rien à chercher, puisque tout est là. Quoi de plus simple que la simplicité ? Quoi de plus léger ? C'est la vertu des sages, et la sagesse des saints[5]. »

Un vagabond pas comme les autres

Je ne peux résister ici au plaisir de relater un épisode de la vie d'un ermite tibétain du XIXe siècle, Patrul

Rinpoché[6]. À première vue, aucun signe extérieur ne permettait de l'identifier comme un grand maître spirituel. Il avait pour tout bagage son bâton de pèlerin, un petit sac de toile contenant un pot de terre dans lequel il faisait bouillir son thé, un exemplaire de *La Marche vers l'Éveil*[7], texte classique sur l'amour et la compassion, et pour seuls vêtements ceux qu'il portait. Il s'arrêtait où bon lui semblait : grottes, forêts, ermitages, et y restait un temps indéterminé. Quand il se rendait dans un monastère, il arrivait toujours à l'improviste de façon à éviter tout préparatif en l'honneur de sa venue. Durant son séjour, il occupait une simple cellule de moine ou campait à l'extérieur.

Un jour, Patrul Rinpoché dispensa des enseignements à plusieurs milliers de personnes près du monastère de Dzamthang, dans l'est du Tibet. Au lieu de s'asseoir dans un temple et sur un trône, il prit place dans la prairie sur un tertre couvert d'herbes. Bien que tout le monde sût qu'il n'acceptait jamais d'offrandes, à la fin des enseignements un vieil homme insista pour lui offrir un lingot d'argent qu'il déposa dans l'herbe aux pieds de l'ermite avant de s'en aller prestement.

Patrul mit son balluchon à l'épaule, prit son bâton et se remit en route. Un voleur qui avait observé la scène le suivit dans l'intention de lui dérober le lingot. Patrul marcha seul, sans destination précise, et passa une nuit paisible à la belle étoile. Profitant de son sommeil, le voleur s'approcha furtivement à la faveur de l'obscurité. Près de Patrul se trouvaient son petit sac en tissu et sa bouilloire. N'y ayant rien trouvé, le voleur commença à fouiller l'ample manteau en peau de mouton que portait l'ermite.

La main du brigand réveilla Patrul qui s'exclama : « Qu'est-ce que tu fabriques à fourrager comme ça dans mes vêtements ? » Le voleur répondit tout à trac :

« Quelqu'un vous a offert un lingot d'argent. Donnez-le-moi ! »

— Oh ! Oh ! s'exclama l'ermite, regarde quelle vie difficile tu mènes à courir à droite et à gauche comme un fou ! Tu es venu de si loin juste pour ce morceau d'argent ! Pauvre homme ! Maintenant, écoute-moi. Retourne sur tes pas et à l'aube tu arriveras sur le monticule où j'étais assis… l'argent s'y trouve. »

Le voleur était plutôt sceptique mais il avait suffisamment fouillé les affaires de l'ermite pour savoir qu'il n'avait pas le lingot avec lui. Bien qu'il doutât de trouver le magot à l'endroit indiqué par Patrul, il s'en retourna et chercha sur les flancs du tertre : le lingot était bien là, tout brillant dans l'herbe.

Le brigand se prit à penser : « Ce Patrul n'est pas un lama ordinaire. Il s'est libéré de tout attachement. En essayant de le détrousser, je viens d'accumuler un bien mauvais *karma* ! » Pris de remords, il repartit à la recherche de l'ermite. Lorsqu'il le rattrapa enfin, Patrul l'apostropha en ces termes : « Encore toi ! Toujours à courir par monts et par vaux ! Je t'avais bien dit que je n'avais pas ce lingot. Qu'est-ce que tu veux d'autre ? »

Le malfaiteur se prosterna devant Patrul puis lui confia, ému aux larmes : « Je ne viens pas pour vous dérober quoi que ce soit. J'ai trouvé l'argent. Quand je pense que j'étais prêt à vous battre, à m'emparer de tout ce que vous possédez ! Vous êtes un sage authentique, je vous demande pardon et souhaite devenir votre disciple. »

Patrul le calma : « Ce n'est pas la peine de m'offrir ta confession ni de me demander pardon. Fais preuve de générosité, invoque le Bouddha et pratique son enseignement. Ça suffira. » Quelque temps plus tard, les gens surent ce qui s'était passé et rossèrent le voleur. Lorsque Patrul Rinpoché l'apprit, il les réprimanda vertement : « Malmener cet homme, c'est me faire du mal. Laissez-le tranquille. »

J'ai personnellement connu au Sikkim, dans le nord-est de l'Inde, un ermite qui s'appelait Kangri Lopeun, « Sage des Montagnes Enneigées ». Il vivait dans une petite grotte sommairement aménagée, assis sur une peau de mouton. Les nomades des environs lui apportaient souvent des provisions. Il conservait ce qui lui suffisait pour le jour même et offrait avec sa gentillesse coutumière le reste aux visiteurs venus lui demander des conseils spirituels. Il était la simplicité même, une simplicité qui rayonnait tellement plus que la plus flamboyante des arrogances !

Libre pour les autres

La liberté comme source de bonheur, de plénitude durable, est intimement liée à l'altruisme. À quoi bon une liberté qui ne profite qu'à soi ? Mais, pour respecter pleinement le droit des êtres à éviter la souffrance, il faut être soi-même libéré des chaînes de l'égocentrisme. Selon le bouddhisme, cette vérité fondamentale ne concerne pas seulement les hommes, mais l'ensemble des êtres. Quelle curieuse liberté, en effet, que d'user du droit du plus fort pour se nourrir de la vie des autres en faisant de notre estomac leur cimetière ! Qui nous donne le droit de bâtir notre confort sur le malheur des autres ? Ainsi que le dit le chercheur Luca Cavalli-Sforza : « La plupart des gens estiment que le droit à la vie des poulets et des porcs s'arrête devant notre assiette[8]. »

On peut certes invoquer les « lois de la nature », mais le propre de l'intelligence n'est-il pas la faculté d'envisager les autres d'un point de vue plus vaste, plus sage

et plus compatissant ? Les animaux ont un pouvoir de destruction limité, tandis que l'homme, comme le rappelle souvent le Dalaï-lama, est le seul capable de faire un bien ou un mal immense à ses semblables. C'est là le pouvoir de l'intelligence, arme à double tranchant par excellence. Pour que l'intelligence serve à des fins altruistes, il est essentiel qu'elle s'émancipe de l'égoïsme, de l'indifférence et de la cruauté. C'est une condition indispensable à l'accomplissement du bonheur des autres. Et pour mieux aider autrui, il faut commencer par se transformer soi-même.

Être libre, c'est donc aussi avoir la faculté de suivre un chemin de transformation intérieure. À cette fin, il faut vaincre non seulement l'adversité extérieure, mais plus encore nos ennemis intimes : la paresse, la dispersion mentale et toutes les habitudes qui nous détournent constamment de la pratique spirituelle ou la diffèrent.

Attrayants au premier abord, comme nous l'avons vu, les plaisirs se transforment le plus souvent en leur contraire. L'effort qu'exige un chemin spirituel et le processus de libération de la souffrance suivent une progression inverse. Parfois ardu au départ, il devient de plus en plus aisé, inspirant, et confère peu à peu un sentiment de plénitude que rien ne saurait remplacer. Son aspect austère fait place à une satisfaction profonde que les états de dépendance ou de satiété ne peuvent pas procurer. *Soukha* constitue une sorte d'armure aussi souple qu'invulnérable. « Les oiseaux blessent facilement les chevaux dont le dos est meurtri ; les circonstances blessent facilement les natures craintives, mais elles n'ont pas prise sur les natures stables[9] », dit un sage tibétain. Un tel accomplissement mérite amplement le nom de liberté.

12

LA HAINE

La haine, c'est l'hiver du cœur.

Victor Hugo

De tous les poisons mentaux, la haine est le plus néfaste. Elle motive toutes les violences, tous les génocides, toutes les atteintes à la dignité humaine. Sans haine, pas de meurtre, pas de guerre, pas de ces millénaires de souffrance qui sont notre Histoire à tous. L'instinct veut que, si quelqu'un nous frappe, nous frappions en retour. Les sociétés humaines donnent ainsi le droit à leurs membres de riposter de façon plus ou moins juste selon leur degré de civilisation — le plus élevé restant à apprécier ! La mansuétude, le pardon et la compréhension des raisons de l'agresseur sont en général considérés comme des choix facultatifs. Il est rare que nous soyons capable de considérer un criminel comme la victime de sa propre haine. Il est encore plus difficile de comprendre que le désir de vengeance procède fondamentalement de cette même émotion qui a conduit l'agresseur à nous nuire. Tant que la haine de l'un engendre celle de l'autre, le cycle du ressentiment et des représailles n'aura jamais de fin. « Si la haine répond à la haine, jamais la haine ne cessera », enseignait le Bouddha Shakyamuni.

Les visages hideux de la haine

La colère, précurseur de la haine, obéit à la pulsion d'écarter quiconque fait obstacle à ce qu'exige le moi, sans considération pour le bien-être d'autrui. Elle se traduit également par l'hostilité que l'on éprouve lorsque le moi est menacé, et par le ressentiment quand il a été blessé, méprisé ou ignoré. La malveillance est moins violente que la haine mais plus insidieuse et tout aussi pernicieuse. Elle s'enflamme dans la haine, qui est le désir et l'acte de nuire à quelqu'un, directement ou par des voies détournées, en détruisant les causes de son bonheur.

La haine amplifie les défauts de son objet et ignore ses qualités. L'esprit, obsédé par l'animosité et le ressentiment, s'enferme dans l'illusion et se persuade que la source de son insatisfaction réside entièrement à l'extérieur de lui-même. En vérité, même si le ressentiment a été déclenché par un objet extérieur, il se trouve dans notre esprit. Mon maître Dilgo Khyentsé Rinpoché expliquait :

> « La haine ou la colère que l'on peut ressentir pour une personne ne lui sont pas inhérentes, elles n'existent que dans notre esprit. Dès que nous voyons celui que nous considérons comme un ennemi, toutes nos pensées se fixent sur le souvenir du mal qu'il nous a fait, sur ses attaques présentes et celles qu'il pourrait entreprendre dans le futur. L'irritation, puis l'exaspération nous gagnent, au point que nous ne pouvons plus

supporter d'entendre son nom. Plus nous laissons libre cours à ces pensées, plus la fureur nous envahit et, avec elle, l'envie irrésistible de saisir une pierre ou un bâton. C'est ainsi qu'une simple bouffée de colère peut conduire au paroxysme de la haine[1]. »

La haine ne s'exprime pas uniquement par la colère, mais cette dernière explose dès que les circonstances s'y prêtent. Elle est liée à d'autres émotions et attitudes négatives : agressivité, ressentiment, rancune, mépris, intolérance, fanatisme, médisance et, par-dessus tout, ignorance. Elle peut aussi naître de la peur, lorsqu'une menace pèse sur notre personne ou sur des êtres chers.

Il faut également distinguer la « haine de tous les jours », celle qui est liée à nos proches. Que faire lorsqu'on hait son frère, son associé ou son ex-mari ? Ils nous obsèdent. Leur visage, leurs habitudes, leurs travers ressassés jusqu'à la nausée viennent sans répit alimenter une aversion quotidienne qui peut tourner à l'exécration. J'ai connu quelqu'un qui devenait rouge de colère dès que l'on mentionnait le nom de sa femme qui l'avait quitté... vingt ans auparavant.

Les effets néfastes et indésirables de la haine sont évidents. Il suffit de regarder un instant en soi. Sous son emprise, l'esprit voit les choses d'une manière irréaliste, ce qui est source de frustrations sans fin. Le Dalaïlama donne une réponse : « En cédant à la haine, nous ne faisons pas nécessairement du tort à notre ennemi, mais nous nuisons à coup sûr à nous-même. Nous perdons notre paix intérieure, nous ne faisons plus rien correctement, nous digérons mal, nous ne dormons plus, nous faisons fuir ceux qui viennent nous voir, nous lançons des regards furieux à ceux qui ont l'audace d'être sur notre passage. Nous rendons la vie impossible à ceux qui habitent avec nous et nous éloignons même nos amis les plus chers. Et comme ceux qui compatissent avec nous se font de moins en moins nombreux, nous sommes de plus en plus seuls. [...] À quoi bon ? Même si nous allons jusqu'au bout de notre rage, nous n'éliminerons jamais tous nos ennemis. Connaissez-vous quelqu'un qui y soit parvenu ? Tant que nous hébergeons en nous cet ennemi intérieur qu'est la colère ou la haine, nous aurons beau détruire nos ennemis extérieurs aujourd'hui, d'autres surgiront demain[2]. » De toute évidence la haine est nocive, quelles que soient l'intensité et les circonstances qui la motivent.

Une fois que la haine nous submerge, nous ne sommes plus maître de nous-même et il nous est impossible de penser en termes d'amour et de compassion. Nous suivons alors aveuglément nos penchants destructeurs. Pourtant, la haine commence toujours par une simple pensée. C'est le moment précis où il faut intervenir et avoir recours à l'une des méthodes de dissolution des émotions négatives que nous avons décrites précédemment.

Le désir de vengeance, sosie de la haine

Il est important de souligner que l'on peut éprouver une profonde aversion à l'égard de l'injustice, de la cruauté, de l'oppression, du fanatisme, des motivations et des actes nuisibles et faire tout son possible pour les contrecarrer, sans pour autant succomber à la haine.

Si l'on regarde un individu en proie à la haine, la colère et l'agressivité, à la lumière violente et crue de tels débordements, on devrait le considérer davantage comme un malade qu'un ennemi. Un être qu'il faut guérir et non punir. Si un malade pris de folie s'attaque au médecin, ce dernier doit le maîtriser et le soigner sans éprouver de haine en retour. On peut éprouver une répulsion sans bornes envers les méfaits commis par un individu ou un groupe d'individus, ainsi qu'une profonde tristesse à l'égard des souffrances qu'ils ont engendrées, sans céder au désir de vengeance. La tristesse et la répulsion doivent être associées à une profonde compassion motivée par l'état misérable dans lequel est tombé le criminel. Il convient de distinguer le malade de sa maladie.

Il est donc important de ne pas confondre le dégoût et la répulsion devant un *acte* abominable avec la condamnation irrévocable et perpétuelle d'une *personne*. Certes, l'acte ne s'est pas fait tout seul, mais même s'il pense et se comporte à présent de façon extrêmement nocive, le plus cruel des tortionnaires n'est pas né cruel, et qui sait ce qu'il sera dans vingt ans ? Qui peut affirmer qu'il ne changera pas ? Un ami m'a raconté le cas d'un prisonnier détenu dans une prison américaine pour criminels récidivistes qui continuent bien souvent de s'entre-tuer à l'intérieur même de leur geôle. L'un des caïds de la maison d'arrêt décida un jour, pour passer le temps, de participer aux sessions de méditation proposées aux prisonniers. Il témoigne : « Un jour, il m'a semblé qu'un mur s'écroulait en moi. Je me rendis compte que jusque-là je n'avais pensé et agi qu'en termes de haine et de violence, dans un état semblable à la folie. Je me suis brusquement rendu compte de l'inhumanité de mes actes et j'ai commencé à envisager le monde et les autres sous un jour totalement différent. » Pendant un an, il s'est efforcé de fonctionner sur un mode plus altruiste et d'encourager ses compagnons à renoncer à la violence. Puis on l'assassina avec une lame de verre dans les toilettes de la prison. Vengeance d'un crime passé. Ces transformations ne sont rares que parce qu'on ne fournit généralement pas aux prisonniers les conditions qui les rendraient possibles. Toutefois, lorsqu'elles se produisent, pourquoi continuer à punir celui qui a nui par le passé ? Comme le dit le Dalaï-lama : « Il peut être nécessaire de neutraliser un chien méchant qui mord tout le monde à la ronde, mais à quoi bon l'enchaîner ou lui loger une balle dans la tête lorsqu'il n'est plus qu'un vieux cabot édenté qui tient à peine sur ses pattes[3] ? » Celui qui a perdu toute intention et tout pouvoir de nuire peut être considéré comme une autre personne.

On pense communément que répondre au mal par la fureur et la violence constitue une réaction « humaine », dictée par la souffrance et le besoin de « justice ». Mais une humanité véritable ne consiste-t-elle pas à éviter de réagir par la haine ? À la suite de l'attentat à la bombe qui fit plusieurs centaines de victimes à Oklahoma City en 1998, on demanda au père d'une petite fille de trois ans qui périt dans l'attentat s'il souhaitait que Timoty McVeigh, le responsable de cette tuerie, soit exécuté. Il répondit simplement : « Je n'ai pas besoin d'un mort de plus pour adoucir ma douleur. » Cette attitude n'a rien à voir avec la faiblesse, la lâcheté ou un quelconque compromis. Il est possible d'avoir une conscience aiguë du caractère intolérable d'une situation et de la nécessité d'y remédier, sans pour autant être mû par la haine. On peut neutraliser un dangereux coupable par tous les moyens nécessaires (y compris la violence si *aucun* autre moyen n'est envisageable), sans perdre de vue qu'il n'est qu'une victime de ses pulsions, ce que nous-même ne serons pas si nous parvenons à éviter la haine.

Un jour, le Dalaï-lama reçut la visite d'un moine qui arrivait du Tibet après avoir passé vingt années dans les camps de travaux forcés chinois. Ses tortionnaires l'avaient mené plusieurs fois aux limites de la mort. Le Dalaï-lama s'entretint longuement avec lui, ému de voir ce moine si serein après avoir tant souffert. Il lui demanda s'il lui était arrivé d'avoir peur. Le moine répondit : « J'ai eu souvent peur de haïr mes tortionnaires, car ce faisant, je me serais détruit moi-même. » Quelques mois avant de mourir à Auschwitz, Etty Hillesum écrivait : « Je ne vois pas d'autre issue : que chacun de nous fasse un retour sur lui-même et extirpe et anéantisse en lui tout ce qu'il croit devoir anéantir chez les autres. Et soyons bien convaincus que le moindre atome de haine que nous ajoutons à ce monde nous le rend plus inhospitalier qu'il n'est déjà[4]. »

Une telle attitude est-elle concevable si un assassin s'introduit dans votre maison, viole votre femme, tue votre petit garçon et s'enfuit en emmenant votre fille de seize ans ? Pour tragique, abominable et intolérable que soit une telle situation, la question qui se pose inévitablement est : « Que faire après cela ? » Dans tous les cas, la vengeance n'est pas la solution la plus appropriée. Pourquoi ? demanderont ceux qui se sentent irrésistiblement portés à exiger réparation par la violence. Parce qu'à long terme elle est incapable de nous apporter une paix durable. Elle ne console de rien et exaspère la haine. Il n'y pas si longtemps de cela, en Albanie, la tradition de la vendetta exigeait que l'on se venge d'un meurtre en tuant *tous* les membres mâles de la famille ennemie, même si cela devait prendre des années, et en interdisant aux femmes de se marier, à la seule fin d'éradiquer la fratrie adverse.

Comme le disait Gandhi : « Si l'on pratique "œil pour œil, dent pour dent", le monde entier sera bientôt aveugle et édenté. » Plutôt que d'appliquer la loi du talion, n'est-il pas préférable de délester son esprit du ressentiment qui le ronge et, si l'on en a la force, de souhaiter que le meurtrier change radicalement, qu'il renonce au mal et répare dans la mesure du possible le tort qu'il a commis ? Même si de tels revirements sont rares — un seul des condamnés de Nuremberg, Albert Speer, regretta ses actes — rien n'empêche de les souhaiter. J'ai connu en Inde, dans la province du Bihar, un homme qui avait commis un meurtre crapuleux dans sa jeunesse, et qui, libéré après dix ans de prison, se consacra entièrement au service des lépreux.

Dans les années 1960, un membre de la famille régnante d'un royaume asiatique fut assassiné. Le meurtrier fut arrêté, enterré au milieu d'une plaine de sorte que seule sa tête dépasse. Puis une trentaine de cavaliers lancèrent leurs chevaux au galop, passant et repassant jusqu'à ce que la tête de l'homme soit réduite en bouillie. En 1998, en Afrique du Sud, une adolescente américaine fut violée et tuée dans la rue par cinq voyous. Lors du procès, les parents de la victime, tous deux avocats, ont dit aux principaux agresseurs, en les regardant droit dans les yeux : « Nous ne voulons pas vous faire ce que vous avez fait à notre fille. » On ne peut imaginer deux attitudes plus différentes.

Miguel Benasayag, écrivain, mathématicien et psychiatre, passa sept ans dans les prisons des généraux argentins, dont de longs mois en isolement cellulaire. Il fut maintes fois torturé jusqu'à n'être plus que douleur. « Ce qu'ils essayaient, me disait-il, c'était de nous faire perdre la notion même de dignité humaine. » On jeta d'avion dans la mer sa femme et son frère. On donna le fils de son épouse à un haut gradé de l'armée, pratique alors courante avec les enfants des opposants au régime dictatorial. Lorsque, vingt ans plus tard, Miguel réussit à retrouver le général qui, selon toute vraisemblance, s'était approprié l'enfant de sa femme, il s'est trouvé incapable de le haïr. Il a réalisé que, dans une telle situation, la haine n'avait pas de sens, ne réparerait rien et n'apporterait rien.

Généralement, notre compassion et notre amour dépendent de l'attitude bienveillante ou agressive dont les autres font preuve à notre égard et envers nos proches. C'est pourquoi il nous est extrêmement difficile d'éprouver un sentiment de compassion pour ceux qui nous nuisent. La compassion bouddhiste, pourtant, revient à souhaiter de tout son cœur que *tous* les êtres sans distinction soient libérés de la souffrance et de ses causes, en particulier la haine. On peut aussi aller plus loin et, mû par l'amour altruiste, désirer que tous les êtres, le criminel y compris, trouvent les causes du bonheur.

En opposition avec l'attitude du père de la petite fille victime de l'attentat d'Oklahoma, la radio américaine VOA News décrivait les sentiments du public juste avant que Timoty McVeigh ne reçoive son verdict : « Les gens attendaient à l'extérieur du tribunal, en silence, se tenant les mains. Ils saluèrent l'annonce de la condamnation à mort par des applaudissements et des cris de joie. » Une personne s'exclama : « Voilà un an que j'attendais ce moment ! » Aux États-Unis, les proches d'une victime sont autorisés à assister à l'exécution de son meurtrier. Bien souvent, ils déclarent qu'ils sont soulagés au moment où ils voient mourir le meurtrier. Certains affirment même que la mort du condamné ne suffit pas et qu'ils auraient souhaité qu'il vive des souffrances aussi cruelles que celles qu'il a infligées. Kathy, par exemple, la sœur de Paul qui mourut dans ce même attentat, déclara dans une interview à la BBC : « Lorsque j'ai appris que j'étais l'une des dix personnes tirées au sort pour assister à l'exécution, j'étais dans un état de complète jubilation. J'espérais que, durant les quelques moments qui précéderaient sa mort, Timoty McVeigh ressentirait jusqu'à la limite du possible une peur beaucoup plus profonde et intense que celle qu'un prisonnier à vie peut éprouver […] Après l'injection

191

létale, McVeigh exhala une petite bouffée d'air. Bien que cela ne soit pas autorisé, j'ai mis contre la vitre une photographie de mon frère, pensant qu'il serait soulagé d'être témoin de l'exécution. » Puis, la voix cassée par l'émotion, Kathy ajouta « Je ne sais pas... J'espère que j'ai bien fait. »

On sait que la peine de mort ne constitue même pas une dissuasion efficace. La suppression de la peine de mort en Europe n'a pas donné lieu à une augmentation de la criminalité, et son rétablissement dans certains États d'Amérique du Nord ne l'a pas diminuée. La détention perpétuelle suffisant pour empêcher un meurtrier de récidiver, la peine de mort n'est donc qu'une vengeance légalisée. « Si le crime est une transgression de la loi, la vengeance est ce qui s'abrite derrière la loi pour commettre un crime », écrit Bertrand Vergely[5].

J'ai entendu une fois à la télévision japonaise un homme politique dire à l'un de ses opposants en pleine session de l'Assemblée nationale : « Puissiez-vous mourir un million de fois ! » Pour celui qui ne pense qu'à se venger, même si son ennemi pouvait mourir un million de fois, cela ne suffirait toujours pas à le rendre heureux. La raison en est simple : le but de la vengeance n'est pas de soulager notre peine, mais d'infliger de la souffrance aux autres. Comment pourrait-elle nous aider à retrouver un bonheur perdu ? À l'opposé, renoncer à la soif de vengeance et à la haine provoque parfois en nous, comme par magie, l'écroulement d'une montagne de ressentiment.

Haïr la haine

Que reste-t-il comme cible de notre ressentiment ? La haine elle-même. Cet ennemi fourbe, acharné et inflexible qui ne cesse de bouleverser et de détruire la vie. Autant il convient d'être patient, sans être faible, avec ceux que l'on considère comme des ennemis, autant la patience est déplacée envers la haine, quelles qu'en soient les circonstances. Comme le dit Khyentsé Rinpoché : « Il est temps de détourner la haine de ses cibles habituelles, vos prétendus ennemis, pour la diriger contre elle-même. En effet, c'est la haine votre véritable ennemie, et c'est elle que vous devez détruire. » Inutile d'essayer de la réprimer ou de la refouler : il faut aller droit à la racine de la haine et l'arracher. Écoutons à nouveau la voix d'Etty Hillesum : « Et l'on parle d'exterminer, mieux vaudrait exterminer le mal en l'homme, et non l'homme lui-même[6]. » Elle faisait ainsi écho, douze siècles plus tard, au poète bouddhiste indien, Shantideva : « Combien tuerais-je de méchants ? Leur nombre est infini comme l'espace. Mais si je tue l'esprit de haine, tous mes ennemis sont tués en même temps[7]. »

Il n'existe d'autres remèdes que la prise de conscience personnelle, la transformation intérieure et la persévérance altruiste. Le mal est un état pathologique. Une société malade, en proie à une fureur aveugle à l'égard d'une autre partie de l'humanité, n'est qu'un ensemble d'individus aliénés par l'ignorance et la haine. En revanche, lorsqu'un nombre suffisant d'individus ont accompli ce changement altruiste, la société peut alors évoluer vers une attitude collective plus humaine, intégrer dans ses lois le refus de la haine et de la vengeance, abolir la peine de mort, promulguer le respect des droits de l'homme et le sens de la responsabilité universelle. Mais il ne faut jamais oublier qu'il ne peut y avoir de désarmement extérieur sans désarmement intérieur.

Méditations sur l'amour et la compassion

L'amour est la seule chose qui double à chaque fois qu'on le partage.

Albert Schweitzer

Comment cultiver l'altruisme ? Le pratiquant bouddhiste cultive quatre pensées qu'il doit accroître sans limites : l'amour, la compassion, la joie devant le bonheur des autres et l'impartialité. Méditer, c'est se *familiariser* avec une nouvelle façon de voir les choses. Car il faut bien reconnaître que la plupart d'entre nous ne fonctionnent pas sur le mode de l'amour altruiste. Notre conception de la vie et nos priorités sont parfois loin d'envisager le bien des autres comme un but essentiel.

Le méditant commence par la compassion, le vœu et la détermination de soulager les êtres de la souffrance et de les libérer de ses causes. À cette fin, évoquez les multiples souffrances des êtres, de la façon la plus réaliste possible, jusqu'à ce que vous éprouviez une compassion sans limites. À la longue, en ayant constamment ces souffrances présentes à l'esprit, vous risquez de vous sentir impuissant et de perdre courage : « Comment pourrais-je, à moi tout seul, remédier à ces souffrances sans nombre et sans fin ? » Passez à la méditation sur la joie et pensez à tous ceux qui connaissent une forme de bonheur et possèdent de grandes qualités humaines, à ceux dont les aspirations constructives sont couronnées de succès, et réjouissez-vous-en pleinement.

Cette joie risque à son tour de se transformer en euphorie aveugle. Le moment est venu de passer à l'impartialité pour étendre vos sentiments d'amour et de compassion à tous les êtres, proches, inconnus ou ennemis, de façon égale. L'écueil qui risque alors de se présenter est celui de l'indifférence. C'est le moment de passer à l'amour altruiste, au souhait ardent que les êtres trouvent le bonheur et les causes du bonheur. Si cet amour se fige en attachement, méditez de nouveau sur l'impartialité ou sur la compassion. Faites en sorte de développer tour à tour ces quatre pensées, en évitant de tomber dans les excès de l'une ou de l'autre.

Il y a une autre méthode qui consiste à laisser vos pensées se calmer, à faire le vide en vous, puis à laisser poindre avec clarté et puissance un profond sentiment de bonté et de compassion jusqu'à ce qu'il emplisse votre esprit. Chaque être reçoit la totalité de votre amour. Un tel amour doit s'accompagner d'un aspect de connaissance, celle de l'interdépendance des phénomènes et de tous les êtres. Comme les deux ailes d'un oiseau, la compassion et la connaissance sont indissociables. Un oiseau ne peut voler avec une seule aile. Sans compassion, la connaissance est stérile ; sans connaissance, la compassion est aveugle. Celui qui a compris la nature ultime des choses est capable de porter l'amour et la compassion à leurs plus hauts degrés. De sa connaissance naît spontanément une compassion infinie envers ceux qui, soumis aux sortilèges de l'ignorance, errent dans la douleur. La compassion du sage éclaire sans éblouir, réchauffe sans brûler. Elle est omniprésente comme l'air.

Patrul Rinpoché envoya un jour l'un de ses disciples, Lhuntok, dans une grotte, pour y méditer uniquement sur la compassion. Au début, son sentiment d'amour envers les êtres restait un peu forcé et artificiel. Mais, petit à petit, son esprit se laissa gagner par la compassion et finit par y demeurer sans effort. Après que six mois se furent écoulés, le méditant aperçut de sa grotte un cavalier solitaire qui chantait en chevauchant dans la vallée. L'ermite eut la prémonition que cet homme allait bientôt mourir. Le contraste entre son chant joyeux et la fragilité de l'existence le remplit d'une tristesse infinie. Une compassion authentique s'épanouit alors dans son esprit, pour ne plus jamais l'abandonner. Elle était devenue une seconde nature[8].

13

BONHEUR ET ALTRUISME

Le bonheur fait-il la bonté
ou la bonté, le bonheur ?

*L'homme le plus heureux est celui qui
n'a dans l'âme aucune trace de méchanceté.*

Platon[1]

Un homme gît sur la pelouse du parc de l'université de Manchester en Angleterre, au bord d'un chemin fréquenté. Il semble avoir un malaise. Les gens passent. Seul un petit nombre d'entre eux (quinze pour cent) s'arrêtent pour voir s'il a besoin d'aide. Le même cobaye est allongé sur la même pelouse, mais il porte maintenant le maillot du club de football de Liverpool (un club rival de celui de Manchester, mais qui a de nombreux supporters parmi les étudiants venus de Liverpool). Quatre-vingt-cinq pour cent des passants qui sont supporters de cette équipe s'approchent pour voir si leur copain a besoin d'un coup de main. Au bout du chemin, une équipe de chercheurs de l'université interroge tous les passants, qu'ils se soient arrêtés ou non. Cette étude[2], ainsi que de nombreuses autres, confirme que le sentiment d'*appartenance* influence considérablement la manifestation de l'altruisme. Les gens sont beaucoup plus enclins à venir en aide à un proche ou à quelqu'un avec qui ils ont quelque chose en commun — ethnie, nationalité, religion, opinions — plutôt qu'à un inconnu avec lequel ils ne se sentent aucun lien particulier.

L'approche du bouddhisme consiste à étendre graduellement ce sentiment d'appartenance à l'ensemble des êtres. À cette fin, il est indispensable de prendre intimement conscience que tous les êtres vivants ont autant que nous le désir d'éviter la souffrance et de connaître le bien-être. Pour qu'elle ait un sens, cette constatation ne doit pas rester un simple concept mais être intériorisée jusqu'à devenir une seconde nature. Finalement, à mesure que le sentiment d'appartenance s'étend à l'ensemble des vivants, on devient intimement concerné par leurs joies et leurs souffrances. C'est la notion de « responsabilité universelle » dont parle souvent le Dalaï-lama.

La pêche, quel bonheur !

Pour quelques grandes âmes respectables, Théophile Gautier, Winston Churchill et Pierre Clostermann[3], la pêche est source des plus grandes joies. Quelle noble conception du bonheur partagé ! Je ne doute pas un instant qu'ils se soient imaginés tirés hors de leur élément vital par un crochet de fer leur transperçant les joues et leur déchirant la gorge. Comme l'écrivait Churchill avec tant d'élévation : « On revient de la pêche lavé, purifié… tout rempli d'un grand bonheur. » Les poissons seront sûrement ravis de l'apprendre. Quant à Théophile Gautier, il écrit avec finesse : « Rien ne calme les passions comme ce divertissement philosophique que les sots tournent en ridicule comme tout ce qu'ils ne comprennent pas ! » Je suis sûr que, parmi ceux qui ont vécu des tortures comparables à celles que l'on fait subir aux animaux, nombre de sots ne comprennent pas à quel point la philosophie peut être divertissante.

Pierre Clostermann, qui fait chorus à ces poignantes invocations au bonheur, a, lui, la bonté de relâcher ses prises « pour qu'elles grandissent plus prudentes à l'avenir ». Une forme d'éducation à la dure, en quelque sorte. Je partage de tout cœur avec lui l'idée que « rien ne se compare à la solitude béate sur un étang qui s'éveille à une aube sans vent. Bonheur de ramer doucement dans le léger brouillard du petit matin ». Mais pourquoi associer à cette sérénité une activité qui, par nature, tire son plaisir de la mort infligée à d'autres ?

Ces pêcheurs distingués font preuve d'une vision à sens unique élégamment résumée par George Bernard Shaw : « Quand un homme tue un tigre, c'est un héros ; quand un tigre tue un homme, c'est une bête féroce. » Et de conclure : « Les animaux sont mes amis et je ne mange pas mes amis. » En 2001, quelques cas de baigneurs imprudents attaqués en Floride par des requins firent la une de la presse à sensation américaine, qui titra avec emphase : « Les requins tueurs se déchaînent ! »

Cette année-là, vingt-cinq personnes ont péri dans le monde pour s'être malencontreusement trouvées sur la trajectoire d'un requin en chasse. La même année, les hommes ont tué *cent millions* de requins. Le droit au bonheur du plus philosophe, n'est-ce pas ? « Ne soyons pas ridicule, me direz-vous, on ne peut tout de même pas comparer ça avec la pêche au gardon. » Simple question de quantité.

———— ◆ ————

Les joies de l'altruisme

Qu'est-ce que cela a à voir avec le bonheur ? Des recherches ayant porté sur plusieurs centaines d'étudiants ont mis en évidence une corrélation indéniable entre l'altruisme et le bonheur[4]. Elles ont montré que les personnes qui se déclarent les plus heureuses sont aussi les plus altruistes. Lorsqu'on est heureux, le sentiment de l'importance de soi diminue, on est plus ouvert aux autres. Il a par exemple été montré que les personnes qui avaient vécu un événement heureux dans l'heure précédente étaient plus enclines que les autres à venir en aide à des inconnus.

Il est par ailleurs connu que la dépression aiguë s'accompagne d'une difficulté à ressentir et à exprimer de l'amour pour les autres. « La dépression est une défaillance d'amour », écrit Andrew Solomon en préambule à son ouvrage intitulé *Le Démon intérieur, anatomie de la dépression*[5]. Plus probant : ceux qui ont souffert de la dépression affirment que donner de l'amour aux autres et en recevoir est un important facteur de guérison[6]. Cette affirmation concorde avec le point de vue du bouddhisme, qui tient l'égocentrisme pour cause principale du mal-être, et l'amour altruiste pour composante essentielle du bonheur véritable. L'interdépendance entre tous les phénomènes en général, et entre tous les êtres en particulier, est telle que notre propre bonheur est intimement lié à celui des autres. Ainsi que nous l'avons souligné dans le chapitre concernant les émotions, la compréhension de l'interdépendance est donc au cœur de *soukha*, et notre bonheur passe nécessairement par celui des autres.

Les recherches de Martin Seligman, spécialiste américain de la dépression et pionnier de la « psychologie positive », montrent que la joie qui accompagne un acte de bonté désintéressé procure une satisfaction profonde. Afin de vérifier cette hypothèse, il a demandé à ses étudiants de se livrer d'une part à une activité récréative, de « prendre du bon temps », et d'autre part à une activité philanthropique, puis d'écrire un rapport pour le cours suivant[7].

Les résultats furent frappants : les satisfactions engendrées par une activité plaisante (sortir avec des amis, aller au cinéma, s'offrir une pêche Melba) étaient largement éclipsées par celles qu'apportait un acte de bonté. Lorsque cet acte était spontané et avait fait appel à des qualités humaines, la journée entière s'était mieux passée : les sujets ont remarqué qu'ils étaient, ce jour-là, plus à l'écoute, plus aimables, et aussi plus appréciés des autres. « Au contraire du plaisir, conclut Seligman, l'exercice de la bonté est gratifiant. » Gratifiant dans le sens d'une satisfaction durable et d'un sentiment d'adéquation avec sa nature profonde. Jean-Jacques Rousseau notait quant à lui : « Je sais et je sens que faire du bien est le plus vrai bonheur que le cœur humain puisse goûter[8]. »

On peut éprouver un certain plaisir en arrivant à ses fins au détriment d'autrui, mais cette satisfaction n'est que passagère et épidermique ; elle masque un sentiment de malaise qui ne tardera pas à faire surface. Une fois l'excitation passée, on est forcé d'admettre la présence d'un certain malaise. N'est-ce pas là un indice que la bienveillance est beaucoup plus proche de notre « nature véritable » que la malveillance ? Si tel est le cas, être en harmonie avec cette nature sustente la joie de vivre, tandis que s'en éloigner entraîne une insatisfaction chronique.

Mais peut-on pertinemment parler d'une « nature humaine », bonne, mauvaise ou hybride ? Les biologistes rejettent la notion selon laquelle certains comportements et manières de penser seraient plus « naturels » que d'autres. Ils affirment que tout ce qui se trouve dans la nature est naturel par définition et que nos comportements, ainsi que nos émotions, s'expliquent par le processus de l'évolution. Il n'y aurait donc rien de fondamentalement « contre nature » : la biologie n'émet pas de jugements moraux. Pour un biologiste, la bonté et la cruauté sont tous les deux naturels. L'existence même de la moralité chez l'être humain peut être considérée comme un avantage du point de vue de l'épanouissement de l'espèce, sans qu'il soit nécessaire d'ajouter, du point de vue de la biologie, qu'être moral est bon *en soi*.

Il en va tout autrement dès que l'on s'interroge sur l'expérience subjective du bonheur et de la souffrance. On est alors pleinement fondé à distinguer les facteurs mentaux, les paroles et les actes engendrant un sentiment de satisfaction profonde de ceux qui conduisent au mal-être.

Sommes-nous naturellement égoïstes ?

Si les biologistes se méfient de la notion de « nature humaine », les philosophes ne se sont pas privés d'émettre des opinions bien tranchées. Le philosophe anglais du XVIIᵉ siècle Thomas Hobbes, par exemple, était persuadé que les êtres vivants étaient fondamentalement égoïstes et que l'altruisme vrai était exclu des comportements humains. Tout ce qui ressemble à de l'altruisme ne serait en fait que de l'égoïsme habillé de bons sentiments. Lorsque, vers la fin de sa vie, on le surprit en train de faire l'aumône à un mendiant, il répondit à celui qui lui demandait s'il ne venait pas d'accomplir là un acte altruiste : « Non, j'ai fait cela pour soulager mon malaise à la vue de cet indigent. » Sans doute le concept de péché originel, propre à la civilisation chrétienne, et le sentiment de culpabilité qu'il entraîne ne sont-ils pas étrangers à cette façon de penser. Il a en effet considérablement influencé la sphère intellectuelle occidentale, jouant encore aujourd'hui un rôle non négligeable chez ceux qui ne se réclament plus de la religion. Le bouddhisme se situe à l'opposé d'une telle notion, puisqu'il admet la « bonté originelle » de l'être humain ; il offre donc un climat culturel très différent.

Nombre de théoriciens de l'évolution ont longtemps soutenu que les gènes favorisant un comportement égocentrique avaient une plus grande probabilité d'être transmis aux générations suivantes. Les individus porteurs de ces gènes faisant passer systématiquement leurs intérêts avant ceux des autres, ils auraient davantage de chances de survivre et de se reproduire que les altruistes. Depuis lors, ces affirmations ont été nuancées et il est maintenant admis que des comportements de coopération, en apparence altruistes, peuvent être utiles à la survie et à la prolifération des espèces. Le philosophe des sciences Elliot Sober, par exemple, a montré comment des individus altruistes isolés qui ne seraient confrontés qu'à des individus égoïstes et violents disparaîtraient rapidement. En revanche, si ces altruistes se regroupent et s'associent, ils posséderaient un avantage évolutif indéniable sur les égoïstes[9].

Selon le philosophe hollandais Han F. de Wit, la vulgarisation des idées scientifiques concernant la sélection naturelle et les « gènes égoïstes » a parfois conduit

« à accorder un statut quasi existentiel à l'égoïsme : il fait partie de l'être de l'homme [...]. L'être humain finit toujours par donner la priorité à son intérêt personnel, en dépit de tout et de tous. Dans cette optique, une explication de l'action humaine n'est jamais acceptable qu'à condition d'en attribuer ultimement le ressort profond à l'intérêt personnel[10] ». Selon le sociologue Garett Hardin, la règle fondamentale qui en découle est : « Ne demandez jamais à quelqu'un d'agir contre son propre intérêt[11]. »

Un altruisme véritable

Les recherches contemporaines en psychologie du comportement ont montré qu'il en était tout autrement. Le psychologue Daniel Batson affirme : « L'examen de vingt-cinq travaux de recherche en psychologie sociale, étalés sur quinze ans, a permis de vérifier l'hypothèse selon laquelle l'altruisme vrai, qui n'est motivé par aucune autre raison que de faire le bien d'autrui, existe[12]. » On s'en serait douté, mais c'est toujours bon de l'entendre !

Afin de mettre en évidence l'altruisme pur, il faut éliminer diverses autres explications selon lesquelles tout comportement altruiste ne serait que de l'égoïsme déguisé. Les expériences conduites par Batson et son équipe ont en effet permis de distinguer plusieurs types d'altruistes. Les « faux altruistes » aident parce qu'ils ne supportent pas la détresse qu'ils éprouvent devant la souffrance des autres et s'empressent de désamorcer leur propre tension émotionnelle. Ils aident aussi par crainte du jugement que l'on porte sur eux ou par désir d'être loués, ou encore pour éviter le sentiment de culpabilité. S'ils n'ont pas d'autre choix que d'intervenir, ils secourent la personne en difficulté (pourvu que le prix à payer ne soit pas trop élevé), mais s'ils peuvent éviter d'être confrontés au pénible spectacle de la souffrance ou s'esquiver sans que personne y trouve à redire, ils n'interviennent pas plus que les individus faiblement altruistes. Les « vrais altruistes » en revanche aident même s'il leur aurait été facile de détourner le regard, ou d'éviter d'intervenir sans que personne le sache. Ces recherches montrent que, dans une population occidentale, on trouve en moyenne 15 % d'altruistes vrais et que cet altruisme est, chez eux, un trait de tempérament durable[13].

Donnons un exemple. Comment savoir si une personne dite altruiste n'agit pas simplement pour ressentir le sentiment de fierté que lui procure l'accomplissement d'un geste bienveillant ? En vérifiant qu'elle sera tout aussi satisfaite si *quelqu'un d'autre* vient en aide. Pour un véritable altruiste, c'est le résultat qui compte, non la satisfaction personnelle d'avoir aidé. C'est précisément ce que Batson et son équipe ont démontré[14].

Quatre-vingts étudiants se sont prêtés à cette étude. Chacun des étudiants prend place dans une cabine et une notice lui explique qu'il va pouvoir aider quelqu'un, sans aucune conséquence fâcheuse pour lui-même. Dans un écouteur, il entend une femme, Suzanne, lui expliquant qu'elle doit réaliser un test d'attention et que chaque fois qu'elle se trompera elle recevra un choc électrique. « Ce n'est pas trop terrible (rire nerveux) mais c'est quand même un bon choc et j'aimerais autant ne pas faire trop d'erreurs ! » ajoute-t-elle, afin de susciter un sentiment d'empathie.

De son côté, l'étudiant va accomplir la même tâche que Suzanne, sans risque de recevoir la moindre décharge. Chaque fois qu'il réussit, il annule le choc que Suzanne devrait recevoir lorsqu'elle se trompe.

Juste après que les étudiants ont écouté Suzanne (il s'agit en fait d'un enregistrement de sa voix), on leur demande de remplir un questionnaire dans lequel ils évaluent, sur une échelle de 1 à 7, le niveau d'empathie qu'ils éprouvent à son égard. Puis on annonce à un étudiant sur deux qu'en fin de compte, aucune punition ne sera infligée à Suzanne et qu'on se contentera de lui signaler les erreurs qu'elle commettra. Tous les étudiants doivent néanmoins faire le test. Celui-ci terminé, on leur demande d'évaluer leur degré de satisfaction et on les interroge sur leur état d'esprit.

Les résultats révèlent que les vrais altruistes (ceux qui ont manifesté le plus d'empathie en entendant Suzanne) éprouvent une satisfaction élevée lorsqu'ils ont réussi à lui épargner un certain nombre de chocs électriques, mais que cette satisfaction reste *aussi* élevée lorsqu'ils ont appris qu'en fin de compte elle ne recevrait aucune décharge. Leur satisfaction était donc liée au fait de savoir que Suzanne n'avait pas souffert, et non pas à l'idée que c'était *eux* qui lui avaient épargné la douleur des chocs électriques.

L'expérience montre aussi que les altruistes réussissent mieux le test lorsque le sort de Suzanne dépend d'eux, et sont moins attentifs lorsqu'ils savent que Suzanne ne risque rien. C'est l'inverse qui se produit chez ceux qui ont manifesté peu d'empathie : ils ont un score inférieur aux altruistes lorsque Suzanne est en danger, se sentant peu concernés par son sort, mais obtiennent curieusement un score supérieur lorsqu'ils savent qu'elle ne risque rien. L'explication proposée est que, dans ce deuxième cas, les personnes peu empathiques s'intéressent plus à leur score personnel, alors que les altruistes se désintéressent du test puisqu'il est inutile à Suzanne.

Même si tout cela paraît compliqué, on retrouve constamment ces différences de comportement dans la réalité. Les exemples d'altruisme authentique abondent : combien de mères sont sincèrement prêtes à sacrifier leur vie pour sauver leur enfant ? On peut étendre cet exemple car, dans le bouddhisme, l'altruiste vrai apprend à considérer tous les êtres avec autant de proximité qu'un parent.

Citons un exemple, celui de Dola Jigmé Kalsang, un sage tibétain du XIXᵉ siècle. Un jour, alors qu'il se rendait en pèlerinage en Chine, il arriva sur la place publique d'une bourgade où une foule était rassemblée. En s'approchant, il vit qu'un voleur était sur le point d'être mis à mort d'une façon particulièrement cruelle : on allait le faire monter un cheval en fer chauffé au rouge. Dola Jigmé fendit la foule et annonça : « C'est moi qui ai commis le vol. » Un grand silence se fit et le mandarin qui présidait à l'exécution se tourna, impassible, vers le nouveau venu et lui demanda : « Es-tu prêt à assumer les conséquences de ce que tu viens de dire ? » Dola Jigmé acquiesça. Il mourut sur le cheval et le voleur fut épargné. Dans un cas aussi poignant, voire extrême, quelle pouvait être la motivation de Dola Jigmé, sinon une compassion infinie pour le condamné ? Étranger en ces lieux, il aurait pu passer son chemin sans que quiconque lui prête la moindre attention. Il a agi par pur altruisme afin de sauver la vie d'un inconnu.

Plus proche de nous, Maximilien Kolbe, ce père franciscain qui, à Auschwitz, s'offrit pour remplacer un père de famille lorsqu'en représailles à l'évasion d'un prisonnier, dix hommes furent désignés pour mourir de faim et de soif. Même si le mot n'a été inventé qu'en 1830 par Auguste Comte, en contrepartie du mot égoïsme, il est donc possible d'être *fondamentalement altruiste*, c'est-à-dire concerné davantage par le sort des autres que par le sien. Au départ, une telle attitude peut faire plus ou moins partie de notre tempérament, mais il est possible de l'amplifier.

Il est intéressant de remarquer que, selon d'autres études[15], les personnes qui savent le mieux gérer leurs émotions se comportent de façon plus altruiste que celles qui sont très émotives. Confrontées à la souffrance des autres, ces dernières sont en effet davantage préoccupées par la gestion de leurs propres émotions que dominent la peur, l'anxiété et la détresse que par la souffrance des autres. Là encore, cela semble logique du point de vue bouddhiste, puisque la liberté intérieure, qui affranchit de la contrainte des émotions conflictuelles, ne s'acquiert qu'en diminuant l'amour obsessionnel de soi. Un esprit libre, vaste et serein est beaucoup plus apte à considérer une situation douloureuse d'un point de vue altruiste qu'un esprit constamment affligé par des conflits internes. Il est d'ailleurs intéressant d'observer que certains témoins d'une injustice ou d'une agression s'en prennent plus au malfaiteur, en le poursuivant, l'invectivant ou le molestant, qu'ils ne se préoccupent d'aider la victime. Il ne s'agit plus ici d'altruisme mais de colère.

L'or reste de l'or

Le bouddhisme considère les émotions destructrices comme des constructions mentales qui surgissent dans le courant de notre conscience mais n'appartiennent pas à sa nature fondamentale. Nous avons vu que cette nature première de l'esprit est la faculté cognitive qui « éclaire », dans le sens où elle perçoit tout ce que nous connaissons. Cette faculté sous-tend les pensées, mais n'est pas elle-même essentiellement modifiée par ces dernières. La nature de l'esprit n'est donc fondamentalement ni bonne ni mauvaise.

Si l'on tourne son regard vers l'intérieur et que l'on observe à long terme la manière dont fonctionne l'esprit, on s'aperçoit que les émotions négatives, la colère par exemple, sont plus périphériques et moins fondamentales que l'amour et la tendresse. Elles surviennent principalement sous forme de *réactions* à des provocations ou autres événements spécifiques, et ne sont pas des états constitutifs ou permanents de l'esprit. Même si l'on a un caractère irascible et que l'on se met facilement en colère, celle-ci est toujours déclenchée par un incident particulier. À l'exception de cas pathologiques, il est très rare d'éprouver un état prolongé de haine qui ne soit pas dirigé vers un objet précis. L'amour et la compassion constituent, en revanche, des états beaucoup plus fondamentaux, que l'on pourrait presque tenir pour indépendants d'objets ou de stimuli particuliers.

La colère peut servir à écarter des obstacles mais elle ne peut et ne doit être qu'épisodique. Au contraire, l'amour et la tendresse à long terme sont beaucoup plus essentiels à la survie. Le nouveau-né ne survivrait pas plus de quelques heures sans la tendresse de sa mère ; un vieillard invalide mourrait rapidement sans les soins de ceux qui l'entourent. Nous avons besoin de recevoir de l'amour pour pouvoir et pour savoir en donner. Encore faut-il que l'on reconnaisse et apprécie à sa juste valeur ce potentiel de tendresse et d'amour pour pleinement l'actualiser. Cette reconnaissance va de pair avec l'investigation de la nature de l'esprit et le sentiment d'être en accord avec sa nature profonde. À la fin d'un accès de colère, ne dit-on pas souvent : « J'étais hors de moi » ou : « Je n'étais plus moi-même. » Lorsque, en revanche, nous accomplissons spontanément un acte de bonté désintéressé, comme de permettre à un être humain ou à un animal de retrouver sa santé ou sa liberté, voire d'échapper à la mort, n'avons-nous pas l'impression d'être en harmonie avec notre nature profonde ? Ne souhaiterions-nous pas connaître plus fréquemment une telle disposition d'esprit ? N'avons-nous pas l'impression que les barrières illusoires créées par le moi se sont évanouies et que le sentiment de communion avec l'autre reflète l'interdépendance essentielle de tous les êtres ?

Les facteurs mentaux destructeurs sont des déviations qui nous éloignent chaque fois un peu plus de notre nature profonde, jusqu'à ce que nous oubliions son existence même. Cependant, rien n'est jamais ni irrémédiablement perdu. Même recouvert d'immondices, l'or reste de l'or dans sa nature essentielle. Les émotions destructrices ne sont que des voiles, des surimpositions. Le père Ceyrac qui, depuis soixante ans, s'occupe de trente mille enfants dans le sud de l'Inde, me disait :

> « Malgré tout, je suis frappé par l'immense bonté des gens, même de la part de ceux qui semblent avoir le cœur et l'œil fermés. Ce sont les autres, tous les autres, qui fondent la trame de nos vies et forment la matière de nos existences. Chacun est une note dans le "grand concert de l'univers", comme le disait le poète Tagore. Personne ne peut résister à l'appel de l'amour. On craque toujours après un bout de temps. Je pense réellement que l'homme est intrinsèquement bon. Il faut toujours voir le bon, le beau d'une personne, ne jamais détruire, toujours chercher la grandeur de l'homme, sans distinction de religion, de caste, de pensée[16]. »

La relation entre bonté et bonheur devient alors plus claire. Ils s'engendrent et se renforcent l'un l'autre et tous deux reflètent un accord avec notre nature profonde. La joie et la satisfaction sont étroitement liées à l'amour et à la tendresse. Le malheur, lui, va de pair avec l'égoïsme et l'hostilité. Shantideva écrit :

> *Tous ceux qui sont malheureux le sont pour avoir cherché leur propre bonheur ;*
> *Tous ceux qui sont heureux le sont pour avoir cherché le bonheur des autres.*
> *À quoi bon tant de paroles ?*
> *Comparez seulement le sot attaché à son propre intérêt*
> *Et le saint qui agit dans l'intérêt des autres*[17].

Ainsi engendrer et exprimer la bonté feront rapidement fondre le mal-être pour laisser place à un sentiment de plénitude durable. Réciproquement, l'actualisation progressive de *soukha* permet à la bonté de s'épanouir comme le reflet naturel de la joie intérieure.

14

LE BONHEUR DES HUMBLES

Une bouffée d'orgueil se dissipe comme une brume matinale chez celui qui sait rester humble.

Dilgo Khyentsé Rinpoché[1]

L'orgueil, exacerbation du moi, consiste à s'infatuer des quelques qualités que l'on a, et à s'attribuer celles dont on est dépourvu. Il ferme la porte à tout progrès personnel, car pour apprendre il faut d'abord penser qu'on ne sait pas. Comme le dit l'adage tibétain : « L'eau des qualités ne demeure pas sur le rocher de l'orgueil. » À l'inverse : « L'humilité est comme la coupe posée à même le sol, prête à recevoir la pluie des qualités. »

L'humilité est une valeur oubliée du monde contemporain, théâtre du paraître. Les magazines ne cessent de donner des conseils pour « s'affirmer », « avoir l'air d'un battant », à défaut de l'être. Cette obsession de l'image qu'on doit donner de soi est telle que l'on ne se pose même plus la question du bien-fondé du paraître, mais seulement celle du comment bien apparaître.

Quelle image donner de soi ? On sait que les hommes politiques et les vedettes du spectacle ont des « conseillers en communication » dont le but est de leur forger une image favorable auprès du grand public, parfois même de leur apprendre à sourire ! Peu importe que cette image soit aux antipodes de ce qu'ils sont vraiment, pourvu qu'elle permette de se faire élire, reconnaître, admirer, aduler. Les journaux consacrent de plus en plus de place à leurs pages « people », avec des rubriques accrocheuses sur les « gens dont on parle », leur « cote », ceux qui sont « in » et ceux qui sont « out ». Face à une telle débauche d'ego mondains, quelle place reste-t-il pour l'humilité, valeur si rare que l'on pourrait presque la reléguer au musée des vertus désuètes ?

La notion d'humilité est trop souvent associée au mépris de soi, à un manque de confiance dans nos capacités, à la dépression devant notre impuissance, voire à un complexe d'infériorité ou un sentiment d'indignité[2]. C'est là sous-estimer considérablement les bienfaits de l'humilité, car si la suffisance est l'apanage du sot, l'humilité est la vertu féconde de celui qui mesure tout ce qui lui reste à apprendre et l'étendue du chemin qu'il doit encore parcourir. Selon S.K. Singh : « La véritable humilité consiste à être libre de toute conscience de soi, ce qui implique d'être libre de la conscience de l'humilité. Celui qui est totalement humble ignore son humilité[3]. » Les humbles ne sont pas des gens beaux et intelligents qui s'évertuent à se persuader qu'ils sont laids et stupides, mais des êtres qui font peu de cas de leur ego[4]. N'étant pas le nombril du monde, ils s'ouvrent aux autres et se situent dans la juste perspective de l'interdépendance.

Sur un plan collectif, l'orgueil s'exprime par la conviction d'être supérieur à l'autre en tant que peuple ou race, d'être détenteur des vraies valeurs de la civilisation et de la nécessité d'imposer de gré ou de force ce « modèle » dominant aux peuples « ignorants ». Une telle attitude sert souvent de prétexte pour « mettre en valeur » les ressources de ces pays sous-développés, c'est-à-dire pour les saigner à blanc. Les conquistadors et leurs évêques ont brûlé sans hésitation les immenses bibliothèques mayas et aztèques du Mexique, dont n'ont survécu que douze volumes ! Les manuels scolaires et les médias chinois se plaisent encore à décrire les Tibétains comme des barbares arriérés et le Dalaï-lama comme un monstre qui, lorsqu'il était encore au Tibet, se nourrissait de cervelles de nouveau-nés et tapissait sa chambre de leurs peaux ! N'est-ce pas d'abord l'orgueil qui peut ainsi ignorer les centaines de milliers de volumes de philosophie qu'abritaient les monastères tibétains avant que six mille d'entre eux ne soient rasés ?

En quoi l'humilité est-elle une composante du bonheur ? L'arrogant et le narcissique se nourrissent de fantasmes et se heurtent sans cesse au réel. Les désillusions inévitables qui s'ensuivent peuvent engendrer la haine de soi (lorsqu'on réalise que l'on n'est pas à la hauteur de son attente) ainsi qu'un sentiment de vide intérieur. Forte d'une sagesse dans laquelle les fanfaronnades du moi n'ont aucune place, l'humilité évite ces tourments inutiles. À la différence de l'affectation qui a besoin d'être reconnue pour survivre, l'humilité va de pair avec une grande liberté intérieure.

L'humble n'a rien à perdre et rien à gagner. Si on le loue, il considère que c'est une louange de l'humilité en tant que telle, pas de lui-même. Si on le critique, il considère qu'exposer ses défauts au grand jour est le meilleur service que l'on puisse lui rendre. « Peu de gens sont assez sages pour préférer le blâme qui leur est utile à la louange qui les trahit », écrivait La Rochefoucauld[5], faisant écho aux sages tibétains qui rappellent volontiers que : « La meilleure des instructions est celle qui démasque nos défauts cachés. » Ainsi, libre d'espoir et de crainte, l'humble reste d'un naturel insouciant.

L'humilité est aussi une attitude essentiellement tournée vers les autres et leur bien-être. Des études de psychologie sociale ont montré que les personnes qui se surestiment présentent une tendance à l'agressivité supérieure à la moyenne[6]. On a également mis en évidence un lien entre l'humilité et la faculté de pardonner. Les personnes qui s'estiment supérieures jugent plus durement les fautes des autres et les considèrent comme moins pardonnables[7].

Paradoxalement, l'humilité favorise la force de caractère : l'humble prend ses décisions selon ce qu'il estime être juste et s'y tient, sans s'inquiéter ni de son image ni de l'opinion d'autrui. Comme le dit l'adage tibétain : « Extérieurement, il est aussi doux qu'un chat qu'on caresse, intérieurement aussi difficile à tordre que le cou d'un yak. » Cette détermination n'a rien à voir avec l'obstination et l'entêtement. Elle découle d'une perception lucide du but fixé. Inutile d'essayer de convaincre le bûcheron qui connaît parfaitement la forêt d'emprunter un chemin menant à un précipice.

L'humilité est une qualité que l'on trouve invariablement chez le sage : on le compare à un arbre chargé de fruits dont les branches s'inclinent vers le sol. Le fat, lui, ressemble plutôt à l'arbre dénudé dont les branches se relèvent orgueilleusement. L'humilité se traduit également par un langage corporel dénué de morgue et d'ostentation. L'humble ne prend jamais personne de haut. En voyageant avec Sa Sainteté le Dalaï-lama, j'ai pu constater l'immense humilité empreinte de gentillesse de cet homme vénéré. Il est toujours attentif aux humbles et ne se pose jamais en personne de marque. Un jour, après avoir salué François Mitterrand, qui venait de le raccompagner sur le perron de l'Élysée, le Dalaï-lama, avant de monter en voiture, s'en alla serrer la main d'un garde républicain qui se tenait à l'écart, sous l'œil médusé du président de la République.

Une autre fois, en entrant dans la salle d'un banquet donné en son honneur au Parlement européen, il aperçut les cuisiniers qui l'observaient par une porte entrouverte. Il alla droit les visiter dans leurs cuisines, pour en ressortir un instant plus tard, en lançant à la présidente et aux quinze vice-présidents du Parlement : « Ça sent très bon ! » Une excellente façon de rompre la glace de ce déjeuner solennel.

Être le témoin de la rencontre de deux maîtres spirituels est également une inépuisable source d'inspiration. Contrairement à deux personnalités imbues d'elles-mêmes, qui ne manqueraient pas de se bousculer pour occuper la place d'honneur, c'est d'humilité qu'ils « rivalisent ». Combien émouvantes étaient les rencontres entre le Dalaï-lama et Dilgo Khyentsé Rinpoché : tous deux se prosternaient en même temps l'un devant l'autre et leurs têtes se touchaient alors qu'ils étaient au sol. Dilgo Khyentsé Rinpoché était très âgé et Sa Sainteté, qui elle était très leste, se prosternait trois fois devant Khyentsé Rinpoché avant que ce dernier ait eu le temps de se relever de sa première prosternation. Et le Dalaï-lama partait d'un grand éclat de rire.

Les Occidentaux sont également surpris d'entendre de grands érudits ou contemplatifs orientaux dire : « Je ne suis rien, je ne sais rien. » Ils croient qu'il s'agit de fausse modestie ou d'une habitude culturelle, alors qu'en réalité ces sages ne pensent tout simplement pas : « *je* suis savant » ou « *je* suis un grand méditant ». Le désintérêt naturel qu'ils ont pour leur personne ne les empêche pas, quand on leur pose une question spécifique sur un point de philosophie ardu, de donner volontiers et sans affectation des réponses qui trahissent leurs connaissances ou leur sagesse. C'est une attitude spontanée qui, bien comprise, est touchante, amusante parfois, comme le montre cette anecdote dont je fus témoin : un jour deux grands érudits du Tibet étaient venus rendre visite à Dilgo Khyentsé Rinpoché au Népal. La rencontre entre ces êtres remarquables était pleine de saveur, de simplicité joyeuse et de vivacité. Au fil de la conversation, Khyentsé Rinpoché leur demanda de donner des enseignements aux moines de notre monastère. L'un des érudits répondit candidement : « Oh, mais je ne sais rien », et enchaîna en désignant son collègue : « et *lui non plus* ne sait rien ! » Il tenait pour acquis que l'autre érudit aurait dit la même chose ! Ce dernier hocha la tête avec empressement en signe d'assentiment.

15

LA JALOUSIE

*Quelle lâcheté de se sentir découragé
du bonheur des autres et d'être accablé de leur
fortune.*

Montesquieu[1]

Étrange sentiment que la jalousie. On est jaloux du bonheur des autres, sûrement pas de leur malheur. N'est-ce pas absurde ? Ne serait-il pas naturel de souhaiter leur bonheur ? Pourquoi être affecté lorsqu'ils sont heureux ? Pourquoi concevoir du dépit en constatant leurs qualités ? Le contraire de la jalousie, c'est se réjouir de toutes joies, petites et grandes, que connaissent les autres. Leur bonheur devient le nôtre.

La jalousie n'a pas l'aspect attrayant du désir, elle ne se présente pas déguisée en justicier comme la colère, ne se pare d'aucun artifice comme l'orgueil, et n'est même pas léthargique comme l'ignorance : quel que soit l'angle sous lequel on l'examine, on ne trouve qu'un affreux et misérable personnage. Voici le portrait qu'en brosse Voltaire :

La sombre Jalousie au teint pâle et livide

Suit d'un pied chancelant le Soupçon qui la guide[2].

Il y a bien sûr plusieurs degrés de jalousie, une large palette allant de l'envie à la rage noire, aveugle et dévastatrice. L'envie bénigne, ordinaire, quotidienne qui se distille en pensées à demi conscientes et se répand en remarques désobligeantes. Une envie qui se traduit par une légère malveillance à l'égard d'un collègue qui réussit mieux, par des réflexions acerbes à l'égard d'une amie à qui tout semble sourire. À cette jalousie en demi-teinte s'oppose le ressassement obsessionnel, qui éclate parfois en accès de fureur incontrôlable face à une infidélité, à une distinction qui échoit à un rival alors qu'on l'espérait pour soi.

Dans tous les cas de figure, la jalousie procède d'une blessure du moi, elle est donc le fruit d'une illusion. Forme exacerbée de l'envie, elle mène rapidement à la hantise et à la haine. Ses conséquences, qui vont parfois jusqu'au meurtre, s'avèrent aussi tragiques que la méprise dont elle est née. Pour excessives que soient les complications de la jalousie, il ne faut pas oublier qu'elle est fondamentalement *une incapacité à se réjouir du bonheur d'autrui*.

Qui plus est, la jalousie est absurde pour celui qui la ressent, puisque à moins qu'il n'ait recours à la violence, il en est la seule victime. Son dépit n'empêche pas ceux dont il est jaloux d'avoir plus de succès, d'argent ou de qualités. Comme l'explique le Dalaï-lama : « Même si celui qui est plus riche ou intelligent que nous n'en fait profiter personne d'autre, que gagnons-nous à laisser la jalousie nous torturer ? »

Pascal Bruckner parle de ces envieux pour qui, « il n'est rien de plus intolérable que la vue du bonheur d'autrui quand on ne va pas bien[3] ». En vérité, qu'est-ce que le bonheur des autres pourrait bien vous *enlever*? Rien, bien sûr. Seul l'ego peut en être meurtri et le ressentir comme une douleur. C'est lui qui ne supporte pas la gaieté des autres quand on est déprimé ni leur santé resplendissante quand on est malade. Pourquoi ne pas prendre la joie de l'autre comme une source d'inspiration, un exemple vivant du bonheur accompli, au lieu d'en faire une source de vexation et de tourment ?

Qu'en est-il de la jalousie née du sentiment d'injustice ou de trahison ? Cela crève le cœur d'être trompé par l'être auquel on est très attaché, mais le responsable de cette souffrance brûlante, c'est encore l'amour de soi. La Rochefoucauld faisait observer dans ses *Maximes* : « Il y a dans la jalousie plus d'amour-propre que d'amour. »

Une amie me confiait récemment : « Je souffre au plus profond de moi-même de la trahison de mon conjoint. Je ne supporte pas qu'il soit plus heureux avec une autre femme. Une question me hante sans cesse : "Pourquoi pas moi ? Qu'est-ce qu'il trouve auprès de l'autre que je n'ai pas ?" »

Même s'il est effroyablement difficile en pareil cas de garder son équanimité, qui crée cette difficulté sinon le moi ? La peur de l'abandon et le sentiment d'insécurité sont intimement liés au manque de liberté intérieure. C'est le chérissement de soi-même, qui, avec son inséparable cortège de crainte et d'espoir, d'attirance et de rejet, est le principal ennemi de la paix intérieure. Sinon, qu'est-ce qui empêcherait de se réjouir en voyant une personne aimée trouver davantage de bonheur avec quelqu'un d'autre ? Ce n'est certes pas une tâche aisée, mais si l'on souhaite *vraiment* le bonheur de quelqu'un, on ne peut exiger de définir la façon dont l'autre doit être heureux. Seul l'ego a le front d'affirmer : « Ton bonheur ne peut passer que par le mien. » Comme l'écrit Svami Prajnanpad : « Quand vous aimez quelqu'un, vous ne pouvez espérer qu'il fasse ce qui vous plaît. Cela reviendrait à vous aimer vous-même[4]. »

Démanteler le bastion

Nos attachements ont construit l'édifice de la possession affective et quand bien même l'ego fait de son mieux pour étayer les murs, la jalousie les fait craquer de toutes parts. L'adoration égocentrique a bâti cette citadelle aux dépens de notre bonheur et de celui de ceux qui nous entourent, comme les tyrans érigent des châteaux arrogants et inutiles au prix du tourment des serfs qu'ils oppriment. Il n'est donc pas surprenant que le bastion de l'ego devienne la cible des révolutionnaires qui aspirent à la liberté intérieure. Il n'y a en effet qu'une solution : démanteler pierre par pierre les murailles de cette forteresse.

L'incapacité à se réjouir du bonheur des autres, cette obsession qui incite à imaginer les pires représailles contre l'« usurpateur » dont on a fait l'objet de sa jalousie, sont entièrement dues à l'oubli du potentiel de tendresse et de paix qui gisent au plus profond de chacun. Une âme en paix peut partager son bonheur mais n'a que faire de la jalousie. Les émotions perturbatrices n'ont guère prise sur elle : elle les perçoit comme des images bariolées projetées sur un écran qui s'évanouissent à la lumière du soleil, comme les tribulations d'un rêve qui disparaissent au réveil.

16

VOIR LA VIE EN OR,
EN ROSE OU EN GRIS

Optimisme, naïveté et pessimisme

> *Elle aimait la pluie comme le soleil.*
> *Ses moindres pensées avaient une couleur*
> *réjouissante comme de belles fleurs bien*
> *saines, qui plaisent toutes.*

Alain[1]

Un matin, je regardais un arbre avec quelques fleurs rouges et une douzaine de moineaux. Tout ce que je voyais produisait en moi un sentiment de jubilation intérieure et de perception de la pureté infinie des phénomènes. Puis je me suis imaginé une situation d'« échec », suscitant toutes sortes de sentiments négatifs. Brusquement, l'arbre m'apparut poussiéreux, les fleurs étiolées et le pépiement des moineaux agaçant. Je me suis demandé quelle était la façon correcte de voir les choses. La raison qui me fit penser que la première était plus juste tient au fait qu'elle engendre une attitude ouverte, créatrice et libératrice, et se traduit par une plus grande satisfaction. Cette attitude permet d'embrasser spontanément l'univers et les êtres et d'abolir toute séparation égocentrique entre soi-même et le monde. En revanche, lorsqu'on s'en tient à une perception « impure » des phénomènes, il y a quelque chose qui cloche : on se sent « déconnecté » de l'univers, qui apparaît alors comme une image terne, étrangère, lointaine et artificielle.

Il y a de nombreuses façons de faire l'expérience du monde. Voir la vie en or, c'est essentiellement se rendre compte que tous les êtres, y compris nous-même, ont en eux un extraordinaire potentiel de transformation intérieure et d'action. C'est aborder le monde et les êtres avec confiance, ouverture et altruisme. Mais cela ne signifie pas qu'il faille voir la vie en rose, se voiler la face devant la réalité et déclarer avec une naïveté béate que tout va pour le mieux dans le meilleur des mondes. À quoi bon se raconter des histoires ? Pour celui qui est victime ou témoin d'un génocide, l'horreur est réelle. Il ne s'agit pas de se détourner des douleurs qui affligent les êtres et de négliger le sens de la responsabilité, tout en ignorant les lois de cause à effet engendrant ces innombrables souffrances. Le juste équilibre consiste à allier une puissante détermination à leur venir en aide à une vision vaste, qui ne perd jamais de vue ce potentiel de transformation même lorsque la souffrance semble omniprésente. Cela nous évite de tomber dans l'autre extrême, lequel consiste à voir la vie en gris et penser qu'elle est vouée à l'échec et au malheur, qu'on ne peut rien en faire de bon, pas plus qu'on ne peut sculpter un morceau de bois pourri.

En langage psychologique, voir la vie en or s'appelle optimisme, un mot qui, comme le bonheur, est souvent raillé. La vie en gris est pessimisme et la vie en rose naïveté.

Le faux procès de l'optimisme

Les psychologues ont longtemps cru que les personnes légèrement dépressives étaient les plus « réalistes ». Les optimistes en effet ont tendance à se rappeler plus souvent les événements plaisants que les situations douloureuses et à surestimer leurs performances passées et leur maîtrise des choses. Des chercheurs ont soumis un groupe de personnes à une série de questions d'une difficulté telle qu'elles allaient se tromper en moyenne une fois sur deux. À chaque réponse, on informait les participants de leur résultat, mais on ne leur communiquait pas le score final. Le lendemain, quand les chercheurs demandèrent à chacun d'estimer son score, les personnes légèrement déprimées jugèrent correctement s'être trompées une fois sur deux, tandis que les optimistes pensèrent ne s'être trompées qu'une fois sur quatre[2].

Le pessimiste aurait donc les yeux en face des trous et évaluerait les situations avec plus de lucidité que l'optimiste. « Même si la réalité n'est pas toujours drôle, il faut voir les choses telles qu'elles sont », dira-t-il, alors que l'optimiste serait un rêveur sympathique mais incurablement naïf : « La vie, pense-t-on, aura tôt fait de le ramener à la réalité. » Or voilà, ce n'est pas vrai. Des travaux ultérieurs ont montré qu'il ne faut pas se contenter de prendre en considération l'évaluation objective, distanciée et méfiante de la réalité à laquelle se livrent les pessimistes. Lorsqu'il ne s'agit pas seulement de tests qui ressemblent à des jeux, mais de situations de la vie quotidienne, les optimistes sont en fait plus réalistes et pragmatiques que les pessimistes. Si l'on présente par exemple à des consommatrices de café un rapport sur l'augmentation du risque de cancer du sein causé par la caféine, ou si l'on explique à des amateurs de bains de soleil que le bronzage augmente le risque de cancer de la peau, une semaine plus tard, les optimistes se souviennent mieux des détails de ces rapports que les pessimistes et en tiennent plus compte que les pessimistes dans leur conduite[3]. De plus, ils se concentrent attentivement et sélectivement sur les risques qui les concernent vraiment, au lieu de s'inquiéter inutilement et inefficacement de tout[4]. Ainsi ils restent plus sereins que les pessimistes et réservent leur énergie pour de vrais dangers.

Si l'on observe la manière dont les gens perçoivent les événements de leur vie, apprécient la qualité du moment vécu et construisent leur futur en surmontant les obstacles grâce à une attitude ouverte et créative, les optimistes possèdent un avantage indéniable sur les pessimistes : un grand nombre de données montrent qu'ils réussissent mieux aux examens, dans leur profession et dans leur couple, vivent plus longtemps et en meilleure santé, ont plus de chance de survivre à un choc postopératoire et sont moins sujets à la dépression et au suicide[5]. Pas si mal, n'est-ce pas ? Des chiffres ? Une étude a été conduite sur plus de neuf cents personnes admises dans un hôpital américain en 1960. Leur degré d'optimisme, ainsi que d'autres traits psychologiques, avaient été évalués par des tests et des questionnaires[6]. Quarante ans plus tard, il s'avère que les optimistes ont vécu en moyenne 19 % plus longtemps que les pessimistes, soit seize ans de vie pour un octogénaire ! Par ailleurs, on sait que les pessimistes ont huit fois plus de chances de sombrer dans la dépression lorsque les choses vont mal. En outre, « ils ont des résultats scolaires, sportifs et professionnels inférieurs à ce que leurs capacités laissaient présager et ont plus de difficultés relationnelles[7] ». Il a pu être montré que c'était bien le pessimisme qui aggravait la dépression et les autres difficultés citées, et non le contraire, car si l'on apprend à ces personnes à remédier spécifiquement au pessimisme en transformant leur vision des choses, elles sont nettement moins sujettes à des rechutes dépressives. Il y a des raisons précises à cela. Les psychologues décrivent en effet le pessimisme comme un *mode d'explication* du monde qui engendre une *impuissance acquise*[8].

Deux manières de regarder le monde

Un optimiste est une personne qui juge ses difficultés momentanées, contrôlables et liées à une situation particulière. Il dira : « Il n'y a pas de quoi s'en faire un monde ; ces choses-là ne durent pas. Je trouverai bien une solution et, de toute façon, d'habitude je m'en sors. » Le pessimiste pense au contraire que ses problèmes vont durer (« ce n'est pas le genre de choses qui s'arrangent »), compromettent tout ce qu'il entreprend et échappent à son contrôle (« qu'est-ce que vous voulez que j'y fasse ! »). Il estime aussi abriter en lui-même quelque vice fondamental et déclare : « Quoi que je fasse, c'est chaque fois la même chose. » Il présume que la situation est sans issue et conclut : « Je ne suis pas fait pour être heureux. »

Le sentiment d'insécurité qui afflige tant de nos contemporains est intimement lié au pessimisme. Le pessimiste anticipe constamment le désastre et devient une victime chronique de l'anxiété et du doute. Morose, irritable et angoissé, il n'a confiance ni dans le monde ni en lui-même et s'attend constamment à être brimé, abandonné et ignoré.

L'optimiste, en revanche, est confiant dans le fait qu'il est possible de réaliser ses aspirations et qu'avec patience, détermination et intelligence, il finira par y arriver. De fait, le plus souvent, il y parvient.

Dans la vie de tous les jours, le pessimiste est aussi celui qui commence par adopter une attitude de refus, même lorsqu'elle n'est nullement appropriée. Je me souviens d'un officiel bhoutanais à qui j'avais souvent affaire. Chaque fois que je lui posais une question ou lui demandais quelque chose, il commençait systémati-quement ses réponses par : « Non, non, non… » quelle que puisse être la suite de la phrase, ce qui donnait lieu à des échanges comiques :

« Pensez-vous que nous pourrons partir demain matin ?

— Non, non, non… soyez prêt à neuf heures. »

Le pessimiste est éminemment soupçonneux et accorde rarement le bénéfice du doute. Comme le dit Alain : « Un compliment c'était pour se moquer ; un bienfait pour l'humilier. Un secret était un complot bien noir. Ces maux d'imagination sont sans remède, en ce sens que les meilleurs événements sourient en vain à l'homme malheureux. Et il y a plus de volonté qu'on ne croit dans le bonheur[9]. » D'un point de vue subjectif, les optimistes jouissent d'un plus grand bien-être, abordent de nouvelles relations ou situations avec confiance plutôt qu'avec méfiance.

L'énumération de tels avantages est-elle une forme d'agression arrogante et déplacée à l'égard des pessi-mistes ? Certains pensent qu'il lui est à tout jamais interdit d'être heureux. Si le pessimisme et le mal-être étaient des caractéristiques aussi immuables que les empreintes digitales et la couleur des yeux, mieux vaudrait avoir la délicatesse de ne pas claironner les avantages du bonheur et de l'optimisme. Mais si l'opti-misme est une vision de l'existence, et le bonheur un état que l'on peut cultiver, autant s'atteler à la tâche sans plus gémir ni tergiverser. Comme l'écrit encore Alain : « Quelle chose merveilleuse serait la société des hommes, si chacun mettait de son bois au feu, au lieu de pleurer sur des cendres[10] ! »

Même si nous naissons avec une certaine prédisposition à voir la vie en rose, même si l'influence de ceux qui nous élèvent fait glisser notre attitude vers le pessimisme ou l'optimisme, notre interprétation du monde peut évoluer par la suite, considérablement, car notre esprit est malléable.

Ne nous arrêtons pas à l'image d'Épinal de l'optimiste béat. Derrière ce cliché dont on aime à se moquer se cachent un grand nombre de qualités : l'espoir, la détermination, la faculté d'adaptation, la lucidité, la sérénité et la force de caractère, le pragmatisme, le courage et même l'audace, autant de qualités que l'on retrouve dans *soukha*, le bonheur véritable.

L'espoir

Pour un optimiste, perdre espoir n'a aucun sens. On peut *toujours* faire mieux (au lieu d'être catastrophé, résigné ou dégoûté), limiter les dégâts (au lieu de tout laisser partir à la dérive), trouver une solution de rechange (au lieu de stagner pitoyablement dans l'échec), rebâtir ce qui a été détruit (au lieu de se dire « tout est fini ! »), considérer la situation actuelle comme un point de départ (au lieu de passer son temps à pleurer le passé et à se lamenter sur le présent), repartir de zéro (au lieu de terminer à zéro), comprendre qu'il est essentiel de faire des efforts soutenus dans la direction qui semble la meilleure (au lieu d'être paralysé par l'indécision et le fatalisme), utiliser chaque moment présent pour progresser, apprécier, agir, jouir de la paix intérieure (au lieu de perdre son temps à ruminer le passé et à redouter l'avenir).

Ainsi, il y a ceux qui, comme ce fermier australien entendu à la radio lors des incendies de forêt de 2001, déclarent : « J'ai tout perdu, je ne pourrai jamais refaire ma vie », et ceux qui, tel le navigateur Jacques-Yves Le Toumelin, en voyant brûler sous ses yeux son premier bateau incendié par les Allemands en 1944, se rappela les paroles de Rudyard Kipling : « Si tu peux voir détruire l'œuvre de ta vie, et sans attendre te remettre à l'ouvrage, alors tu seras un homme, mon fils. » Il construisit sans tarder un nouveau bateau et fit le tour du monde à la voile, sans moteur, en solitaire.

Une petite histoire de pessimiste ? Par un beau jour d'été, un automobiliste crève un pneu en pleine campagne. Pour comble de malchance, il s'aperçoit qu'il n'a pas de cric. Le lieu est presque désert. Une seule maison est en vue, à mi-hauteur de la colline. Après avoir hésité quelques instants, notre voyageur se décide à aller emprunter un cric. Alors qu'il gravit le chemin vers la maison, il se dit : « Qui sait si cette personne va me prêter son cric ? Cela ne serait vraiment pas très sympathique de me laisser dans le pétrin. » À mesure qu'il se rapproche de la maison, il devient de plus en plus agité : « Comment oserait-il faire cela à un étranger ! Ce serait vraiment odieux. » Finalement, il frappe à la porte de la maison, et lorsque qu'elle s'ouvre, il lance au propriétaire : « Tu peux le garder ton cric, espèce de salaud ! »

L'espoir est défini par les psychologues comme la conviction que l'on peut trouver les moyens d'accomplir ses buts et développer la motivation nécessaire à leur accomplissement[11]. Il est connu que l'espoir améliore les résultats des étudiants aux examens et les performances des athlètes[12], aide à supporter les maladies et les infirmités pénibles et à tolérer la douleur (brûlures, arthrites, blessures de la colonne vertébrale et cécité). On a pu montrer, par exemple, que les personnes dont le tempérament révèle une tendance marquée à l'espoir supportaient deux fois plus longtemps le contact d'une surface très froide selon une méthode permettant de mesurer la résistance à la douleur[13].

L'espoir de vivre

Les effets curatifs indéniables des placebos et de bon nombre de médecines « douces » sont aussi à mettre au compte des bienfaits de l'espoir qui engendre la pensée que l'on va guérir associée à la décision de suivre un traitement. L'effet placebo tient simplement à un changement d'attitude, en dépit du fait que le traitement en lui-même n'a aucun effet curatif. Les scientifiques « durs » contestent les effets des médecines « douces », mais personne ne conteste l'effet placebo, dont on sait qu'il conduit à une amélioration dans 10 à 40 % des cas selon le type de maladie. Le placebo est une sorte de « sucette d'optimisme », mais il n'est pas indispensable d'y avoir recours ; mieux vaut développer soi-même la joie de vivre et le désir de survivre.

C'est tout le contraire pour les personnes qui nourrissent peu d'espoir, sont entièrement centrées sur elles-mêmes, s'apitoient constamment sur leur sort et ressentent un profond sentiment d'impuissance. Les médecins et les infirmières savent que des malades en phase terminale qui veulent « tenir » encore quelque temps, par exemple pour revoir quelqu'un de cher, vivent plus longtemps que leur condition ne le laissait présager. De même, les malades qui ont une détermination farouche à survivre et confiance dans le fait qu'ils peuvent guérir, résistent mieux aux moments critiques.

L'étude d'un groupe de patientes atteintes du cancer du sein et suivies pendant quinze ans et une étude similaire concernant des hommes malades du sida[14] ont montré que celles et ceux qui, après avoir appris qu'ils étaient atteints d'une maladie incurable, pensent : « Je suis fichue » ou « Je suis un homme mort », et sombrent dans une résignation passive ou désespérée, meurent plus vite que ceux qui profitent des derniers mois de leur vie pour réévaluer leurs priorités et utiliser le temps qui leur reste de la manière la plus constructive possible.

La détermination

Cette attitude est à l'opposé de la paresse. Or il y a bien des types de paresse. Le bouddhisme en reconnaît trois principales. La première, la plus grossière, revient à ne souhaiter que bien manger, bien dormir et ne rien faire. La deuxième, la plus paralysante, conduit à renoncer à la course avant d'avoir franchi la ligne de départ. On se dit : « Oh, tout cela n'est pas pour moi, c'est bien au-dessus de mes capacités. » La troisième, la plus pernicieuse, sait ce qui compte vraiment dans l'existence, mais ne cesse de le remettre à plus tard en se consacrant à trente-six mille choses de moindre importance.

L'optimiste ne renonce pas rapidement : fort de l'espoir qu'il va réussir, il persévère et réussit plus souvent que le pessimiste, surtout dans des circonstances adverses. Le pessimiste a tendance à reculer devant la difficulté, à sombrer dans la résignation ou à se tourner vers des distractions temporaires qui ne résoudront pas ses problèmes[15]. Le pessimiste fera preuve de peu de détermination, car il doute de tout et de tous, voit l'échec dans chaque entreprise (au lieu de la possibilité de grandir, s'épanouir, fructifier), le mal-intentionné, l'égoïste et le profiteur dans chaque personne (au lieu de voir des êtres humains qui, comme tout le monde, aspirent au bonheur et redoutent la souffrance). Il voit une menace dans chaque nouveauté et guette les catastrophes. Bref, en entendant une porte grincer, l'optimiste pense qu'elle s'ouvre et le pessimiste qu'elle se ferme.

Il y a quelques années, je me trouvais aux États-Unis pour discuter de la possibilité de mener à bien des projets humanitaires au Tibet en dépit de la présence des communistes chinois. Un quart d'heure après le début de la réunion, quelqu'un fit remarquer, en s'adressant à deux d'entre nous : « Vous parlez de la même chose comme s'il s'agissait de deux mondes différents : l'un pense que tout va mal tourner, et l'autre que tout va marcher. » Le premier intervenant disait : « Pour commencer, il y a peu de chance que vous soyez tolérés dans cette région et vous risquez d'être rapidement expulsés. Ensuite, comment obtiendrez-vous la permission de construire une école ? Même en admettant que vous la construisiez, vous vous ferez rouler par les entrepreneurs qui sont en cheville avec les autorités locales corrompues. De plus, n'oubliez pas que vous n'arriverez pas à imposer l'étude du tibétain et qu'il n'y aura finalement que des cours en chinois. » Je trouvais personnellement la conversation paralysante et n'avais qu'une idée, celle de partir le plus vite possible, de passer au travers des mailles du filet et de démarrer les projets. Depuis, en trois ans, en collaboration avec une amie particulièrement enthousiaste et avec le soutien de bienfaiteurs généreux, nous avons construit une douzaine de dispensaires, six écoles et autant de ponts. Dans bien des cas, nos amis locaux n'ont demandé le permis de construire qu'une fois le dispensaire ou l'école terminés. Des milliers de patients et d'enfants y sont à présent soignés ou éduqués. Les autorités, initialement réticentes, sont maintenant ravies, car cela les arrange d'inclure ces projets dans leurs statistiques. De notre côté, le but poursuivi — aider ceux qui en ont tant besoin — est accompli.

Même si l'optimiste rêve un peu quand il envisage le futur (en se disant que cela finira bien par s'arranger, alors que ce n'est pas toujours le cas), son attitude est plus féconde, car avec l'espoir de réaliser *cent* projets, suivi d'une action diligente, l'optimiste finira par en réaliser *cinquante*. À l'opposé, en espérant n'en réaliser que *dix*, le pessimiste réalisera au mieux *cinq* projets, souvent moins, car il va consacrer peu d'énergie à une tâche qu'il estime compromise d'avance. La plupart des personnes que je rencontre sans cesse dans les pays où la misère et l'oppression inspirent leur aide sont des optimistes qui font face avec témérité à la disproportion extrême entre l'énormité de la tâche et la précarité de leurs moyens.

L'optimisme au service du développement

J'ai un ami au Népal, Malcom Mc Odell, qui depuis trente ans œuvre dans les campagnes népalaises selon le principe de l'« investigation positive », une remarquable mise en pratique de l'optimisme. « Lorsque j'arrive dans un village, explique-t-il, la première réaction des gens est de se plaindre de leurs problèmes. Je leur dis : "Arrêtez, il est impossible que vous n'ayez *que* des problèmes. Dites-moi quels sont les atouts et les qualités propres à votre village et à chacun d'entre vous." Nous nous rassemblons, parfois le soir autour d'un feu de bois ; les esprits et les langues se délient et, avec un tout autre enthousiasme, les villageois établissent une liste de leurs talents, capacités et ressources. Immédiatement après, je leur demande d'imaginer comment ils pourraient, tous ensemble, mettre à profit ces qualités. Une fois qu'ils ont envisagé un plan, dans la foulée, je pose la question finale : "Qui d'entre vous est prêt, ici et maintenant, à prendre la responsabilité de telle et telle partie de ce programme ?" Les mains se lèvent, les promesses sont lancées et le travail entrepris dès les jours suivants. Une telle démarche est à des années-lumière de celle que suivent les énumérateurs de problèmes qui accomplissent moins, moins bien et moins vite. Mc Odell s'est notamment concentré sur l'amélioration de la condition des femmes népalaises, dont plus de trente mille bénéficient aujourd'hui de ses initiatives.

La faculté d'adaptation

Il est intéressant de noter que, lorsqu'une difficulté semble insurmontable, les optimistes réagissent de façon plus constructive et créatrice : ils acceptent les faits avec réalisme, savent rapidement considérer l'adversité sous un aspect positif, en tirer un enseignement et envisager une solution de rechange ou se tourner vers un autre projet. Les pessimistes vont plutôt se détourner du problème ou adopter des stratégies de fuite : recourir au sommeil, à l'isolement, à la boulimie, à l'usage de drogues ou d'alcool qui diminuent la prise de conscience de leurs problèmes[16]. Au lieu de les affronter avec détermination, ils préféreront ruminer leur malheur et se nourrir de fantasmes en se complaisant à imaginer des solutions « magiques ». Ils ont du mal à tirer les leçons du passé, ce qui entraîne souvent une répétition de leurs problèmes. Ils sont plus fatalistes (« je vous avais bien dit que ça ne marcherait pas ; quoi que je fasse, c'est toujours pareil ») et deviennent facilement de « simples pions dans le jeu de la vie[17] ».

Wyatt, détenu dans une prison du Wisconsin aux États-Unis, participa à une révolte alors qu'il ne lui restait que trois années de peine à purger. Il fut condamné à cent vingt années de prison supplémentaires. « Après une première réaction de choc et d'incrédulité, j'ai sombré dans le désespoir. Enfermé pratiquement vingt-quatre heures sur vingt-quatre, certains jours je n'arrivais même pas à sortir du lit. Triste et blessé, j'étais soutenu uniquement par l'idée que les autres étaient aussi mal que moi. » Ensuite, il connut la colère et l'amertume : « J'étais rongé par ce poison, prétextant qu'il valait mieux être habité par la colère que par un sentiment de défaite. » Plus tard il fit un retour sur lui-même. Avec l'aide de Bo Lozoff qui, pendant vingt ans, a mené un magnifique projet d'aide aux prisonniers, et avec qui il correspondait, il comprit qu'il devait changer sa manière de penser. « Aujourd'hui, je comprends que ces deux attitudes sont destructrices, que toutes deux nous affaiblissent, même si l'une, la colère, nous donne une impression de force. »

Il en vient maintenant à concevoir une spiritualité laïque qui « s'exprime par notre qualité d'agir, de penser et de "faire notre temps", non seulement notre temps de prison, mais de faire notre temps tout court, à chaque instant de notre vie… Je ne suis pas encore un saint, je ne suis même pas tout le temps gentil. Au moins je le sais et j'ai appris à me maîtriser. Au lieu de paniquer au sujet de mes manquements et de me charger de culpabilité, je me pardonne, je recolle les pots cassés et je continue mon chemin [...] Il ne faut pas le crier sur les toits, mais je me plais bien ici [...] Les choses se mettent en place ; la vie est une aventure. Je pourrais être en train de naviguer sur la mer ou d'escalader une montagne. Mais non, je suis assis dans une cellule, et ça va aussi[18] ».

Regret et culpabilité

Le regret consiste d'abord en un constat des faits, c'est une preuve d'intelligence et un moteur de transformation. Il permet de reconnaître les erreurs et de souhaiter ne pas les répéter. Il incite à réparer le tort commis, lorsque c'est possible. Si nous avons fait de la peine à quelqu'un, la mémoire de cet acte et le regret qu'il engendre nous aident à éviter de blesser à nouveau cette personne. Même si cela paraît paradoxal, le regret peut aller de pair avec l'optimisme, puisqu'il s'accompagne d'un désir de transformation et aide à considérer la situation actuelle comme un point de départ sur le chemin qui permet de devenir un être meilleur. Comme le dit l'adage : « Aujourd'hui est le premier jour du reste de la vie. »

Tout différent est le sentiment de culpabilité. Stérile, ce dernier constitue une source inutile de douleur. Le regret se concentre sur un acte particulier : « J'ai fait une chose horrible », tandis que le sentiment de culpabilité, même s'il est déclenché par un acte précis, déborde sur l'être tout entier : « Je suis quelqu'un d'horrible. » Il se traduit par une dévalorisation de soi, un doute sur la faculté de se transformer, d'accomplir ce qui en vaut la peine. Allié au pessimisme, le sentiment de culpabilité nous persuade que nous portons le poids d'une faute indéfinissable et méritons le blâme d'autrui, outre nos propres reproches. Le découragement, voire le désespoir qu'un tel état d'esprit engendre, empêche de dresser un état des lieux lucide et ne contribue en rien à réparer les difficultés ou les souffrances que l'on a pu causer.

Peut-on éviter d'éprouver un profond sentiment de culpabilité quand on est responsable de la mort d'une personne, lors d'un accident par exemple ? Il faut savoir accepter la *responsabilité* de ses actes. Il est normal d'éprouver un *regret* tel que l'on serait prêt à donner sa vie si l'on pouvait revenir en arrière et éviter la mort que l'on a provoquée. Mais il ne sert à rien de douter de la possibilité de faire autant de bien que l'on a causé de mal. Si le tort est réparable, attelons-nous à le réparer. S'il ne l'est pas, qu'il devienne un tournant dans notre vie : dorénavant, mettons-nous au service des autres.

Culturellement, le sentiment de culpabilité est influencé en Occident par la notion de péché originel. Dans un autre contexte culturel, en Orient notamment, on considère que « la seule qualité d'une faute réside dans le fait qu'elle peut être réparée ». Il n'y a rien en nous de fondamentalement mauvais. On parle plus volontiers de « bonté originelle » : chaque être possède au plus profond de lui un potentiel de perfection qui s'il peut être voilé n'est jamais aboli ni perdu. De ce fait, nos fautes et nos défauts sont autant d'accidents, de déviations, qui tous peuvent être corrigés et ne dégradent en rien ce potentiel. Il faut donc s'attacher à le mettre en valeur plutôt que de se lamenter sur les souillures qui le masquent.

La sérénité

Du fait qu'il a envisagé et essayé avec diligence toutes les voies possibles, même s'il échoue momentanément, l'optimiste est libre de regret ou de sentiment de culpabilité. Il sait prendre du recul et reste prêt à envisager une nouvelle solution, sans porter le fardeau des échecs précédents et sans s'imaginer constamment que le pire l'attend au prochain tournant. De ce fait, il conserve sa sérénité. Sa confiance est ferme comme une étrave et lui permet de fendre les flots de l'existence, qu'ils soient calmes ou tumultueux.

Un ami qui vit au Népal me raconta qu'un jour il devait prendre l'avion pour donner une importante conférence aux Pays-Bas dès le lendemain. Les organisateurs avaient loué une salle, annoncé la conférence dans les journaux et attendaient un millier d'auditeurs. Arrivé à l'aéroport, l'ami apprit que le vol était annulé et qu'il n'y avait aucun autre moyen de quitter le Népal ce soir-là. Il me raconta : « J'étais extrêmement désolé pour les organisateurs, mais il n'y avait vraiment rien à faire. Alors un grand calme se fit en mon esprit. Derrière moi, j'avais pris congé de mes amis à Katmandou, devant moi, ma destination venait de s'évanouir. Je ressentais un sentiment délicieusement léger de liberté. Me retrouvant sur le trottoir devant l'aéroport, je m'assis sur mon sac et commençai à plaisanter avec les porteurs et quelques gamins qui se trouvaient là. Je souris en pensant que je pourrais être rongé d'inquiétude, ce qui n'aurait strictement servi à rien. Au bout d'une demi-heure, je me levai et repartis à pied vers

Katmandou avec mon petit sac, jouissant de la fraîcheur du crépuscule… »

La force intérieure

L'optimiste sait trouver en lui-même les ressources nécessaires pour surmonter les tribulations de l'existence. Il fait preuve d'imagination et de ressource pour trouver les moyens d'en sortir. Il n'a rien d'un faible et s'avère moins vulnérable que le pessimiste devant les épreuves. L'optimiste aura plus de facilité à envisager des solutions qui exigent du courage et de l'audace pour affronter les obstacles et les dangers qui se dressent devant lui.

Je me souviens d'un voyage dans l'est du Tibet. Des pluies torrentielles combinées à la déforestation presque totale opérée par les Chinois avaient provoqué des crues dévastatrices. Notre véhicule tout terrain avançait tant bien que mal sur une route défoncée au fond de gorges très profondes, le long d'une rivière qui s'était métamorphosée en un gigantesque torrent en furie. Éclairées par la lumière jaunâtre du crépuscule, les parois rocheuses semblaient s'élever jusqu'au ciel, répercutant le grondement des flots. La plupart des ponts avaient été emportés et les eaux tumultueuses érodaient rapidement la seule route encore praticable. De temps à autre, des rochers dévalaient des flancs escarpés et s'écrasaient sur la route. Un bon test pour l'optimisme des passagers. La différence était frappante : certains étaient très inquiets et voulaient s'arrêter (alors qu'il n'y avait aucun endroit où s'abriter). D'autres prenaient la chose avec un flegme mêlé d'amusement et préféraient foncer droit devant pour passer le plus vite possible. L'un d'entre nous finit par dire à celui qui s'inquiétait le plus : « Vous aimez beaucoup les films d'aventures. Aujourd'hui vous êtes servi, vous en vivez un en direct. » Et nous sommes tous partis d'un éclat de rire qui revigora les cœurs.

Le sens

Mais il y a une dimension encore plus fondamentale de l'optimisme, celle de la réalisation du potentiel de transformation que nous avons souvent mentionné et qui se trouve en chaque être humain, quelle que soit sa condition. C'est finalement cela qui donne un sens à la vie humaine. L'ultime pessimisme revient à penser que la vie dans son ensemble ne vaut pas la peine d'être vécue. L'ultime optimisme, à comprendre que chaque instant qui s'écoule est un trésor, dans la joie comme dans l'adversité. Ce ne sont pas là de simples nuances, mais une différence fondamentale dans la façon de voir les choses. Un tel écart de perspectives est lié au fait d'avoir ou non trouvé en soi cette plénitude qui est seule apte à nourrir une paix intérieure et une sérénité de tous les instants.

17

LE BONHEUR DANS LA TEMPÊTE

*Lorsqu'on est malheureux soi-même,
il est bien difficile de ne pas croire que
certaines images ont comme des griffes et des
piquants, et nous torturent par elles-mêmes.*

Alain[1]

Foudroyé par la perte d'un être cher, anéanti par une rupture, assommé par l'échec, dévasté par la constatation de la souffrance des autres ou rongé par des émotions négatives, nous avons parfois l'impression que la vie tout entière vole en éclats. À tel point qu'il semble ne plus y avoir la moindre issue de secours. La complainte de la tristesse ne quitte plus l'esprit ; « Un seul être nous manque et tout est dépeuplé », se lamentait Lamartine[2]. Incapable d'envisager une fin à notre douleur, nous nous refermons sur nous-même et chaque moment à venir nous est source d'angoisse. « Quand j'essayais de réfléchir, j'avais l'impression que mon esprit était emmuré, qu'il ne pouvait se développer dans aucune direction. Je savais que le soleil se levait et se couchait, mais très peu de sa lumière arrivait jusqu'à moi », écrit Andrew Solomon[3]. Si bouleversante que

243

soit la situation, dans le cas de la mort d'un proche par exemple, il y a d'innombrables façons de vivre l'épreuve. Le bonheur est pris dans la tourmente lorsque font défaut les ressources intérieures suffisantes pour conserver certains éléments fondamentaux de *soukha* : le goût de vivre, la conviction que la joie reste possible, la compréhension de la nature éphémère de toute chose.

Il est intéressant de noter que ce n'est pas nécessairement lors de grands bouleversements extérieurs que nous sommes le plus mal dans notre peau. On a souvent observé que les taux de dépression et de suicide diminuent considérablement en temps de guerre. On sait aussi que les cataclysmes naturels font parfois ressortir le meilleur de l'homme, en termes de courage, de solidarité et de volonté de vivre (même s'ils peuvent également donner lieu au pillage et au « chacun pour soi »), et que l'altruisme et l'entraide manifestés dans de telles situations contribuent considérablement à réduire les troubles post-traumatiques associés à ces tragédies. La plupart du temps, ce ne sont pas les événements extérieurs, mais notre propre esprit et ses émotions négatives qui nous rendent incapables de préserver notre paix intérieure et nous font sombrer.

L'esprit mérite donc qu'on lui consacre des efforts. Pendant si longtemps nous lui avons lâché la bride, le laissant errer où bon lui semblait. Où cela nous a-t-il mené ? Sur quel sombre rivage nos passions nous ont-elles fait échouer ? Souvent, lorsqu'une impulsion ou une action va à l'encontre de notre bien-être, nous le savons au moment même où nous accomplissons l'acte, et pourtant « c'est plus fort que nous ». Étrange simultanéité de l'intelligence, spectateur impuissant devant la ruine de son propre bonheur, et des tendances habituelles qui prennent le dessus. Cette situation rappelle un peu celle des forces internationales censées maintenir la paix dans un pays en crise qui, comme cela s'est passé en Somalie et en Irak, regardent sans intervenir des mercenaires piller les universités, les hôpitaux et les réserves alimentaires.

Les émotions conflictuelles font dans notre poitrine des nœuds qui refusent obstinément de se défaire. En vain essayons-nous de les combattre ou de les réduire au silence. À peine croyons-nous en être venus à bout qu'elles resurgissent avec une force accrue. Ces tourments émotionnels sont durablement réfractaires à toute accalmie, et chaque tentative pour les chasser semble vouée à l'échec. Pendant ces conflits, notre monde se fragmente en une multitude de contraires qui engendrent l'adversité, l'oppression et la détresse. Que s'est-il passé ?

Lorsque les pensées surgissent en ennemies

Les pensées peuvent être tour à tour nos meilleures amies et nos pires ennemies. Lorsqu'elles nous font croire que le monde entier se dresse contre nous, chaque perception, chaque rencontre, l'existence même du monde devient source de tourments. Pour les contemplatifs tibétains, ce sont nos pensées elles-mêmes qui se « dressent en adversaires ». Par myriades, elles nous transpercent l'esprit, créant chacune sa propre fantasmagorie dans un tumulte qui ne cesse d'accroître notre confusion. Rien ne va plus dehors, parce que rien ne va plus dedans.

À regarder de près la teneur des pensées quotidiennes, nous réalisons à quel point elles colorent le film intérieur que nous projetons sur le monde. Ainsi, l'anxieux redoute-t-il le moindre mouvement : lui faut-il prendre l'avion, il pense que celui-ci va s'écraser ;

doit-il faire un trajet en voiture, il va avoir un accident ; va-t-il chez le médecin, qu'il craint déjà d'avoir un cancer. Pour le jaloux, le moindre déplacement de sa compagne est suspect, le moindre sourire adressé à un tiers source de tourment, et la moindre absence soulève une foule de questions inutiles qui font rage dans son esprit. Pour ces deux sujets, mais aussi pour l'irascible, l'avare, l'obsessionnel, les pensées enflent jusqu'à la tempête presque tous les jours et assombrissent les couleurs de l'existence en détruisant leur joie de vivre et celle de leurs proches.

Or ce nœud qui oppresse notre poitrine n'a pas été noué par le mari infidèle, l'objet de notre passion, l'associé malhonnête ou l'accusateur injuste, mais par notre esprit. Il est le résultat de constructions mentales qui, en s'accumulant et se solidifiant, donnent l'illusion d'être extérieures et réelles. Et ce qui fournit la matière première de ce nœud et lui permet de se former en nous, c'est le sentiment de l'importance de soi. Tout ce qui ne répond pas aux exigences du moi devient une contrariété, une menace ou une offense. Le passé fait mal, on est incapable de jouir du présent et l'on se recroqueville devant la projection de nos tourments futurs. Selon Andrew Solomon : « Dans la dépression, la seule chose qui se passe dans le présent, c'est l'anticipation de la douleur future, le présent en tant que tel n'existe plus du tout[4]. » L'incapacité à gérer ses pensées s'avère être la cause majeure du mal-être. Mettre une sourdine à l'incessant vacarme des pensées perturbatrices représente une étape décisive sur le chemin de la paix intérieure. Comme l'explique Dilgo Khyentsé Rinpoché :

> « Ces chaînes de pensées ne cessent de se transformer, comme les nuages déformés par le vent, mais nous leur prêtons néanmoins une grande importance. Un vieil homme qui

regarde jouer des enfants sait très bien que tout ce qui se passe entre eux ne prête pas à conséquence ; il n'en ressent ni excitation ni découragement, alors que les enfants prennent tout très au sérieux. Nous sommes exactement comme eux[5] ! »

Avouons-le, tant que nous n'avons pas actualisé *soukha*, notre bonheur se trouve à la merci des tempêtes. Face aux déchirements intérieurs, on peut certes essayer d'oublier, de se distraire, de changer d'horizon, de partir en voyage, etc. Mais ce ne sont qu'emplâtres sur une jambe de bois. Comme le disait joliment Boileau :

> *Un fou rempli d'erreurs, que le trouble accompagne,*
> *Est malade à la ville ainsi qu'à la campagne,*
> *En vain monte à cheval pour tromper son ennui :*
> *Le chagrin monte en croupe et galope avec lui[6].*

Il est relativement facile d'obtenir un cessez-le-feu, mais la paix n'est pas seulement l'absence de guerre. Pour faire la paix avec les émotions, il faut se libérer des tendances qui les nourrissent, lâcher prise au plus profond de soi, dissoudre les cibles de la souffrance que le moi s'ingénie à fabriquer.

Parer au plus pressé

Comment procéder ? En premier lieu, il convient de poser tranquillement le regard sur la force brute de la souffrance intérieure. Au lieu de l'éviter ou de l'enfouir dans un recoin obscur de notre esprit, faisons-en l'objet de notre méditation, mais sans ruminer les événements qui ont provoqué la douleur ni examiner une à une les images du film de notre vie. Pourquoi n'est-il pas nécessaire à ce stade de s'appesantir sur les causes lointaines de notre souffrance ? Le Bouddha donnait l'image suivante : l'homme frappé d'une flèche en pleine poitrine va-t-il se demander : « De quel bois cette flèche est-elle faite ? De quelle espèce d'oiseau proviennent ses plumes ? Quel artisan l'a fabriquée ? Cet artisan était-il un homme de bien ou un gredin ? Combien d'enfants avait-il ? » Certainement pas. Son premier souci sera d'arracher la flèche de sa poitrine.

Lorsqu'une émotion douloureuse nous frappe de plein fouet, si nous passons notre temps à en rechercher les causes, il y a de fortes chances pour qu'elle s'amplifie. Le plus urgent est donc de la regarder en face, en l'isolant des pensées envahissantes qui l'attisent. Nous avons vu dans un chapitre précédent qu'en maintenant simplement le regard intérieur sur *l'émotion elle-même*, celle-ci s'évanouit graduellement comme la neige fond au soleil. De plus, une fois que la force de l'émotion aura décru, les raisons qui l'ont déclenchée ne paraîtront plus aussi dramatiques et nous aurons ainsi une chance de sortir du cercle vicieux des pensées négatives.

Avoir plus d'une corde à son arc

Pour ce faire, reprenons l'analyse qui consiste à se demander d'où cette émotion tire son pouvoir. A-t-elle une substance ? une localisation ? une couleur ? En l'examinant, nous ne lui trouvons aucune de ces qualités. Cela contribue à réduire l'importance que nous lui accordions. Mais, le plus souvent, l'émotion resurgira. Il faut alors passer à un autre plan. En effet, le mal qui nous afflige puise généralement sa force dans le rétrécissement de notre univers mental. Les événements et les pensées ne cessent alors de rebondir contre les parois de cette prison intérieure. Ils s'accélèrent et s'amplifient, chaque rebond nous infligeant de nouvelles meurtrissures. Il faut donc élargir notre horizon intérieur, au point que l'émotion n'ait plus de murs où ricocher sans trêve. Et quand ces murs, créés de toutes pièces par notre moi, s'évanouissent, comme un sortilège qui cesse soudain, les projectiles du malheur vont se perdre dans le vaste espace de la liberté intérieure. Notre mal-être n'était qu'un oubli de notre nature véritable, laquelle demeure inchangée sous la nuée des émotions. Développer et préserver cet élargissement de l'horizon intérieur est capital ; les événements extérieurs et pensées ordinaires surviennent alors comme des milliers d'étoiles qui se reflètent à la surface calme d'un vaste océan, sans jamais le troubler.

Pour parvenir à cet état, l'un des meilleurs moyens consiste à méditer sur des sentiments qui dépassent nos afflictions mentales. Si l'on médite par exemple sur un sentiment d'amour altruiste à l'égard de *tous* les êtres, il est rare que la chaleur d'une telle pensée ne fasse pas fondre la glace de nos frustrations, que sa douceur ne puisse tempérer le feu de nos désirs. On est parvenu à s'élever sur un plan qui dépasse la douleur personnelle, au point que celle-ci en devient imperceptible.

Imaginons une mer démontée, avec des déferlantes hautes comme des maisons. Chaque vague prend une importance toute particulière et lorsque l'une d'elles, plus monstrueuse que les autres, semble sur le point d'engloutir le bateau où nous sommes, notre vie ne tient qu'à ces quelques mètres de plus dans le mur d'eau. Au cœur de la tempête, c'est bien là notre seule réalité. Par contraste, si l'on regarde cette même scène d'un avion volant à haute altitude, les vagues ne forment plus qu'une fine mosaïque bleu et blanc, tout au plus un frémissement sur l'eau. Dans le silence de l'espace, l'œil contemple ces dessins presque immobiles, puis l'esprit peut s'immerger dans la lumière des nuages et du ciel.

N'en est-il pas ainsi de nos passions ? Leurs vagues paraissent réelles mais ne sont que des fabrications de l'esprit. À quoi bon rester sur le bateau de l'angoisse et des ruminations mentales ? Mieux vaut regarder la nature ultime de l'esprit, vaste comme le ciel et réaliser que les vagues ont perdu la force qu'on leur prêtait.

Un exercice spirituel :
observer la source des pensées

Comment pouvons-nous mettre fin au sempiternel retour des pensées perturbatrices ? La réponse se trouve dans les méthodes d'entraînement de l'esprit, grâce auxquelles la force des habitudes mentales peut diminuer et finir par disparaître. Khyentsé Rinpoché prend comme image le dégel :

> « Pendant l'hiver, le gel fige les lacs et les rivières, et l'eau devient si solide qu'elle peut porter hommes, bêtes et véhicules. Avec le printemps, la terre et les eaux se réchauffent : c'est le dégel. Que reste-t-il alors de la dureté de la glace ? L'eau est douce et fluide, la glace dure et coupante. On ne peut pas dire qu'elles soient identiques ni, non plus, qu'elles soient différentes, car la glace n'est que de l'eau solidifiée et l'eau, de la glace fondue. Il en est de même de nos perceptions du monde extérieur. S'attacher à la réalité des phénomènes, être tourmenté par l'attirance et la répulsion, de même que

par les préoccupations mondaines, voilà qui produit comme un embâcle dans notre esprit. Alors, faisons fondre la glace de nos frustrations, afin que sa fraîcheur adoucisse les feux de la passion[7]. »

Nous nous sommes élevés sur un plan qui dépasse la douleur à tel point qu'elle en devient imperceptible. Sinon, en nous résignant à être en permanence la victime de nos pensées, nous ressemblons au chien qui court après chaque pierre qu'on lui lance. Étroitement identifié à chaque pensée, nous la suivons et la renforçons dans des enchaînements d'émotions sans fin. Pourtant, si nous examinions la situation avec un peu de recul, nous lui trouverions très souvent un aspect comique : en proie aux tourments de l'ego, nous sommes pareils à un gamin qui trépigne de rage parce qu'on a contrarié ses caprices.

Au lieu de nous agiter de la sorte, regardons simplement ce qui se trouve au fond de l'esprit, à l'arrière-plan des pensées. N'y a-t-il pas là une présence éveillée, libre de fabrications mentales, transparente, lumineuse, que ne troublent pas les idées relatives au passé, au présent et au futur ? En essayant ainsi de rester dans l'instant présent, libre de concepts, en agrandissant peu à peu l'intervalle qui sépare la disparition d'une pensée de l'apparition de la suivante, il est possible de demeurer dans un état de simplicité limpide qui, pour être libre de fabrications mentales, n'en est pas moins lucide, et qui, pour persister sans effort, n'en est pas moins vigilant.

Nous entraînant à l'observation de la source des pensées, nous réalisons que chacune d'elles surgit de cette pure conscience pour s'y dissoudre à nouveau, comme les vagues émergent de l'océan puis s'y dissolvent. Il n'est pas nécessaire d'aplatir ces vagues par la force, comme en voulant les couvrir d'un plateau de verre :

elles se résorbent d'elles-mêmes. Il est en revanche salutaire de calmer le vent des conflits intérieurs qui forment ces vagues et les propagent. Nous avons déjà vu qu'en comprenant la vacuité d'existence propre des pensées il est possible de rompre leur enchaînement interminable. Nous ne sommes plus le chien courant après chaque pierre, mais le lion à qui on ne peut en lancer qu'une, car au lieu de la poursuivre, il se retourne vers le lanceur. La première pensée est comme une étincelle : elle n'acquiert de force que si on lui fournit le moyen de se propager. C'est alors qu'elle peut s'emparer de notre esprit.

Dilgo Khyentsé Rinpoché racontait l'histoire d'un chef de guerre du Tibet oriental qui avait abandonné toutes ses activités martiales et mondaines pour se retirer dans une grotte. Il y médita pendant plusieurs années. Un jour, une volée de pigeons vint se poser devant sa grotte. Il leur donna des céréales. Mais la contemplation de ces oiseaux qui se déplaçaient comme une petite troupe lui évoqua les légions de guerriers qu'il avait eus sous ses ordres. Cette pensée lui rappela ses expéditions et il éprouva une colère croissante contre ses anciens ennemis. Les souvenirs ne tardèrent pas à envahir son esprit. Il descendit dans la vallée, retrouva ses compagnons d'armes et partit guerroyer à nouveau. C'est là un exemple qui illustre de manière flagrante la façon dont une simple pensée anodine grossit jusqu'à devenir une obsession irrépressible, tout comme un minuscule nuage blanc se transforme en une énorme masse noire zébrée d'éclairs.

À moins que l'on n'intervienne au cœur même du mécanisme de l'enchaînement des pensées, de telles proliférations ne cessent de s'étendre. Comme l'explique Khyentsé Rinpoché :

« Livrées à elles-mêmes, les pensées créent le *samsara*. Soustraites à tout examen critique, elles gardent leur apparente réalité, perpétuant la confusion avec toujours plus de force. Pourtant, aucune d'entre elles, qu'elle soit bonne ou mauvaise, ne possède la moindre réalité tangible. Toutes, sans exception, sont totalement vides, comme des arcs-en-ciel, immatérielles et impalpables. Rien ne peut altérer la vacuité, même quand des voiles superficiels la dissimulent à notre vue. En fait, il n'est pas nécessaire de s'efforcer d'enlever ces voiles, il suffit de reconnaître qu'ils sont illusoires pour qu'ils disparaissent. Quand les pensées obscurcissantes s'évanouissent, l'esprit repose vaste et serein dans sa propre nature[8]. »

En se familiarisant peu à peu avec cette façon de gérer les pensées, on apprend à se libérer des toxines intérieures, de l'anxiété et du doute. L'esprit devient comme le ciel que ne trouble jamais la présence des nuages, qui n'entretient pas non plus l'espoir de voir apparaître un arc-en-ciel et n'est pas déçu de n'en voir aucun. Les pulsions et les attachements qui nous affectaient jusqu'alors apparaissent aussi lointains que les clameurs de la ville à celui qui est assis en haut d'une montagne.

Au fond du gouffre

Selon son médecin, Sheila Hernandez était « virtuellement morte » lorsqu'elle entra au John Hopkins Hospital. Séropositive, elle souffrait d'endocardite et d'une pneumonie. L'usage constant des drogues avait tant affecté sa circulation sanguine qu'elle ne pouvait plus se servir de ses jambes. Lorsque Glenn Treisman, qui soigne depuis des dizaines d'années la dépression chez des indigents séropositifs et toxicomanes, vint la voir, elle lui dit qu'elle ne voulait pas lui parler parce qu'elle n'allait pas tarder à mourir et qu'elle quitterait l'hôpital le plus tôt possible. « Non ! lui a dit Treisman. Il n'en est pas question. Vous n'allez pas sortir pour aller mourir bêtement et inutilement dans la rue. C'est une idée idiote. C'est la chose la plus insensée que j'aie jamais entendue. Vous allez rester ici, arrêter de vous droguer. Nous allons soigner vos infections, et si le seul moyen que j'ai de vous garder ici est de vous déclarer folle dangereuse, alors je le ferai. » Sheila est restée. Andrew Solomon rapporte son témoignage : « Je suis rentrée à l'hôpital le 15 avril 1994, dit-elle, avec un gloussement ironique. Je ne me considérais même plus comme un être humain à ce moment-là. Même quand j'étais petite, je me rappelle que je me sentais seule. Les drogues sont entrées en jeu pour m'aider à me débarrasser de cette souffrance intime. Quand j'avais trois ans, ma mère m'a refilée à des étrangers, un homme et une femme, et le type a commencé à me maltraiter à quatorze ans. Plein de trucs douloureux me sont arrivés, et je voulais oublier. Je me réveillais le matin et je me rappelle que j'étais furieuse d'être réveillée, tout simplement. Je me disais que personne ne pouvait m'aider, que je prenais juste une place inutile sur terre. Je ne vivais que pour me droguer, et je me droguais pour vivre, et comme les drogues me déprimaient encore plus, je n'avais qu'une envie : mourir[9]. » Sheila Hernandez est restée trente-deux jours à l'hôpital et a subi une cure de désintoxication. On lui a prescrit des antidépresseurs. « Finalement, je me suis rendu compte que tout ce que je croyais avant d'entrer à l'hôpital, c'était faux. Ces médecins m'ont dit que j'avais telle et telle qualité, que je valais quelque chose, après tout. Ça a été comme une renaissance pour moi.

« J'ai commencé à vivre. Le jour où je suis partie, j'ai entendu les oiseaux chanter, et vous savez, je ne les avais jamais entendus avant. Je ne savais pas, jusqu'à ce jour-là, que les oiseaux chantaient ! Pour la première fois, j'ai senti l'odeur de l'herbe, des fleurs et… même le ciel, je le trouvais neuf. Je n'avais jamais fait attention aux nuages, vous comprenez. »

Sheila Hernandez n'a jamais retouché à la drogue. Quelques mois plus tard, elle est retournée à Hopkins, en tant qu'administratrice de l'hôpital. Elle a fait du travail de soutien juridique pour une étude clinique sur la tuberculose et aide les participants à trouver un logement. « Ma vie est complètement transformée. Je fais tout le temps des choses pour aider les gens, et vous savez, ça me plaît vraiment. »

Un grand nombre de Sheila ne sortent jamais du gouffre. Celles qui s'en sortent sont rares, non que leurs situations soient irrémédiables, mais parce que personne ne leur est venu en aide. L'exemple de Sheila et de bien d'autres montre que manifester de la bienveillance et de l'amour peut leur permettre de renaître de façon étonnante, comme il arrive à une plante flétrie que l'on arrose attentivement. Le potentiel de cette renaissance était présent, si proche, mais si longtemps dénié et occulté. La plus grande leçon est ici la force de l'amour, et les conséquences tragiques de son absence.

Pourquoi accuser le monde entier ?

Il est tentant de reporter systématiquement la faute sur le monde et les autres. Quand on se sent mal, angoissé, déprimé, irritable, fatigué intérieurement, on en attribue bien vite la responsabilité à l'extérieur : tensions avec les collègues de travail, querelles avec le conjoint... la couleur du ciel elle-même peut devenir une cause de souffrance. Ce réflexe est bien davantage qu'une simple échappatoire psychologique. Il reflète une perception erronée des choses qui nous fait attribuer aux objets extérieurs des qualités inhérentes alors que ces qualités sont en vérité étroitement dépendantes de notre propre esprit. C'est en transformant notre esprit que nous pouvons transformer « notre » monde. L'exemple donné dans la littérature bouddhique est le suivant :

> *Où trouver un morceau de cuir assez grand pour couvrir la terre ?*
> *Le cuir d'une simple sandale est suffisant.*
> *De même, je ne puis maîtriser les phénomènes extérieurs,*
> *Mais je maîtriserai mon esprit : que m'importent les autres maîtrises*[10] *!*

C'est donc à cette tâche qu'il faut s'atteler en premier lieu. Des émotions difficiles à gérer peuvent ainsi produire un effet positif, non parce que la souffrance qu'elles entraînent serait bonne — nulle souffrance n'est bonne en soi — mais en ce qu'elles agissent comme le révélateur des causes de notre souffrance. Chaque fois que l'on est soi-même le théâtre d'une émotion, le coupable de nos tourments se tient à découvert sous notre regard, exposé aux pleins feux de notre intelligence, sorti de l'ombre de notre subconscient. À ce moment précis, nous avons toute latitude pour examiner le processus de la souffrance mentale et en découvrir les remèdes.

Si je puis me permettre de citer un exemple personnel, je n'ai pas une nature colérique, mais au cours des vingt dernières années, les deux ou trois fois où je me suis mis en colère m'ont plus appris sur la nature de cette émotion destructrice que des années de calme. Comme le dit le proverbe : « Un seul chien qui aboie fait plus de bruit que cent chiens qui se taisent. » La première fois, dans les années 1980, je venais d'acquérir mon premier ordinateur portable dont je me servais pour traduire des textes tibétains. Un matin, alors que je travaillais assis à même le plancher dans un monastère situé au fin fond du Bhoutan, un moine de mes amis, pensant que c'était une excellente plaisanterie, versa en passant une poignée de « tsampa » (farine d'orge grillée) sur mon clavier. Mon sang ne fit qu'un tour et, avec un regard très noir, je lui lançai : « Tu trouves ça drôle, peut-être ! » Voyant que j'étais vraiment en colère, il s'arrêta et me fit laconiquement remarquer : « Un instant de colère peut détruire des années de patience. » Son geste n'était pas spécialement malin, mais il avait raison sur le fond car ma colère était plus nuisible que son idiotie.

Une autre fois, au Népal, une personne qui avait escroqué notre monastère d'une somme importante vint me trouver et commença à me faire la morale. Elle m'expliqua qu'il valait mieux méditer sur la compassion que de construire des monastères, que bien sûr elle n'avait jamais eu d'autre pensée que de nous aider, etc. À nouveau, la moutarde me monta au nez et, la voix tremblante de colère, je la sommai de prendre la porte, l'aidant un petit peu du geste. Sur le moment, j'étais persuadé que ma colère était parfaitement justifiée. Ce n'est que quelques heures plus tard que je me rendis compte à quel point la colère est une émotion négative, qui réduit à néant notre lucidité et notre paix intérieure pour faire de nous une véritable marionnette.

Le sublime échange du bonheur et de la souffrance

Outre les méthodes que nous avons déjà exposées, telles que regarder la source des pensées, débusquer l'émotion vive, il en existe d'autres, simples, relativement faciles à mettre en œuvre en tout temps et lieu. Elles reposent principalement sur l'accroissement de la compassion, émotion positive par excellence puisqu'elle offre le soulagement à ceux qui souffrent et de ce fait même réduit l'importance de nos maux.

On peut ainsi utiliser la force du souhait. Il existe en effet une forme de méditation inspirante qui consiste à échanger la souffrance des autres contre son propre bonheur. Dilgo Khyentsé Rinpoché l'enseignait ainsi :

> « Commencez par engendrer un puissant sentiment de chaleur humaine, de sensibilité et de compassion à l'égard de tous les êtres vivants. Puis imaginez des êtres qui endurent des souffrances similaires aux vôtres, ou plus graves encore. En respirant, considérez qu'au moment où vous expirez, vous leur envoyez avec votre souffle tout votre bonheur, votre vitalité, votre bonne fortune, votre santé, etc., sous la forme d'un nectar blanc, frais et lumineux. Et faites la prière

suivante : "Qu'ils reçoivent ce nectar que je leur donne sans réserve." Visualisez qu'ils absorbent totalement ce nectar qui soulage leur douleur et comble leurs besoins. Si leur vie risque d'être brève, imaginez qu'elle en est prolongée ; s'ils sont malades, pensez qu'ils sont guéris ; s'ils sont pauvres et démunis, imaginez qu'ils obtiennent ce dont ils ont besoin ; s'il sont malheureux, qu'ils trouvent le bonheur.

« Lorsque vous inspirez, considérez que vous prenez sur vous, sous la forme d'une masse noirâtre, toutes les maladies, tous les obscurcissements et les poisons mentaux de ces êtres. Imaginez que cet échange les soulage de leurs tourments. Pensez que leurs souffrances vous atteignent aisément tout comme la brume portée par le vent vient draper une montagne. Lorsque vous prenez sur vous tout le poids de leurs souffrances, éprouvez une grande joie que vous mêlez à l'expérience de la vacuité, c'est-à-dire à la compréhension que tout est impermanent et dénué de solidité.

« Puis répétez le même exercice pour l'infinité des êtres : vous leur envoyez votre bonheur et vous endossez leurs souffrances. Vous pouvez effectuer cette pratique à n'importe quel moment et en toutes circonstances et l'appliquer à toutes les activités de la vie quotidienne, jusqu'à ce qu'elle devienne une seconde nature[11]. »

Il est difficile de commencer à mettre en pratique ces instructions quand on est soudainement confronté à la souffrance. Il convient donc de se familiariser avec elle dès maintenant, afin d'être en mesure de les appliquer quand des circonstances défavorables se présenteront.

Par le biais d'un tel échange, notre tourment nous ouvre aux autres au lieu de nous en isoler. On peut enrichir la visualisation décrite précédemment de variantes données par Khyentsé Rinpoché :

> « Parfois, lorsque vous expirez, visualisez que votre cœur est une brillante sphère lumineuse d'où émanent des rayons de lumière blanche portant votre bonheur à tous les êtres, dans toutes les directions. Inspirez leurs erreurs et leurs tourments sous la forme d'une dense nuée noire. Cette sombre nuée pénètre votre cœur où elle s'absorbe sans laisser de trace dans la lumière blanche.
>
> « À d'autres moments, imaginez que votre corps se multiplie en une infinité de formes qui se rendent partout dans l'univers, prennent sur elles les souffrances de tous les êtres qu'elles rencontrent et leur donnent le bonheur en échange.
>
> « Imaginez que votre corps se transforme en vêtements pour ceux qui ont froid, en nourriture pour les affamés ou en refuge pour les sans-abri. Visualisez aussi que vous devenez la Gemme-des-Souhaits, un peu plus grande que votre corps et étincelante d'un magnifique bleu saphir. Elle pourvoit naturellement aux besoins de quiconque exprime un souhait ou une prière. »

Une telle pratique ne doit en aucun cas nous conduire à négliger notre bien-être, mais nous permettre de transformer notre réaction à la souffrance en lui conférant une valeur nouvelle. De plus, cette attitude accroît considérablement l'enthousiasme à œuvrer au bien des autres. Il ne suffit pas de faire de nos difficultés l'objet théorique de notre pratique spirituelle, car comme il est dit : « Quel bien le malade tirerait-il de la seule lecture d'un traité médical ? » Ce qui importe, c'est d'arriver à un résultat probant. Constater que l'on y est parvenu ne manquera pas d'apporter une joie stable et profonde.

De la même manière, il est également possible de prendre sur soi la violence des émotions destructrices qui affligent les autres :

> « Commencez en étant animé de la motivation de dompter vos émotions négatives pour mieux aider autrui. Considérez ensuite une émotion qui est particulièrement forte en vous, l'attirance et l'attachement compulsifs pour une personne ou un objet par exemple. Puis évoquez une personne proche et considérez que ses tourments émotionnels s'ajoutent aux vôtres. Ressentez une profonde compassion à son égard et élargissez ce sentiment en imaginant les désirs de tous les êtres, y compris ceux de vos ennemis, dont vous vous chargez tout en pensant : "Que par cet acte, tous les êtres soient libérés du désir et parviennent à l'Éveil." Vous pouvez effectuer cette même méditation en prenant pour support l'animosité, l'orgueil, la convoitise, l'ignorance ou toute autre émotion qui trouble et obscurcit l'esprit. »

Cultiver la sérénité

Nous avons vu, dans le chapitre sur la souffrance, le pouvoir de l'imagerie mentale. Les méthodes exposées ici y ont largement recours. Quand un puissant sentiment de désir, d'envie, d'orgueil, d'agressivité ou de cupidité harcèle notre esprit, évoquons des situations qui, comme autant de baumes, sont sources de paix. Transportons-nous mentalement au bord d'un lac tranquille ou dans un ermitage qui s'ouvre à flanc de montagne sur un paysage immense. Imaginons-nous assis sereinement, l'esprit vaste et limpide comme un ciel sans nuage, calme comme un océan épargné par les vents. Nos tempêtes intérieures s'apaisent et la sérénité renaît dans notre esprit. Même si nos blessures sont profondes, elles n'affectent pas la nature ultime de l'esprit car, en dépit des apparences, elles sont, elles aussi, vides d'existence propre. De ce fait, il est *toujours* possible de les dissoudre. Ceux qui prétendent que nos fixations sont gravées dans l'esprit comme dans la pierre n'ont simplement pas consacré *suffisamment de temps* à contempler la nature de l'esprit.

Afin de soulager notre souffrance, nous pouvons aussi cultiver un *véritable* détachement. Le détachement ne consiste pas à nous arracher douloureusement à ce que nous aimons, mais à adoucir la manière dont nous le percevons. En effet, si nous regardons l'objet de notre attachement avec une simplicité nouvelle, nous comprenons que ce n'est pas cet objet qui nous fait souffrir, mais la façon dont nous nous cramponnons à lui.

Ainsi, lorsqu'une obsession s'empare de notre esprit, imaginons-nous en présence d'un sage, le Bouddha, Socrate, saint François d'Assise, ou n'importe quel autre ; retraçons mentalement l'harmonie sereine qu'on lit sur leur visage, la paix de leur esprit, libéré des émotions perturbatrices. Cette vision agira comme une onde bienfaisante qui rafraîchira l'esprit et lui permettra de retrouver le repos, son état naturel.

Un jour, au Tibet, vers les années 1820, un brigand redouté pour sa cruauté arriva devant la grotte de l'ermite Jigmé Gyalwai Nyougou, avec l'intention de lui dérober ses maigres provisions. Lorsqu'il entra dans la grotte, il se trouva en présence d'un vieillard serein qui méditait, les yeux clos, auréolé de cheveux blancs, et dont le visage rayonnait de paix, d'amour et de compassion. Au moment même où le maraudeur vit le sage, son agressivité s'évanouit et il demeura quelques instants à le contempler avec un étonnement émerveillé. Puis il se retira, non sans lui avoir demandé sa bénédiction. Plus tard, chaque fois que l'occasion de faire du tort à quelqu'un se présentait, le visage serein du vieil homme aux cheveux blancs surgissait dans son esprit et il abandonnait son projet de nuire. Visualiser de telles scènes ne consiste pas à se complaire dans l'autosuggestion, mais à se mettre en résonance avec la nature intrinsèquement paisible qui gît au plus profond de nous.

La force de l'expérience

Lorsque nous sortons de l'instant d'aveuglement durant lequel il est si difficile d'agir sur une émotion puissante, et que notre esprit se trouve libéré de la charge émotionnelle qui l'a tant perturbé, nous avons peine à croire qu'une émotion ait pu nous dominer à ce point. Il y a là un grand enseignement : ne jamais sous-estimer le pouvoir de l'esprit, capable de cristalliser de vastes mondes de haine, de désir, d'exaltation et de tristesse. Les troubles que l'on traverse renferment un précieux potentiel de transformation, un trésor d'énergie où l'on peut puiser à pleines mains la force vive qui rend apte à construire ce que l'indifférence ou l'apathie ne permettent pas. Et chaque difficulté peut être la brassée d'osier avec laquelle, ayant vanné le panier intérieur dont on ne se sépare plus, nous recueillons avec aisance tous les aléas de l'existence.

18

TEMPS D'OR, TEMPS DE PLOMB, TEMPS DE PACOTILLE

> *Ceux que torturent les chaleurs de l'été*
> *Languissent après le clair de lune*
> automnal,
> *Sans même être effrayés à l'idée,*
> *Qu'alors cent jours de leur vie seront*
> à jamais passés.

Bouddha Shakyamuni

Un jour, au Népal, j'ai été invité dans un lieu étonnant : un hôtel de luxe bâti au bord d'un immense canyon. D'un côté une nature splendide, l'incroyable beauté de l'Himalaya enneigé, l'immensité sauvage de ce défilé fascinant, comme découpé dans un autre monde ; de l'autre, un luxe si vain. Au milieu de la nuit, l'obscurité fut déchirée par le fracas d'une douzaine de coups de tonnerre ; la scène suscitait un mélange de fascination pour la beauté déployée par la nature et de lassitude devant l'inutilité et la superficialité de notre lieu de séjour. Cette lassitude venait d'une réflexion sur le gaspillage du temps.

Le temps est souvent comparable à une fine poudre d'or que nous laisserions couler distraitement entre nos doigts sans même nous en apercevoir. Utilisé à bon escient, il devient la navette que l'on fait courir entre les fils des jours pour tisser l'étoffe de la vie. Il est donc essentiel à la quête du bonheur de prendre conscience que le temps est notre bien le plus précieux. Sans causer de tort à personne, il faut avoir la force d'esprit de ne pas céder à la petite voix qui nous susurre d'accorder d'incessantes concessions aux exigences de la vie quotidienne. Pourquoi hésiter à faire table rase du superflu ? Quel avantage y a-t-il à se consacrer au superficiel et à l'inutile ? Ainsi que le dit Sénèque : « Ce n'est pas que nous disposions de très peu de temps, c'est plutôt que nous en perdons beaucoup[1]. »

La vie est courte. Si l'on ne cesse de reporter l'essentiel à plus tard pour se laisser piéger par les contraintes incohérentes de la société, on sera toujours perdant. Les années ou les heures qui nous restent à vivre sont comme une précieuse substance qui s'effrite facilement et n'offre aucune résistance au gaspillage. Malgré son immense valeur, le temps ne sait se protéger lui-même, tel un enfant que le premier venu emmène par la main.

Pour l'homme actif, le temps d'or est celui qui permet de créer, de construire, d'accomplir, de se consacrer au bien des autres et à l'épanouissement de sa propre existence. Quant au contemplatif, le temps lui permet de regarder lucidement en lui-même pour éclairer son monde intérieur et retrouver l'essence de l'existence. C'est le temps d'or qui, en dépit d'une inaction apparente, permet de jouir pleinement du moment présent. Dans la journée d'un ermite, chaque instant est un trésor. Même dans un état de parfaite détente, libre de constructions mentales, le temps de l'ermite n'est jamais gaspillé. Il a une richesse, une densité telles que le sage continue sa transformation intérieure, sans effort, comme un fleuve qui coule majestueusement vers l'océan de l'Éveil. Dans le silence de son ermitage, il devient « une flûte au cœur de laquelle le murmure des heures se change en musique[2] ».

Le désœuvré parle de « tuer le temps ». Quelle terrible expression ! Le temps n'est plus alors qu'une longue ligne droite monotone. C'est le temps de plomb : il pèse sur l'oisif comme un fardeau et accable celui qui ne supporte pas l'attente, le retard, l'ennui, la solitude, la contrariété et parfois même l'existence. Chaque instant qui passe aggrave son emprisonnement. Pour d'autres, le temps n'est plus que le compte à rebours vers une mort qu'ils redoutent, ou qu'ils appellent parfois de leurs vœux quand ils sont las de vivre. « Le temps qu'ils n'arrivaient pas à tuer finit par les tuer[3]. »

Je me souviens d'une visite dans le sud de la France avec un groupe de moines du monastère où je vis au Népal. Quelques retraités jouaient aux boules sur une place. Je m'aperçus que l'un des moines avait les larmes aux yeux. Il se tourna vers moi et dit : « Ils jouent… comme des enfants ! » et ajouta : « Chez nous, à l'approche de la mort, les vieillards qui ne travaillent plus consacrent leur temps à la méditation et la prière. »

Ressentir le temps comme une expérience pénible et insipide, sentir qu'on n'a rien fait au terme de la journée, au terme d'une année puis au terme de la vie, signale à quel point nous demeurons inconscients du potentiel d'épanouissement dont nous sommes porteurs.

Au-delà de l'ennui et de la solitude

Selon Pascal Bruckner : « N'en déplaise aux croisés de l'incandescence, il n'y a pas de révolution contre l'ennui : il y a des fuites, des stratégies de dérivation mais le despote gris résiste avec entêtement[4]. » Tel est sans doute le sort de ceux qui dépendent entièrement des distractions, pour qui la vie n'est qu'un grand divertissement et qui se morfondent aussitôt que le spectacle s'arrête. Sinon, à moins d'être un bébé-adulte, pourquoi s'ennuierait-on ? L'ennui est le mal de ceux pour qui le temps n'a plus de valeur.

À l'inverse, celui qui perçoit l'inestimable valeur du temps profite de chaque instant de répit dans les activités quotidiennes et les stimulations extérieures pour goûter avec délices la sérénité de l'instant. Il ignore l'ennui, cette sécheresse de l'esprit.

Il en va de même de la solitude. Celui qui s'isole des êtres et de l'univers pour stagner dans la bulle de l'ego se sentira seul au milieu d'une foule. Mais qui perçoit l'interdépendance de tous les phénomènes ne saurait souffrir de la solitude, l'ermite, par exemple, lequel sait demeurer en harmonie avec l'univers tout entier.

Pour l'homme distrait, le temps n'est qu'une petite musique qui égrène ses notes dans le désordre de l'esprit. C'est le temps de pacotille. Sénèque dirait de lui :

> « Il n'a pas vécu longtemps, il a longtemps existé. Irais-tu jusqu'à considérer comme ayant beaucoup navigué un homme qu'une terrible tempête aurait intercepté à la sortie du port, qu'elle aurait ensuite promené de-ci de-là et qu'au gré des vents furieux et contradictoires, elle aurait fait tourner en rond sur le même périmètre ? Il n'a pas beaucoup navigué, il a été beaucoup ballotté[5]. »

Par distraction, nous n'entendons pas ici la détente sereine d'une marche en montagne, mais les activités vaines et les interminables bavardages intérieurs qui, loin d'éclairer l'esprit, l'entraînent dans un épuisant chaos. Cette distraction disperse l'esprit sans pour autant lui procurer de repos ; l'égare dans des chemins de traverse, des voies sans issue. Savoir vivre le temps ne signifie pas qu'il faille toujours être pressé ou obsédé par le contrôle horaire. Que l'on se retrouve dans un état de détente ou de concentration, de tranquillité ou d'activité intense, en toutes circonstances il faut apprécier le temps à sa juste valeur.

Revenir au temps d'or

Comment acceptons-nous de ne pas consacrer même quelques brefs instants par jour à l'introspection contemplative ? Sommes-nous à ce point endurcis, insensibles, blasés ? Quelques activités respectables, de brillantes conversations et de futiles divertissements suffiraient-ils à nous combler ? Ils peuvent au mieux occulter la fuite des jours. Mais est-ce la bonne solution que de fermer les yeux sur l'effritement de notre vie pour ne les entrouvrir craintivement qu'à la veille de la mort ? N'est-il pas préférable de les ouvrir grands dès maintenant, pour nous demander : « Comment donner un sens à ma vie ? » Laissons tomber le masque des conventions, des compromis entretenus avec nos pairs, dans ce jeu que nous poursuivons depuis trop longtemps. Regardons à l'intérieur de nous : il y a tant à faire, et la tâche est si passionnante !

Ne vaut-il pas la peine de consacrer chaque jour un moment à cultiver une pensée altruiste, à observer le fonctionnement de l'esprit pour découvrir comment y surgissent la vanité, l'envie, le dépit ou, au contraire, l'amour, le contentement, la tolérance ? N'en doutons guère : cette investigation nous apprendra mille fois plus — et pour plus longtemps — qu'une heure consacrée à la lecture des nouvelles locales ou des résultats sportifs. Il s'agit d'utiliser notre temps à bon escient, non d'ignorer le monde. Nous n'avons d'ailleurs guère à nous inquiéter de tomber dans un tel extrême, vivant à une époque où les distractions sont omniprésentes, l'accès à l'information généralisé jusqu'à saturation. Nous stagnons plutôt dans l'extrême inverse : le degré zéro de la contemplation. Nous ne nous ménageons même pas une heure de réflexion sur cent heures de divertissement. Tout au plus quelques instants, lorsque des bouleversements affectifs ou professionnels nous font « remettre les choses en question ». Mais comment, et pour combien de temps ? Profitons-nous vraiment de ces occasions pour regarder en face le bien-fondé des certitudes fragiles, la nature éphémère des sentiments et des attachements ? Bien souvent, nous attendons juste que le « mauvais moment passe » et recherchons avidement les distractions propres à nous « changer les idées ». Acteurs et décor changent, mais la pièce continue.

Pourquoi ne pas nous asseoir au bord d'un lac, dans une clairière, au sommet d'une colline ou dans une chambre tranquille, afin d'examiner ce dont nous sommes faits au plus profond de nous ? Examinons tout d'abord clairement ce qui, pour nous, compte le plus dans la vie, puis établissons des priorités entre ce qui est essentiel et les autres activités qui envahissent notre temps. On peut aussi mettre à profit certaines périodes de la vie active pour se retrouver avec soi-même et tourner l'esprit vers l'intérieur. Comme l'écrit Tendzin Palmo, une nonne anglaise qui passa de nombreuses années en retraite : « Les gens prétendent ne pas avoir le temps de méditer. Ce n'est pas vrai ! Vous pouvez méditer en attendant que l'eau du café bouille, en faisant votre toilette, dans les transports en commun. Il faut prendre l'habitude d'être présent[6]. »

Le temps nous est compté : depuis le jour de notre naissance, chaque instant, chaque pas que nous faisons nous rapproche de la mort. L'ermite tibétain Patrul Rinpoché nous le rappelle poétiquement :

Votre vie s'éloigne comme le soleil couchant,
La mort approche comme les ombres du soir.

Loin de nous désespérer, une constatation lucide de la nature des choses doit au contraire nous inspirer à vivre pleinement chaque jour qui passe. Faute d'avoir examiné sa vie, on tient pour acquis que l'on n'a pas le choix et qu'il est plus simple de laisser les activités se succéder et se presser comme elles l'ont toujours fait et continueront de le faire. Or, si nous n'abandonnons pas les distractions et les activités stériles et incessantes du monde, ce ne sont pas elles qui nous abandonneront : elles prendront même de plus en plus de place dans notre vie. Khyentsé Rinpoché disait :

> « Mus par les plus vaines considérations, nous nous lançons dans les affaires, nous entrons en compétition avec nos concurrents et n'hésitons pas à mentir et à tromper tout le monde, ajoutant ainsi le poids de nos actes négatifs à la futilité de nos buts. Qui plus est, nous ne sommes en fin de compte jamais satisfaits : nos richesses ne sont jamais assez importantes, notre nourriture jamais assez bonne et nos plaisirs jamais assez intenses[7]. »

Si l'on remet la vie spirituelle à demain, notre démission va se répéter tous les jours. Le temps presse ! La mort approche à chaque pas que je fais, à chaque regard que je porte sur le monde, à chaque *tic*, à chaque *tac* de la pendule ; elle peut venir dans un instant sans que je puisse rien y faire. Si la mort est certaine, le moment de sa venue est imprévisible. Comme le disait Nagarjuna au IIᵉ siècle de notre ère :

> *Si cette vie que bat le vent de mille maux*
> *Est plus fragile encore qu'une bulle sur l'eau,*
> *Il est miraculeux, après avoir dormi,*
> *Inspirant, expirant, de s'éveiller dispos*[8] *!*

Concrètement, pour vivre plus harmonieusement notre rapport au temps, nous devons cultiver un certain nombre de qualités. La vigilance permet de veiller au passage du temps, de ne pas le laisser fuir sans même s'en rendre compte. La motivation juste est ce qui colore le temps et lui donne sa valeur. La diligence, ce qui permet de l'utiliser à bon escient. La liberté intérieure évite qu'il ne soit monopolisé par des émotions perturbatrices. Ainsi chaque jour, chaque heure, chaque seconde est comme une flèche qui vole vers sa cible. Le bon moment pour commencer, c'est *maintenant*.

19

CAPTIVÉ PAR LE FLOT DU TEMPS

*Une bonne vie est caractérisée par
une absorption totale dans ce que l'on fait.*

Mihaly Csikszentmihaly[1]

Qui n'a fait l'expérience d'une absorption intense
dans un acte, une expérience ou une sensation ? C'est
ce que le psychologue Mihaly Csikszentmihaly, professeur à l'université de Chicago, appelle le « flux ». Dans
les années 1960, Csikszentmihaly, qui étudiait le processus de la créativité, fut frappé par le fait que, lorsque
l'exécution d'une peinture se passait bien, l'artiste était
entièrement absorbé par son œuvre et en poursuivait le
travail jusqu'à son terme, oubliant la fatigue, la faim et
l'inconfort. Puis, la création achevée, son intérêt tom-
bait rapidement. Il avait vécu une expérience de
« flux », durant laquelle le fait d'être immergé dans ce
que l'on fait compte plus que le résultat de l'action.

Intrigué par ce phénomène, Csikszentmihaly inter-
rogea un grand nombre d'artistes, d'alpinistes, de
joueurs d'échecs, de chirurgiens, d'écrivains et de tra-
vailleurs manuels pour lesquels le pur plaisir de l'acte
constituait la motivation principale. Il est clair que, pour

un grimpeur qui a gravi maintes fois la même paroi, le fait de se retrouver au sommet compte moins que le plaisir de grimper. Il en va de même pour celui qui tire des bords dans une baie sur un voilier, sans destination précise, joue de la musique ou s'adonne à un jeu de patience. Dans ces moments-là, « on est totalement impliqué dans l'activité elle-même. Le sentiment du moi se désintègre. On ne voit pas le temps passer. Les actions, les mouvements et les pensées s'enchaînent naturellement, comme lorsqu'on joue du jazz. Tout l'être est engagé et l'on utilise ses capacités au maximum[2] ». Diane Roffe-Steinrotter, médaille d'or aux jeux Olympiques d'hiver de 1994, à affirmé qu'elle ne gardait aucun souvenir de l'épreuve de descente, si ce n'est qu'elle était totalement détendue : « J'avais l'impression d'être une chute d'eau[3]. »

L'entrée en état de flux dépend intimement du degré d'attention accordé à l'expérience vécue. William James avait donc raison en déclarant : « Mon expérience est ce à quoi j'accepte de faire attention[4]. » Pour entrer dans le flux, il faut que la tâche mobilise toute notre attention et forme un défi à la hauteur de nos capacités : si elle est trop difficile, la tension s'installe, puis l'anxiété ; si elle est trop facile, on va se relâcher et vite s'ennuyer. Dans l'expérience du flux, une résonance s'établit entre l'action, le milieu extérieur et la pensée. Dans la plupart des cas, cette fluidité est ressenti comme une expérience très satisfaisante, parfois un ravissement. Elle est à l'opposé de l'ennui et de la dépression, mais aussi de la fébrilité et de la distraction. Il est intéressant de noter également que, tant que dure celle-ci, la conscience de soi s'estompe. Il ne reste que la vigilance du sujet qui se confond avec l'action et ne s'observe pas lui-même.

Pour prendre un exemple personnel, j'ai souvent ressenti cela en servant d'interprète à des maîtres tibétains.

Le traducteur doit d'abord accorder son entière attention au discours, qui dure de cinq à dix minutes, puis le traduire oralement, et ainsi de suite, sans interruption, jusqu'à la fin de l'enseignement qui dure plusieurs heures. Je me suis aperçu que la meilleure manière d'accomplir cette tâche était de me plonger dans un état très comparable à ce que Csikszentmihaly appelle le flux. Pendant que l'enseignant parle, je laisse mon esprit dans un état d'entière disponibilité, aussi libre de pensées qu'une feuille de papier blanc, attentif mais sans tension ; puis j'essaie de restituer dans ma propre langue ce que j'ai entendu, comme on transvase le contenu d'une cruche qui vient d'être remplie. Il suffit pour cela de se souvenir du point de départ et du fil de l'enseignement ; alors les détails s'enchaînent généralement sans effort. L'esprit est à la fois focalisé et détendu. Il devient ainsi possible de restituer assez fidèlement un enseignement long et complexe. S'il advient que des pensées ou un événement extérieur brisent le flot de la traduction, la magie est rompue, et il peut être difficile de renouer le fil. Quand cela se produit, ce n'est pas seulement quelques détails qui m'échappent : je me trouve devant un blanc, et plus rien ne me vient à l'esprit pendant quelques instants. Il s'avère plus facile de ne pas prendre de notes, précisément pour maintenir l'expérience du flux, laquelle permet de traduire le plus fidèlement possible. Quand tout se déroule bien, cette fluidité procure un sentiment de joie sereine, la conscience du moi, en tant que personne qui s'observe, est quasiment absente, la fatigue oubliée, et le temps passe imperceptiblement comme le cours d'un fleuve dont on ne décèle pas le mouvement de loin.

Selon M. Csikszentmihaly, on peut également vivre ce flux en se livrant à des tâches très ordinaires, en repassant du linge ou en participant à un travail à la chaîne. Tout dépend de la façon dont on vit l'expérience du temps qui passe. À l'inverse, en l'absence de flux, presque toutes les activités deviendront fastidieuses, voire insupportables. Csikszentmihaly a observé que certaines personnes entrent plus facilement que d'autres dans l'expérience du flux. Ces personnes sont généralement « intéressées et curieuses des choses de la vie, persévérantes et douées d'un faible égocentrisme, dispositions qui permettent d'être motivé par des gratifications intérieures ».

La prise en considération de l'expérience du flux a permis dans de nombreux cas d'améliorer les conditions de travail dans les usines (Volvo en Suède notamment), l'agencement des salles et des objets dans les musées (afin que les visiteurs les parcourent sans lassitude, naturellement attirés par ce qui suit), et surtout la pédagogie dans les écoles, la Key School à Indianapolis aux États-Unis, par exemple[5]. Cette dernière incite les enfants à s'absorber autant de temps qu'ils le veulent, et au rythme qui leur convient, dans un sujet qui les attire. Ainsi étudient-ils en état de flux. Ils s'intéressent plus à leurs études et apprennent avec plaisir.

Il est intéressant de remarquer qu'à l'opposé du flux, durant lequel le sentiment du moi s'estompe, l'un des symptômes majeurs de la dépression est l'égocentrisme. Selon le psychologue américain Martin Seligman, « Une personne déprimée pense beaucoup trop à la façon dont elle se sent […]. Lorsqu'elle décèle de la tristesse, elle la rumine, la projette dans le futur et sur toutes ses activités, ce qui ne fait qu'augmenter cette tristesse. "Rester en contact avec vos sensations !" prônent les colporteurs du sentiment de l'importance de soi dans notre société. Nos jeunes ont absorbé ce message et ils y croient, de sorte que l'on a produit une génération de narcissiques dont la principale préoccupation, et ce n'est pas surprenant, est de savoir comment ils se sentent[6] ». Or passer son temps à prêter attention aux moindres réactions de notre moi, être aux petits soins avec lui et n'avoir de cesse que d'exaucer ses moindres désirs, voilà la recette assurée du mécontentement.

Il convient également de distinguer l'expérience du flux de celle du plaisir. Le plaisir est facile et n'exige aucune aptitude particulière. Rien de plus aisé que de manger un gâteau au chocolat ou de prendre un bain de soleil. L'expérience du flux exige un effort et n'est pas nécessairement confortable. Selon Csikszentmihaly : « Le plaisir est une puissante source de motivation, mais il n'engendre pas le changement ; c'est une force conservatrice qui nous incite à satisfaire des besoins existants, à obtenir le confort et la relaxation... Le sentiment de gratification en revanche n'est pas toujours plaisant, et peut parfois s'avérer extrêmement stressant. L'alpiniste risque d'être gelé, totalement épuisé, de tomber dans une crevasse sans fond, et pourtant il ne voudrait être nulle part ailleurs. Il peut être très agréable de boire un cocktail sous un palmier au bord d'une mer bleu turquoise, mais cela ne peut se comparer à l'ivresse que le grimpeur ressent sur son arête glaciale[7]. »

Selon Seligman : « Au départ, il peut être difficile de délaisser les plaisirs faciles pour se livrer à une activité plus gratifiante. Ce qui est gratifiant produit l'expérience du flux mais demande une certaine aptitude et des efforts et comporte le risque de l'échec. Ce n'est pas le cas des plaisirs : regarder un feuilleton télévisé, se masturber, manger un paquet de pop-corn, ou sentir un parfum n'exige aucun effort, très peu d'expertise et il n'y a aucun risque d'échouer. Croire qu'on peut prendre des raccourcis pour atteindre à une satisfaction profonde et se dispenser de développer ses qualités et ses vertus est une folie. Ce genre d'attitude produit des légions de dépressifs qui, plantés au milieu de grandes richesses, meurent de faim spirituellement[8]. »

Donner au flux toute sa valeur

L'expérience du flux nous encourage à persister dans une activité particulière et à y revenir. On comprend qu'elle peut aussi, dans certains cas, engendrer une accoutumance, voire une dépendance. En effet, le flux ne concerne pas seulement les activités constructives et positives. Le parieur pris par le jeu est fasciné par la roulette ou le maniement de la machine à sous au point qu'il ne voit plus le temps passer et qu'il s'oublie, alors même qu'il est peut-être en train de perdre sa fortune. Il en est de même du chasseur à la poursuite d'une proie et du criminel qui exécute méticuleusement son plan. Si satisfaisant soit-il de cultiver l'expérience du flux, celle-ci reste un *instrument*. Pour qu'elle puisse engendrer à long terme une meilleure qualité de vie, elle doit être imprégnée de qualités humaines, tels l'altruisme et la sagesse. La valeur du flux dépend de la motivation qui colore l'esprit. Celle-ci peut être négative dans le cas du cambrioleur, neutre lors d'une activité ordinaire, la broderie par exemple, ou positive quand on participe à une opération de sauvetage ou que l'on médite sur l'amour et la compassion.

Selon Csikszentmihaly : « La contribution majeure de l'expérience du flux est de donner une valeur à l'expérience du moment présent[9]. » Elle se révèle par conséquent très précieuse s'il s'agit d'apprécier chaque instant de l'existence et de le mettre à profit de la manière la plus constructive possible. Ainsi évite-t-on de gaspiller son temps dans une indifférence morose. Le maître bouddhiste vietnamien Thich Nhat Hanh propose à ses disciples un exercice de « marche attentive » :

« Marcher juste pour le plaisir de marcher, avec liberté et solidité, sans nous dépêcher. Nous sommes présents à chacun de nos pas. Quand nous souhaitons parler, nous nous arrêtons de marcher et nous prêtons toute notre attention à la personne en face de nous, à nos paroles et à notre écoute […]. Arrêtez-vous, regardez autour de vous et voyez comme la vie est merveilleuse : les arbres, les nuages blancs, le ciel infini. Écoutez les oiseaux, savourez la brise légère. Marchons comme une personne libre et sentons nos pas devenir plus légers au fur et à mesure que nous marchons. Apprécions tous les pas que nous faisons[10]. »

Mais on peut aussi s'exercer à des formes de flux de plus en plus dépouillées : on en arrive alors, sans le support d'une activité extérieure, à demeurer sans effort dans un état de constante vigilance. La contemplation de la nature de l'esprit, par exemple, est une expérience profonde et fertile qui combine la relaxation et le flux. La relaxation sous la forme du calme intérieur ; le flux, sous la forme d'une présence d'esprit claire et éveillée, attentive mais sans tension. La parfaite lucidité de l'esprit est l'une des principales qualités qui distinguent cet état du flux ordinaire. Cette lucidité n'exige pas du sujet qu'il s'observe lui-même : là aussi l'effacement du moi est total. Cet effacement n'empêche pas la connaissance directe de la nature de l'esprit, la « présence pure ». Semblable expérience est une source de paix intérieure et d'ouverture au monde et aux autres. Finalement, l'expérience du flux contemplatif embrasse toute notre perception de l'univers et son interdépendance. On pourrait dire que l'être « éveillé » demeure constamment dans un état de fluidité altruiste et sereine.

20

UNE SOCIOLOGIE DU BONHEUR

> *Le paralysé que tous (pré) disaient*
> *malheureux soutient le moral de qui le côtoie,*
> *cependant que l'élite intellectuelle, promise à*
> *une somptueuse carrière, sombre dans un mal-*
> *être sans mesure. Pourtant « il a tout pour être*
> *heureux ». L'énoncé confine à l'ineptie. Le*
> *bonheur se confectionnerait-il comme une*
> *brioche ? Une pincée de santé, deux cuillerées*
> *de...*

Alexandre Jollien[1]

L'un des buts de cet ouvrage, nous l'avons vu, est de déterminer les conditions qui favorisent le bonheur et celles qui l'entravent. Or que nous apprennent les études de psychologie sociale consacrées aux facteurs influant sur la qualité de notre existence ? Nous avons déjà souligné que, au cours du XXe siècle, psychologie et psychiatrie se sont surtout occupées de décrire et de traiter les troubles psychologiques et les maladies mentales. Celles-ci ont été identifiées et expliquées avec précision et nombre d'entre elles peuvent maintenant être soignées. Mais, dans le même temps, la science s'est peu interrogée sur la possibilité de passer d'une situation « normale » à un état de bien-être et de satisfaction accrus. Les choses ont maintenant changé, puisque les sciences cognitives et la « psychologie positive » connaissent un essor considérable.

Naît-on avec des prédispositions variables au bonheur et au malheur ? Comment les conditions extérieures interagissent-elles avec l'expérience intérieure ? Jusqu'à quel point est-il possible de modifier nos traits de caractère et d'engendrer un sentiment de satisfaction durable ? Quels sont les facteurs mentaux qui contribuent à cette transformation ? Autant de questions qui, depuis une trentaine d'années, suscitent des efforts de recherche considérables. Des centaines de milliers de sujets ont été étudiés dans soixante-dix pays et un très grand nombre de résultats publiés. Nous résumerons ci-dessous les conclusions extraites de plusieurs articles de synthèse[2]. Ruut Veenhoven, par exemple, a recensé et comparé pas moins de 2 475 publications scientifiques sur le bonheur[3].

Trois conclusions principales se dégagent de ces travaux. Premièrement, nous avons une prédisposition génétique à être heureux ou malheureux : environ 50 % de la tendance au bonheur peuvent être attribués aux gènes. Deuxièmement, les conditions extérieures et autres facteurs généraux (statut social, éducation, loisirs, richesse, sexe, âge, ethnie, etc.) ont une influence circonstancielle mais n'expliquent que 10 % à 15 % des variations dans la satisfaction de vie[4]. Troisièmement, on peut influencer considérablement l'expérience du bonheur et du malheur par sa manière d'être et de penser, par la façon dont on perçoit les événements de l'existence et dont on agit en conséquence. Fort heureusement, car si la faculté d'être heureux était invariable, étudier le phénomène du bonheur et essayer d'être plus heureux n'aurait aucun sens.

Ces conclusions ont le mérite de dissiper une foule d'idées fausses à propos du bonheur. Nombre d'écrivains et de philosophes se sont en effet gaussés de l'idée que le bonheur pouvait être bon pour la santé, que les optimistes vivaient plus longtemps et plus heureux, et qu'on pouvait « cultiver » le bonheur. Ce sont pourtant là des faits établis, n'en déplaise aux apôtres du spleen qui relèguent le bonheur au rang des niaiseries inutiles.

L'hérédité du bonheur

Naissons-nous prédisposés au bonheur ou au malheur ? L'héritage génétique prime-t-il sur les autres facteurs psychologiques, notamment sur ceux liés aux événements de la petite enfance, à l'environnement et à l'éducation ? Ces points ont été chaudement débattus dans les milieux scientifiques. L'un des moyens d'y répondre consiste à étudier les vrais jumeaux séparés à la naissance. Ils ont exactement le même génome mais sont élevés dans des conditions parfois très différentes. Jusqu'à quel point vont-ils se ressembler psychologiquement ? On peut aussi comparer le profil psychologique d'enfants adoptés à celui de leurs parents biologiques, puis à celui de leurs parents adoptifs. Ces travaux ont révélé qu'en ce qui concerne la colère, la dépression, l'intelligence, la satisfaction de vie, l'alcoolisme, les névroses et bien d'autres facteurs, les vrais jumeaux élevés séparément ont plus de traits psychologiques communs que les faux jumeaux élevés ensemble. Leur degré de ressemblance est presque identique à celui des vrais jumeaux élevés ensemble. De même, les enfants adoptés ressemblent beaucoup plus, psychologiquement, à leurs parents biologiques (qui ne les ont pas élevés), qu'à leurs parents adoptifs (avec lesquels ils ont grandi). L'étude de centaines de cas a conduit Tellegen et ses collègues à affirmer que le bonheur possède une héritabilité de 45 %, et que nos gènes déterminent environ 50 % de la variance de tous les traits personnels examinés[5].

Selon ces chercheurs, les événements de la petite enfance n'ont qu'un effet mineur sur la personnalité adulte ; ils ont de fait un retentissement beaucoup moins important que les gènes. Dans la vaste majorité des cas, et en dehors de situations extrêmes, telle que la perte de la mère avant l'âge de sept ans, aucun des événements de l'enfance qui ont été analysés ne semble influer de manière significative sur les traits de caractère de l'adulte[6]. Pour Martin Seligman, président de l'Association américaine de psychologie, ces études semblent faire voler en éclats le déterminisme freudien et le point de vue étroit du behaviorisme[7].

Notons également que les dispositions à ressentir des émotions déplaisantes et des émotions plaisantes semblent être gouvernées par des gènes différents. Dans le contexte de la psychologie occidentale, l'émotivité déplaisante inclut la colère, la tristesse, l'angoisse, la peur, le dégoût, le mépris et la honte, tandis que l'émotivité plaisante comprend, entre autres, la joie, le plaisir, le contentement, l'émerveillement, la gratitude, l'affection, le soulagement, l'intérêt, l'élévation, l'amour et l'enthousiasme[8]. Or, l'émotivité déplaisante que l'on ressent dépend à 55 % des gènes, tandis que l'émotivité plaisante n'en dépend qu'à 40 %.

Mais d'autres chercheurs, et non des moindres, jugent cette vision des choses extrême et dogmatique. Selon eux, les pourcentages cités (50 % de la variance des traits personnels due aux gènes) ne représentent qu'un potentiel dont l'expression dépend de nombreux autres facteurs. Une série d'expériences très intéressantes a montré que, lorsque des rats porteurs de gènes prédisposant à un comportement extrêmement anxieux étaient confiés, pendant la première semaine de leur vie, à des mères particulièrement attentives, qui s'occupent beaucoup d'eux, les lèchent et sont en contact physique avec eux le plus fréquemment possible, le gène de l'anxiété n'était *pas exprimé* et ce *pour la vie*[9]. Cela est certes en accord avec la vision du bouddhisme, selon laquelle un jeune enfant a essentiellement besoin d'affection, encore et toujours. Il est indéniable que le degré d'amour et de tendresse que l'on reçoit dans la petite enfance influence profondément notre vision de l'existence. On sait que les enfants victimes d'abus sexuels ont deux fois plus de risques que les autres de souffrir de dépression une fois adolescents ou adultes, et que nombre de criminels ont été privés d'amour et maltraités durant leur enfance.

Selon Richard Davidson[10], la plupart des jumeaux étudiés dans les travaux que nous avons mentionnés sont généralement séparés à la naissance pour être adoptés chacun par des familles aisées, qui ont longtemps souhaité cette adoption et s'occupent au mieux de l'enfant. Les résultats seraient probablement très différents si certains de ces enfants se trouvaient entourés d'affection par leur famille adoptive tandis que leur jumeau échouait avec les enfants des rues ou dans un bidonville.

Du point de vue de la transformation personnelle, il est également important de souligner que parmi les traits fortement liés aux gènes, certains semblent peu modifiables (l'orientation sexuelle et le poids moyen par exemple), tandis que d'autres peuvent être considérablement modifiés par les conditions de vie et par un entraînement mental[11]. C'est notamment le cas de la peur, du pessimisme et... du bonheur. Nous verrons également dans le chapitre intitulé « Le bonheur au laboratoire » que l'entraînement mental peut augmenter notablement l'aptitude à l'altruisme, à la compassion et à la sérénité.

Les conditions générales du bonheur

De nombreuses recherches ont été consacrées au bonheur défini comme « qualité de vie », ou plus précisément comme « l'appréciation subjective que l'on a de la qualité de sa vie ». Les questionnaires utilisés sont simples et posent aux individus des questions telles que : « Êtes-vous très heureux, heureux, moyennement heureux, malheureux ou très malheureux ? » Les sujets interrogés doivent ensuite fournir des renseignements concernant leur statut social et marital, leur revenu, leur santé, les événements marquants de leur vie, etc. Les corrélations sont ensuite analysées statistiquement.

Les résultats montrent qu'une proportion plus importante de gens se disent heureux dans les pays économiquement prospères. Toutefois, dans ces pays, au-delà d'un certain seuil de richesse, même si le revenu continue à augmenter, le niveau de satisfaction cesse de s'accroître. Le rapport éducation/bonheur et revenu/bonheur est nettement plus sensible dans les pays pauvres. Toutefois, les statisticiens se sont aussi heurtés au problème des « pauvres heureux » qui sont plus gais et insouciants que bien des riches stressés. Une étude effectuée par Robert Biswas-Diener[12] parmi les pauvres de Calcutta qui vivent dans la rue ou dans des bidonvilles a révélé que, dans de nombreux domaines — vie familiale, amitié, moralité, nourriture et joie de vivre —, leur degré de satisfaction était à peine inférieur à celui des étudiants d'université. En revanche, les personnes qui vivent dans la rue ou dans des hospices à San Francisco, et généralement privés de liens sociaux et affectifs, se déclarent beaucoup plus malheureuses. Les sociologues ont tenté d'expliquer ce phénomène par le fait que nombre de ces pauvres ont abandonné l'espoir devoir évoluer leur statut social et financier et qu'ils ne sont donc pas anxieux à ce sujet. De plus, ils sont beaucoup plus facilement satisfaits lorsqu'ils obtiennent quelque chose (nourriture, etc.). Selon le bouddhisme, on peut interpréter cette donnée de façon plus large. Il est incontestable que ceux qui n'ont presque rien seraient sans doute très contents d'avoir davantage, mais tant qu'ils peuvent manger à leur faim et que l'absence de richesse ne les obsède pas, le fait de ne posséder que peu de choses va de pair avec une forme de liberté sans soucis.

Ce n'est pas seulement une image d'Épinal. Lorsque je vivais dans un vieux quartier de Delhi où j'imprimais des textes tibétains, je côtoyais des *rikshaw-wallah*, ces hommes qui pédalent toute la journée pour transporter des passagers entassés sur le siège arrière de leurs antiques tricycles. Les soirs d'hiver, ils se réunissent par petits groupes dans la rue, autour d'un feu de cageots et de cartons vides. Les conversations et les rires vont bon train, et ceux qui sont doués d'une bonne voix entonnent des airs populaires. Puis ils s'endorment, couchés en chien de fusil sur la banquette de leur tricycle. Ils n'ont pas la vie facile, loin de là, mais je ne peux m'empêcher de penser que leur côté bon enfant et leur insouciance les rendent plus heureux que bien des victimes du stress qui règne dans une agence de publicité parisienne ou à la Bourse. Je me souviens aussi d'un vieux paysan bhoutanais avec qui je m'étais lié d'amitié. Un jour que nous lui avions fait cadeau d'un vêtement neuf et de mille roupies, il eut l'air complètement décontenancé et nous dit qu'il n'avait jamais possédé plus de trois cents roupies (sept euros) à la fois dans sa vie. Lorsque l'abbé de mon monastère, avec lequel je voyageais, lui demanda s'il avait des inquiétudes, il réfléchit quelques instants, puis répondit :

« Oui, les sangsues, quand je marche dans la forêt à la saison des pluies.

— À part ça ?

— Aucune. »

Ce n'est pas le cas des citoyens des grandes villes, n'est-ce pas ? Et Diogène qui, de son fameux tonneau, déclarait à Alexandre : « Je suis plus grand que toi, Seigneur, car j'ai dédaigné plus que ce que tu n'as possédé. » Si la simplicité du paysan bhoutanais n'a certes pas la même dimension que la philosophie du sage, il est pourtant évident que le bonheur et la satisfaction ne sont pas proportionnels aux possessions. Il en va sans doute autrement lorsqu'on ne dispose pas du minimum vital, mais il s'agit alors d'une question de survie et non du volume des richesses.

Pour en revenir aux études de psychologie sociale, le sentiment de bonheur est plus élevé dans les pays qui garantissent à leurs habitants davantage de sécurité, d'autonomie et de liberté, ainsi que suffisamment de facilités en matière d'éducation et d'accès à l'information. Les gens sont notoirement plus heureux dans les pays où les libertés individuelles sont garanties et la démocratie établie. On pouvait s'y attendre : les citoyens sont plus heureux dans un climat de paix. Indépendamment des conditions économiques, ceux qui vivent sous un régime militaire sont plus malheureux.

Le bonheur augmente avec l'implication sociale et la participation à des organisations bénévoles, la pratique du sport, de la musique, ainsi qu'avec l'appartenance à un club proposant des activités diverses. Il est étroitement lié à la présence et à la qualité des relations privées. Les gens mariés ou vivant en couple sont presque deux fois plus heureux que les célibataires, les veufs ou les divorcés qui vivent seuls.

Le bonheur tend à être plus élevé chez ceux qui ont un travail rémunéré. On constate en effet un taux de maladie, de dépression, de suicide et d'alcoolisme notablement plus élevé chez les chômeurs. Toutefois, les femmes au foyer ne sont pas plus insatisfaites que les gens ayant une activité professionnelle. Il est également intéressant de noter que la retraite ne rend pas la vie moins satisfaisante, mais plutôt meilleure. Les personnes âgées perçoivent leur vie comme un peu moins plaisante que les jeunes, mais éprouvent une satisfaction d'ensemble plus stable et ressentent davantage d'émotions positives. L'âge peut donc faire accéder à une relative sagesse. Le bonheur tend à être plus élevé chez les personnes qui ont une bonne condition physique et qui sont dotées d'une grande énergie. Il ne semble pas lié au climat : contrairement aux idées reçues, les gens ne sont pas plus heureux dans les régions ensoleillées que dans les régions pluvieuses (mis à part certains cas pathologiques de personnes souffrant de dépression en raison des longues nuits d'hiver sous les latitudes élevées).

Les loisirs favorisent la satisfaction, surtout chez les personnes qui ne travaillent pas (retraités, rentiers, chômeurs). Les vacances ont un effet positif sur le bien-être, le calme et la santé. On sait, par exemple, que seulement 3 % des gens en vacances se plaignent de maux de tête contre 21 % de ceux qui travaillent ! On retrouve la même différence concernant la fatigue, l'irritabilité et… la constipation[13] ! Notons que regarder la télévision, si populaire que soit cette activité, ne conduit qu'à une augmentation minime du bien-être. Quant à ceux qui la regardent *beaucoup*, ils sont moins heureux que la moyenne, probablement parce qu'ils n'ont pas grand-chose d'autre à faire, ou que la médiocrité et la violence des programmes induisent un état dépressif.

Veenhoven conclut : « Beaucoup des corrélations mentionnées précédemment relient le bonheur moyen au "syndrome de la modernité". [...] Plus le pays est moderne, plus heureux sont ses citoyens [...]. Bien que la civilisation comporte sa part de problèmes, elle procure néanmoins davantage de bienfaits[14]. » Quatre-vingts pour cent des Américains se déclarent heureux ! Mais la situation est loin d'être aussi rose qu'elle en a l'air. En dépit de l'amélioration des conditions extérieures, la dépression est maintenant dix fois plus fréquente dans les pays développés qu'en 1960 et elle affecte des individus de plus en plus jeunes. Il y a quarante ans, l'âge moyen des personnes atteintes pour la première fois d'une dépression grave était de vingt-neuf ans, il est maintenant de quatorze[15]. Aux États-Unis, la dépression bipolaire (autrefois appelée maniaco-dépressive) vient au second rang des causes de mortalité chez les jeunes femmes et au troisième rang chez les hommes jeunes[16]. En Suède, le taux de suicide a augmenté de 260 % parmi les étudiants depuis les années 1950[17] et il est responsable de 2 % des décès annuels dans le monde, ce qui le classe, eh oui, devant la guerre et les homicides[18]. Et tout cela en dépit du fait que les conditions extérieures du bien-être — soins médicaux, pouvoir d'achat, accès à l'éducation et aux loisirs — n'ont cessé de s'améliorer. Comment expliquer cela ?

Selon l'opinion de Martin Seligman : « Une culture qui se construit sur une estime de soi excessive adopte la tendance exacerbée à s'ériger en victime au moindre préjudice et encourage l'individualisme chronique, qui a sans doute contribué à cette épidémie[19]. » Le bouddhisme ajoutera que c'est sans doute aussi le fait de consacrer la plus grande partie de son temps à des activités et des buts extérieurs qui n'ont jamais de fin, au lieu d'apprendre à jouir de l'instant présent, de la compagnie de ceux qui nous sont chers, de la sérénité d'un paysage et, surtout, de l'épanouissement de la paix intérieure qui confère une qualité différente à chaque moment de l'existence.

L'excitation et le plaisir occasionnés par la multiplication et l'intensification des stimulations sensorielles, des divertissements bruyants, scintillants, frénétiques et sensuels ne peuvent pas remplacer cette paix intérieure et la joie de vivre qu'elle engendre. Les excès ont pour but de secouer notre apathie, mais ne font le plus souvent que produire une fatigue nerveuse doublée d'une insatisfaction chronique. On en vient alors à des attitudes extrêmes, comme ce jeune homme rescapé d'un accident de voiture après huit jours dans le coma, qui disait à l'un de mes amis : « J'étais à 160 à l'heure. Je savais que je ne passerais pas, mais j'ai accéléré. » Extrême qui naît de l'espoir désabusé qu'en poussant l'absurde encore plus loin on finira peut-être par arriver quelque part ou par s'annihiler dans le « nulle part ». Ce dégoût de la vie vient d'une totale ignorance ou d'un mépris de notre richesse intérieure. D'un refus de regarder en soi et de comprendre que c'est en cultivant la sérénité pour soi et la bonté envers les autres que l'on pourra respirer cet oxygène qu'est la joie de vivre.

Traits personnels

Il ne semble pas que le bonheur soit lié à l'intelligence, du moins telle qu'elle est mesurée par les tests de quotient intellectuel, ni au sexe ou à l'ethnie, pas plus qu'à la beauté physique. Toutefois, l'« intelligence émotionnelle » différencie de façon significative les gens heureux des malheureux. Cette notion, introduite par Daniel Goleman[20], est définie par la faculté de percevoir avec justesse les sentiments des autres et d'en tenir compte. C'est aussi la faculté d'identifier lucidement et rapidement nos propres émotions.

Selon K. Magnus et ses collaborateurs[21], le bonheur va de pair avec la capacité de s'affirmer, avec l'extraversion et l'empathie : les gens heureux sont en général ouverts au monde. Ils pensent que l'individu peut exercer un contrôle sur lui-même et sur sa vie, alors que les gens malheureux ont tendance à se croire les jouets du destin. De fait, il apparaît que plus un individu est capable de maîtriser son environnement, plus il est heureux. Il est intéressant de noter que, dans la vie de tous les jours, les extravertis vivent plus d'événements positifs que les introvertis, et que les individus névrosés font davantage d'expériences négatives que les personnes stables. On peut donc bien « avoir la poisse » et « attirer les ennuis », mais il ne faut pas perdre de vue que c'est en fin de compte son tempérament, extraverti ou névrotique, optimiste ou pessimiste, égoïste ou altruiste, qui fait que l'on se retrouve de façon répétée dans des situations similaires. Une personne extravertie est socialement plus apte à combattre les circonstances difficiles, tandis que celle qui est mal dans sa peau éprouve une anxiété accrue, laquelle se traduit le plus souvent par des problèmes affectifs, familiaux et par un échec social. Une personne m'écrivait : « Ce qu'il est convenu d'appeler le "sort" s'acharne sur moi avec une violence inouïe, chaque jour m'apportant un ennui de taille, voire une catastrophe qui m'écrabouille un peu plus chaque fois. Je n'en peux plus, car je ne sais si cela aura un terme ou si cela aboutira à un anéantissement total. J'ai peur de ne plus pouvoir en sortir. »

Les personnes *pratiquant* une religion sont plus heureuses et vivent plus longtemps : sept ans de plus que la moyenne aux États-Unis. Pourquoi ? Selon les psychologues, c'est sans doute à cause d'une attitude plus ouverte et positive vis-à-vis de l'existence, d'une cohésion sociale renforcée et d'une entraide plus dynamique. La religion offre un « cadre » de pensée qui permet de vivre en ayant des réponses aux questions que l'on se pose. Elle comporte toujours une dimension morale d'où découle : moins d'alcool, de tabac et de drogues. Les pratiquants éprouvent davantage d'émotions positives et ils ont moins de chances de se retrouver au chômage, de divorcer, de commettre des crimes ou de se suicider. La religion leur donne de l'espoir, le sentiment de participer à quelque chose de plus grand qu'eux qui les protège.

J'ajouterai qu'une dimension spirituelle aide à fixer un but dans l'existence, elle valorise les valeurs humaines, la charité, l'ouverture, autant de facteurs qui rapprochent davantage du bonheur que du mal-être. Elle nous évite l'idée désabusée qu'il n'y a aucune direction à suivre, que la vie n'est autre que le combat égoïste du « chacun pour soi ».

On s'imagine *a priori* que la santé devrait influer considérablement sur le bonheur et qu'il est difficile d'être heureux quand on est frappé d'une maladie grave et contraint d'être hospitalisé. Mais il s'avère que ce n'est pas le cas, et que, même dans ces conditions, on retrouve vite le niveau de bonheur qui était le sien avant la maladie. Des études menées auprès de patients cancéreux ont montré que leur niveau de bonheur était à peine inférieur à celui du reste de la population[22].

Comment expliquer qu'il y a finalement si peu de corrélation (10 à 15 %) entre la richesse, la santé, la beauté et le bonheur ? Selon E. Diener[23], tout dépend des buts que l'on se fixe dans l'existence. Avoir beaucoup d'argent joue forcément un rôle dans le bonheur de qui se fixe l'enrichissement personnel comme principal objectif, mais n'aura que peu d'incidence pour celui qui n'accorde à la richesse qu'une importance secondaire. On y aurait pensé, me direz-vous, mais pour être plus crédibles, certaines portes ouvertes doivent être scientifiquement enfoncées.

Bonheur et longévité

D. Danner et ses collègues[24] ont étudié la longévité d'un groupe de 178 religieuse catholiques nées au début du XXe siècle. Elles vécurent dans le même couvent et furent enseignantes dans la même école de la ville de Milwaukee aux États-Unis. Leur cas est particulièrement intéressant, car les conditions extérieures de leur vie sont remarquablement semblables : même déroulement de la vie quotidienne, même régime alimentaire, ni tabac ni alcool, similarité du statut social et financier et, enfin, même accès aux soins médicaux. Ces facteurs permettent d'éliminer en grande partie les variations dues aux conditions extérieures.

Les chercheurs ont analysé des comptes rendus autobiographiques que ces religieuses avaient écrits avant de prononcer leurs vœux. Des psychologues, qui ignoraient tout d'elles, ont évalué les sentiments positifs et négatifs exprimés dans leurs écrits. Certaines d'entre elles mentionnaient de façon répétée qu'elles étaient « très heureuses », ou éprouvaient « une grande joie » à l'idée de s'engager dans la vie monastique et de servir les autres, d'autres manifestaient peu ou pas d'émotions positives. Une fois les religieuses ainsi classées selon le degré de joie et de satisfaction exprimé dans leurs courtes autobiographies, les résultats ont été rapportés à leur longévité.

Il est apparu que 90 % des nonnes situées dans le quart le plus heureux du groupe étaient encore en vie à l'âge de quatre-vingt-cinq ans, contre seulement 34 % de celles appartenant au quart le moins heureux. Une analyse approfondie de leurs écrits a permis d'éliminer les autres facteurs qui auraient pu expliquer ces différences de longévité : aucun lien n'a pu être établi entre la longévité des nonnes et le degré de leur foi, la sophistication intellectuelle de leurs écrits, l'espoir qu'elles plaçaient dans le futur ou tout autre paramètre envisagé. Bref, il semble bien que les nonnes heureuses vivent plus longtemps que les nonnes malheureuses. De même, une étude menée pendant deux ans et portant sur plus de deux mille Mexicains de plus de soixante-cinq ans vivant aux États-Unis a montré que la mortalité des personnes qui manifestaient principalement des émotions négatives était *deux fois supérieure* à celle des personnes de tempérament heureux qui vivaient des émotions positives[25].

Et alors ?

Toutes les corrélations mises en évidence par la psychologie sociale sont indéniables, mais dans la plupart des cas on ignore si elles agissent en tant que causes ou en tant que conséquences. On sait que l'amitié va de pair avec le bonheur, mais sommes-nous heureux parce que nous avons beaucoup d'amis, ou avons-nous beaucoup d'amis parce que nous sommes heureux ? L'extraversion, l'optimisme et la confiance causent-ils le bonheur ou en sont-ils des manifestations ? Le bonheur favorise-t-il la longévité ou les personnes douées d'une grande vitalité sont-elles également d'une nature heureuse ? Ces études ne peuvent trancher de telles questions. Que faut-il alors en penser ?

Interrogez ces mêmes personnes avec davantage de précision sur leurs raisons de se déclarer « heureuses » : elles citent comme facteurs contributifs prépondérants la famille, les amis, une bonne situation, une vie aisée, une bonne santé, la liberté de voyager, la participation à la vie sociale, l'accès à la culture, à l'information et aux loisirs, etc. Par contre, elles mentionnent rarement un *état d'esprit* qu'elles se seraient forgé elles-mêmes. Or il est bien évident que, même si l'ensemble des conditions de vie extérieures fait que l'on a « tout pour être heureux », on ne l'est pas toujours, loin de là. De plus, ainsi que nous l'avons dit au début de ce livre, ce « tout » est tôt ou tard voué à se désagréger, et le bonheur avec lui. Ce « tout » n'a aucune stabilité intrinsèque, et trop miser sur lui conduit à d'amères déconvenues. D'une façon ou d'une autre, cet édifice extérieur ne peut que s'écrouler. Il suffit pour cela qu'une ou deux conditions viennent à manquer. Dans ce cas-là, c'est à la fois l'extérieur et l'intérieur qui s'effondrent en même temps. Miser sur ces conditions engendre l'angoisse, car, consciemment ou non, on se pose sans cesse ces questions : « Est-ce que cela va tenir ? Jusqu'à quand ? » On commence par se demander avec espoir et anxiété si l'on réussira à rassembler les conditions idéales, puis on craint de les perdre, et finalement on souffre quand elles disparaissent. Le sentiment d'insécurité reste donc toujours présent.

Que l'amélioration des conditions extérieures soit perçue comme une amélioration de la qualité de vie n'a, en soi, rien de surprenant. Il est bien normal d'apprécier d'être libre et de jouir d'une bonne santé. Tout individu, qu'il soit euphorique ou déprimé, préfère se rendre de

Paris à Delhi en neuf heures d'avion plutôt qu'en un an de marche à pied. Mais ces statistiques nous disent fort peu de choses quant aux *conditions intérieures* du bonheur, et rien sur la façon dont chaque individu peut les développer. Le but de ces études se limite à mettre en évidence les *conditions extérieures* qu'il serait nécessaire d'améliorer afin de créer « un plus grand bien-être pour le plus grand nombre de personnes », conception qui rejoint le point de vue « utilitariste » des philosophes anglais Jeremy Bentham et Stuart Mill. Ce but est éminemment désirable, mais la quête du bonheur ne se résume pas à une telle arithmétique des conditions extérieures. Ces limitations n'ont pas échappé aux chercheurs. R. Veenhoven affirme par exemple que : « Les déterminants du bonheur peuvent être recherchés à deux niveaux : les conditions externes et les processus internes. Si nous arrivons à identifier les circonstances dans lesquelles les gens tendent à être heureux, nous pourrons tenter de créer des conditions semblables pour tous. Si nous saisissons les processus mentaux qui y président, il est possible que nous puissions enseigner aux gens à prendre plaisir à vivre[26]. »

Du bonheur national brut

« Les États contemporains ne considèrent pas que c'est leur rôle de faire le bonheur des citoyens, ils s'occupent plutôt de garantir leur sécurité et leur propriété. »

Luca et Francesco Cavalli-Sforza[27]

Lors d'un Forum de la Banque mondiale qui s'est tenu en février 2002 à Katmandou, au Népal, le représentant du Bhoutan, royaume himalayen grand comme la

Suisse, affirma que, si l'indice du Produit National Brut (PNB) de son pays n'était pas très élevé, en revanche il était plus que satisfait de l'indice du Bonheur National Brut. Sa remarque fut accueillie par des sourires amusés en public et l'on s'en moqua en coulisse. Mais les pontes des pays « sur-développés » ne s'imaginaient pas que les délégués bhoutanais avaient de leur côté des sourires où se mêlaient amusement et désolation. On sait que, si le pouvoir d'achat a augmenté de 16 % aux États-Unis durant les trente dernières années, le pourcentage de gens qui se déclarent « très heureux » est tombé de 36 à 29 %[28].

Car n'est-ce pas singulièrement manquer de finesse que de penser que le bonheur suit l'indice Dow Jones de Wall Street ? Les Bhoutanais hochent la tête avec incrédulité lorsqu'on leur parle de gens qui se suicident parce qu'ils ont perdu une partie de leur fortune sur les autels de la Bourse. Mourir à cause de l'argent ? C'est que l'on n'a pas vécu pour grand-chose.

Chercher le bonheur dans la simple amélioration des conditions extérieures revient à moudre du sable en espérant en extraire de l'huile. Souvenons-nous de l'histoire du naufragé qui, tout nu, prend pied sur la plage et proclame : « J'ai toute ma fortune avec moi », car le bonheur est bien en soi et non dans les chiffres de production des usines d'automobiles. Il n'est donc pas étonnant que nos amis bhoutanais considèrent comme des rustres ceux qui n'ont d'yeux que pour la croissance annuelle du PNB et sont catastrophés lorsqu'elle baisse de quelques pour-cent. Et il n'eût pas été mauvais que les éminences de la Banque mondiale, oubliant un peu leur superbe, examinent de plus près les options que le Bhoutan a choisies après mûre réflexion et pas simplement parce qu'il n'avait pas d'autre choix. Ces options incluent notamment la priorité donnée à la préservation de la culture et de l'environnement sur le développement industriel et touristique.

Le Bhoutan est le seul pays au monde où la chasse et la pêche sont interdites sur tout le territoire ; les Bhoutanais ont en outre renoncé à couper leurs forêts alors qu'elles sont encore très abondantes. Voilà qui contraste fort heureusement avec les deux millions de chasseurs français et avec l'avidité des pays qui achèvent d'anéantir leurs forêts alors qu'ils les ont déjà considérablement réduites, le plus souvent dévastées, comme au Brésil, en Indonésie et à Madagascar. Le Bhoutan est considéré par certains comme un pays sous-développé — il n'y a que trois petites usines dans tout le pays —, mais sous-développé à quel point de vue ? Bien sûr, il y a une certaine pauvreté, mais pas de misère ni de mendiants. Moins d'un million d'habitants dispersés dans un paysage sublime de cinq cents kilomètres de long avec pour capitale Thimpou, qui ne compte que trente mille habitants. Dans le reste du pays, chaque famille a ses terres, du bétail, un métier à tisser et pourvoit à la quasi-totalité de ses besoins. Il n'y a que deux grands magasins dans tout le pays, l'un dans la capitale, l'autre près de la frontière indienne. L'éducation et la médecine sont gratuites. Comme le disait Maurice Strong, une personne qui aida en son temps le Bhoutan à entrer aux Nations Unies : « Le Bhoutan peut devenir comme n'importe quel autre pays, mais aucun pays ne peut redevenir comme le Bhoutan. » Vous allez me demander sur un ton dubitatif : « Mais sont-ils vraiment contents, ces gens-là ? » Asseyez-vous sur le flanc d'une colline et écoutez les bruits de la vallée. Vous entendrez les gens chanter au moment des semailles, des récoltes, sur le chemin. « Épargnez-moi ces images d'Épinal ! » vous exclamerez-vous. Image d'Épinal ?

Non, juste un reflet de l'indice du BNB (Bonheur
National Brut). Qui chante en France ? Lorsque
quelqu'un chante dans la rue, c'est généralement qu'il
fait la manche, à moins qu'il ne soit timbré. Sinon, pour
entendre chanter, il faut aller dans une salle de spectacle
et payer sa place. N'être concerné que par le PNB, cela
ne donne plus guère envie de chanter…

21

LE BONHEUR AU LABORATOIRE

Il n'y a pas de grande tâche difficile qui ne puisse être décomposée en petites tâches faciles.

Adage bouddhiste

Nous avons tenté, au fil de ces pages, d'explorer les relations entre les conditions extérieures et les conditions intérieures qui influent sur le bonheur. Sans préjuger de la nature même de la conscience, une discussion qui nous entraînerait trop loin et pour laquelle nous avons exprimé le point de vue du bouddhisme dans un autre ouvrage[1], il est évident que l'on doit s'interroger sur les rapports entre le bonheur et le fonctionnement du cerveau. On sait que nombre de troubles mentaux parmi les plus graves, la dépression bipolaire et la schizophrénie par exemple, sont dus à des pathologies du cerveau sur lesquelles le malade n'a presque aucun contrôle subjectif et que l'on ne peut soigner que par des traitements de longue durée. On sait aussi qu'en stimulant certaines zones du cerveau on peut provoquer instantanément chez le sujet une dépression, pour la durée de la stimulation, ou lui faire ressentir un plaisir intense.

Sans peur et sans colère

De nombreux travaux ont montré qu'une double structure cérébrale, l'amygdale, qui se trouve au fond des lobes temporaux droit et gauche, est associée aux sentiments de peur et de colère. Antonio Damasio, l'un des grands spécialistes des relations entre les émotions et la structure du cerveau, rapporte le cas d'une femme dont les deux amygdales étaient complètement calcifiées[2]. Le comportement et la vie de cette femme, mariée et mère de deux enfants, semblaient parfaitement normaux à première vue. Mais elle était incapable de ressentir de la peur et de l'identifier chez les autres. Bien qu'elle sût reconnaître sans problème les expressions faciales exprimant toutes sortes d'émotions, lorsqu'on lui montrait un visage manifestant la peur, elle ne savait pas mettre de nom sur cette expression. Elle comprenait intellectuellement ce que pouvait signifier une réaction de peur face à un danger imminent, mais ne la ressentait jamais. La colère semblait elle aussi quasiment absente de son répertoire émotionnel. Elle ressentait presque tout le temps des émotions positives qu'elle manifestait par une attitude exceptionnellement ouverte et chaleureuse à l'égard de tous ceux qu'elle rencontrait.

À l'extrême opposé, Richard Davidson, directeur du laboratoire de neurosciences affectives à l'université du Wisconsin aux États-Unis, cite le cas d'un meurtrier en série, Charles Whitman, qui tua plusieurs personnes du haut d'une tour située dans le campus de l'université du Texas, avant de se tirer une balle dans la tête. Il laissa un mot disant qu'il se sentait incapable de résister à la haine qui l'envahissait et demandait que l'on examine son cerveau après sa mort. L'autopsie révéla une tumeur qui comprimait son amygdale[3]. Il est clair que notre monde émotionnel peut être considérablement bouleversé par des anomalies cérébrales.

On peut se demander si, inversement, il est possible de modifier durablement les configurations cérébrales en pratiquant certaines activités physiques et en cultivant divers états mentaux par un entraînement de l'esprit.

La plasticité du cerveau

Voilà dix ans, un dogme des neurosciences voulait que le cerveau contienne tous ses neurones à la naissance et que cette quantité ne soit pas modifiée par les expériences vécues. Les seuls changements au fil de la vie auraient consisté en altérations mineures des contacts synaptiques — les connexions entre neurones — et la mort des cellules due au vieillissement. Mais, à l'heure actuelle, les neurosciences parlent davantage de neuroplasticité, terme qui exprime l'idée que le cerveau évolue continuellement en fonction de nos expériences — que ce soit par l'établissement de nouvelles connexions entre neurones, le renforcement de connexions existantes, ou la fabrication de nouveaux neurones. La pratique musicale, qui fait qu'un artiste travaille son instrument tous les jours pendant des années, offre un exemple typique de neuroplasticité. L'IRM a révélé que chez un violoniste, par exemple, les régions du cerveau contrôlant les mouvements de la main exerçant le doigté se développent au fur et à mesure de l'apprentissage. Les musiciens qui commencent leur formation très tôt et la poursuivent pendant de nombreuses années présentent les plus grandes modifications du cerveau[4]. L'étude de joueurs d'échecs et d'athlètes olympiques a révélé, elle aussi, de profondes transformations des capacités cognitives impliquées dans leur pratique.

La carte de la joie et de la tristesse

Nous avons mentionné précédemment qu'il n'y avait pas à proprement parler de « centre des émotions » dans le cerveau. Les émotions sont des phénomènes complexes associés à des processus cognitifs qui mettent en œuvre l'interaction de plusieurs régions du cerveau. On ne peut donc s'attendre à ce qu'il y ait un « centre du bonheur » ou du malheur. Cependant, des travaux effectués au cours des vingt dernières années, principalement par Richard Davidson et ses collaborateurs, ont montré que, lorsque les gens font état de sentiments comme la joie, l'altruisme, l'intérêt, l'enthousiasme, et manifestent une grande énergie et de la vivacité d'esprit, ils présentent une importante activité cérébrale au niveau du cortex préfrontal gauche. En revanche, ceux qui connaissent de manière prépondérante des états mentaux « négatifs », tels la dépression, le pessimisme ou l'anxiété, et ont tendance à se replier sur eux-mêmes manifestent une activité plus importante du cortex préfrontal droit[5].

De plus, lorsqu'on compare les niveaux d'activité du cortex préfrontal gauche et droit chez des sujets au repos, c'est-à-dire qui restent dans un état mental neutre, on s'aperçoit que leur rapport varie considérablement d'une personne à l'autre et reflète assez fidèlement leur tempérament. Les personnes qui ont habituellement le côté gauche plus actif que le droit ressentent en majorité des émotions plaisantes. À l'inverse, celles dont le cortex préfrontal droit est plus actif ressentent plus souvent des émotions négatives. On sait aussi que les sujets dont le cortex préfrontal gauche est endommagé (à la suite d'un accident ou d'une maladie) sont particulièrement vulnérables à la dépression, pour la raison probable que le côté droit n'est plus contrebalancé par le gauche.

Ces caractéristiques sont relativement stables et se manifestent dès la petite enfance. Une étude portant sur près de quatre cents enfants de deux ans et demi a montré que ceux qui, introduits dans une pièce où se trouvent d'autres enfants, des jouets et des adultes, restaient collés à leur mère et ne parlaient qu'avec réticence aux inconnus avaient une activité droite prédominante. En revanche, ceux qui allaient immédiatement jouer avec les autres, parlaient facilement et sans crainte, avaient une activité gauche plus élevée[6]. On retrouve donc bien dans le cerveau la signature des tempéraments extraverti et introverti, l'empreinte de caractères heureux ou malheureux.

Ces découvertes ont de profondes implications sur notre équilibre émotionnel : chacun d'entre nous possède un rapport personnel droite-gauche, reflétant l'activité des zones préfrontales. On peut qualifier ce rapport de point d'équilibre émotionnel, une moyenne autour de laquelle fluctuent nos humeurs quotidiennes. Nous avons tous la capacité de changer d'humeur et de modifier ainsi ce rapport. Plus il penche à gauche, meilleur est notre état d'esprit. On décèle par exemple chez la plupart des gens de légères altérations de ce rapport lorsqu'on leur demande d'évoquer des souvenirs plaisants, ou lorsqu'ils regardent des séquences de films amusantes ou qui suscitent une joie empathique.

La question que l'on peut se poser est formulée par Daniel Goleman, écrivain et journaliste scientifique au *New York Times*, dans son ouvrage intitulé *Émotions destructrices*[7] : « Dans quelle mesure peut-on former le cerveau à fonctionner de façon constructive, à remplacer l'avidité par le contentement, l'agitation par le calme, la haine par la compassion ? Les médicaments sont la principale réponse de l'Occident aux émotions perturbatrices, et, pour le meilleur et pour le pire, il ne fait aucun doute que les antidépresseurs ont apporté du réconfort à des millions de personnes. Mais quelqu'un peut-il, par ses propres efforts, obtenir des changements positifs et durables du fonctionnement de son cerveau ? »

C'est précisément ce que se sont proposé d'étudier Richard Davidson et son équipe, au laboratoire E.M. Keck d'imagerie mentale et d'étude du comportement des fonctions cérébrales, dans les murs de l'université du Wisconsin, à Madison, à l'aide des instruments les plus performants.

Une rencontre remarquable

Ces questions avaient surgi lors des cinq journées passionnantes de dialogue sur les « émotions destructrices » auquel s'étaient prêtés en 2000, à Dharamsala en Inde, le Dalaï-lama et un petit groupe de scientifiques, dont Richard Davidson, Francisco Varela, Paul Ekman et d'autres intervenants dont je faisais partie. C'était la dixième session d'une série de rencontres mémorables organisées par l'Institut Mind and Life qui, depuis 1985, sous l'impulsion du regretté spécialiste des sciences cognitives Francisco Varela et de l'homme d'affaires américain Adam Engle, a réuni régulièrement autour du Dalaï-lama des scientifiques de haut niveau[8].

À la suite de cette rencontre, plusieurs programmes de recherche furent lancés pour étudier des individus qui se sont consacrés pendant une vingtaine d'années au développement systématique de la compassion, de l'altruisme et de la paix intérieure. Jusqu'à ce jour, cinq méditants de la tradition bouddhiste tibétaine (quatre Tibétains et un Européen) ont été examinés par Richard Davidson et Antoine Lutz, un étudiant de Francisco Varela qui a rejoint le laboratoire de Madison. Ce programme de recherche a des visées pratiques : il s'agit d'envisager la méditation comme un entraînement de l'esprit, comme une réponse pratique à l'éternel casse-tête que constitue la gestion des émotions destructrices. Les recherches sont en cours et des articles scientifiques seront publiés lorsqu'une quantité suffisante de données aura été analysée. Toutefois, les résultats préliminaires, dont se fait écho Daniel Goleman[9], sont extrêmement prometteurs.

Le moine au labo

Le premier sujet étudié fut Öser, un moine européen qui a vécu et pratiqué depuis trente ans dans les monastères himalayens auprès de grands maîtres tibétains et, à plusieurs occasions, a passé en retraite solitaire de nombreux mois qui, au total, représentent trois ans de sa vie.

En consultation avec Öser, un protocole fut établi, prévoyant qu'il partirait d'un état d'esprit neutre pour entrer successivement dans plusieurs états spécifiques de méditation, impliquant des stratégies attentionnelles, cognitives et affectives différentes. Six états de méditation furent choisis : la concentration sur un seul point, une méditation qu'Öser appelait « présence éveillée », la visualisation d'images, la compassion, une méditation sur la force d'âme et une autre sur la dévotion.

La *concentration* sur un objet d'attention unique exige l'abandon de dizaines d'autres pensées qui traversent l'esprit et entraînent la distraction. Ainsi, pour cette expérience, Öser a simplement choisi un point (un petit boulon sur l'appareil de IRM au-dessus de lui), il a posé son regard dessus et l'y a maintenu, rattrapant son esprit chaque fois qu'il commençait à s'évader.

La *présence éveillée* est un état d'esprit parfaitement clair, ouvert, vaste et alerte, libre d'enchaînements de pensée et dépourvu de toute activité mentale intentionnelle. L'esprit n'est concentré sur rien mais reste parfaitement présent. Lorsque quelques pensées apparaissent, le méditant ne tente aucune intervention sur son esprit, il se contente de laisser ces pensées s'évanouir naturellement.

La *visualisation* consiste ici à reconstituer par l'imagination la représentation extrêmement précise d'une déité bouddhiste, jusque dans ses moindres détails. Le méditant commence par visualiser attentivement tous les détails du visage, du costume, de la posture, etc., en les passant en revue un par un. Enfin il visualise la divinité tout entière et stabilise cette visualisation.

La méditation sur l'*amour* et la *compassion* consiste à porter son attention sur les souffrances des êtres animés, à penser qu'ils aspirent tous au bonheur et ne veulent pas souffrir, puis à se mettre dans une disposition d'esprit où il n'existe que compassion et amour pour tous les êtres, proches, étrangers ou ennemis, humains et non humains. C'est une compassion inconditionnelle, sans calcul, sans exclusion. On engendre cet amour jusqu'à ce que l'esprit tout entier en soit imprégné.

L'*intrépidité*, ou *force intérieure*, consiste à engendrer une profonde confiance que rien ne peut ébranler — résolue et ferme — un état où, quoi qu'il arrive, on estime n'avoir rien à gagner ni à perdre.

Dans la méditation sur la *dévotion*, ainsi qu'au cours des méditations précédentes, l'évocation des qualités du maître spirituel joue un rôle prépondérant. À mesure que le souvenir du maître spirituel devient de plus en plus présent, l'esprit se laisse envahir par une profonde appréciation et une grande gratitude à l'égard des qualités humaines et spirituelles qu'il incarne.

Ces diverses méditations font partie des exercices spirituels qu'un pratiquant du bouddhisme cultive pendant de nombreuses années, au fil desquelles elles deviennent de plus en plus stables et claires.

On commença par tester Öser à l'aide de l'IRM fonctionnelle (IRMf), un appareil sophistiqué qui permet d'étudier très précisément la localisation d'une activité cérébrale et de la suivre dans le temps. Öser fit alterner des périodes neutres de trente secondes avec des périodes de soixante secondes, durant lesquelles il engendrait l'un des six états de méditation cités. Ce processus a été répété une trentaine de fois pour chaque état. Daniel Goleman note : « L'ensemble des opérations a duré plus de trois heures. La plupart des patients sortent de l'IRM — surtout après y être restés aussi longtemps — avec une expression de soulagement ou de lassitude. Mais Davidson eut l'heureuse surprise de voir Öser achever son éreintant programme avec un large sourire, et proclamer : "C'est comme une mini-retraite !" »

Ensuite, Öser fit la même série de tests avec un électroencéphalographe (EEG). La plupart des EEG ne comportent que trente-deux électrodes que l'on dispose sur le cuir chevelu pour déceler l'activité électrique du cerveau. Cette fois, le cerveau d'Öser a été étudié à l'aide d'un dispositif muni de 256 capteurs. Seuls trois ou quatre laboratoires dans le monde utilisent cet appareil qui permet de suivre l'évolution de l'activité cérébrale au millième de seconde, tout en localisant précisément l'origine des signaux.

Les premiers résultats

La venue du Dalaï-lama à Madison a précipité l'analyse des données qui fut menée tambour battant : on effectua sept jours d'analyses préliminaires en vingt-quatre heures grâce à la mobilisation des chercheurs et des ressources informatiques des vingt ou trente autres projets en cours dans le laboratoire de Davidson.

La première lecture des données d'IRMf que livra Davidson, le lendemain, lors de la rencontre avec le Dalaï-lama faisait déjà nettement apparaître qu'Öser avait pu volontairement réguler son activité cérébrale. En comparaison, la plupart des sujets inexpérimentés auxquels on assigne un exercice mental — se concentrer sur un objet ou sur un événement, visualiser une image, etc. — s'avèrent incapables de limiter leur activité mentale à cette tâche. Chaque distraction, chaque activité mentale qui n'a rien à voir avec l'exercice auquel le sujet est censé se livrer se traduit dans les instruments par des « bruits » qui parasitent les signaux engendrés par l'exercice en question. Par ailleurs, ces premières analyses révélaient que chaque nouvel état et chaque méditation nouvelle effectuée par Öser produisaient des changements notables et distincts du signal de l'IRMf. Cela est particulièrement remarquable, car à l'exception des cas les plus évidents, comme le passage de l'éveil au sommeil, par exemple, des transformations aussi considérables de l'activité cérébrale entre deux états d'esprit sont très rares.

Si la majeure partie des résultats de l'IRMf restent encore à décoder, l'analyse de l'EEG indiquait des différences significatives entre les périodes de repos et les périodes de méditation sur la compassion. Il y a quelques années, Davidson avait examiné l'asymétrie entre le cortex préfrontal droit et gauche chez un moine tibétain âgé qui avait pratiqué toute sa vie, plusieurs heures par jour, la méditation sur la compassion. Il s'était aperçu que la prédominance de l'activité gauche chez ce moine était plus élevée que chez les 175 personnes « ordinaires » testées jusqu'alors.

Cette fois-ci, à nouveau, les mesures effectuées avec Öser sortaient de la courbe de distribution représentant les résultats de plusieurs centaines de sujets. Le plus étonnant était le très fort pic de l'activité électrique connue sous le nom de gamma et localisée dans le gyrus frontal moyen gauche. Les recherches de Davidson avaient déjà montré que cette partie du cerveau hébergeait des émotions positives. Nous avons tous un point d'équilibre de base entre l'activité droite et gauche de cette aire du cerveau, et les fluctuations de cet équilibre sont généralement modestes. Or les données tirées des expériences avec Öser étaient frappantes. Alors qu'il commençait à méditer sur la compassion, on constata une remarquable augmentation de l'activité préfrontale gauche. La compassion, l'acte même de se soucier du bien-être des autres, va donc de pair avec les autres émotions positives comme la joie et l'enthousiasme. Cela corrobore les recherches des psychologues, dont nous avons parlé, et qui ont montré qu'au sein d'une population les personnes les plus altruistes sont aussi celles qui manifestent la plus grande satisfaction de vivre.

Des découvertes sans précédent

La rencontre de Madison avait été prévue pour informer le Dalaï-lama de l'avancement des différents programmes de recherche issus du débat sur les émotions destructrices et leurs possibles antidotes, qui avait eu lieu l'année précédente à Dharamsala. Les travaux de Davidson constituaient l'un de ces programmes ; des expériences avaient été parallèlement menées dans d'autres laboratoires, sur d'autres dimensions psychologiques de la méditation. Si les découvertes de Davidson sur la compassion étaient étonnantes, des résultats plus remarquables encore allaient venir de Paul Ekman, l'un des plus éminents experts des sciences de l'émotion, qui était alors à la tête du Laboratoire d'interaction humaine de l'université de Californie, à San Francisco. Ekman faisait partie du petit groupe de scientifiques présents à Dharamsala, et il avait observé Öser dans son laboratoire quelques mois plus tôt. En collaboration avec ce moine, il s'est livré à quatre études, dont chacune, comme le dit Ekman, « a révélé des choses qu'on n'avait jamais vues auparavant ». Certaines découvertes étaient si inédites, reconnut Ekman, qu'il n'était pas encore certain d'avoir tout compris lui-même. Pour décrire ces expériences, auxquelles je participais, je résumerai ci-dessous l'excellent compte rendu qu'en a donné Daniel Goleman[10].

La première expérience avait recours à un système de mesure des expressions faciales traduisant diverses émotions. La mise au point de ce système est l'une des grandes réussites de la carrière d'Ekman. Il s'agit d'une bande vidéo sur laquelle défile une série de visages affichant différentes expressions qui apparaissent très brièvement. On commence par voir un visage neutre, puis l'expression elle-même, qui ne reste à l'écran qu'un trentième de seconde. Elle passe si rapidement qu'on peut la manquer rien qu'en clignant des yeux. L'expression émotionnelle est à nouveau suivie de l'expression neutre, et ainsi de suite. Le test consiste à identifier, durant ce trentième de seconde, les signes faciaux que l'on vient de voir : colère, peur, dégoût, surprise, tristesse ou joie.

La capacité de reconnaître des expressions fugaces indique une disposition inusuelle à l'empathie et à la perspicacité. Les six micro-émotions proposées sont universelles, biologiquement déterminées et elles s'expriment de la même façon dans le monde entier.

S'il existe de grandes différences culturelles dans la gestion consciente d'émotions comme le dégoût, ces expressions ultrarapides passent si vite qu'elles échappent même aux barrières imposées par les tabous culturels. Les micro-expressions ouvrent ainsi une fenêtre unique sur la réalité émotionnelle d'une personne.

L'étude de milliers de sujets avait appris à Ekman que les plus doués sont aussi plus ouverts, plus curieux des choses en général, plus consciencieux — à la fois fiables et efficaces. « Alors j'ai songé que de nombreuses années d'expérience de la méditation » — qui demande autant d'ouverture d'esprit que de rigueur — « devaient conférer une meilleure aptitude pour réaliser cet exercice », expliqua Ekman.

Ekman annonça alors ses résultats : Öser et un autre méditant occidental expérimenté qu'il avait eu le loisir d'observer avaient pulvérisé tous les records de reconnaissance des signes émotionnels. L'un comme l'autre avait obtenu des résultats très largement supérieurs à ceux des cinq mille sujets préalablement testés. « Ils font mieux que les policiers, les avocats, les psychiatres, les agents des douanes, les juges, et même que les agents des services secrets », groupe qui s'était jusqu'alors montré le plus précis. « Il semblerait que l'un des bénéfices que leur a apportés leur formation est une plus grande réceptivité à ces signes subtils de l'état d'esprit d'autrui », remarqua Ekman.

Lorsque ces premiers résultats furent expliqués au Dalaï-lama — qui s'était montré sceptique quant aux chances d'Ekman de trouver quoi que ce soit avec cette expérience — celui-ci s'exclama avec surprise : « Ah ! Alors la pratique du Dharma semble bien avoir une influence, ici. Voilà qui est nouveau. »

Puis, tandis qu'on émettait des hypothèses sur les raisons de cette influence de la pratique de la méditation, le Dalaï-lama avança qu'elle pouvait impliquer deux formes d'aptitude. La première serait un accroissement de la vitesse de cognition, qui faciliterait la perception de stimuli rapides en général. La seconde serait une plus grande réceptivité aux émotions des autres, qui rendrait leur lecture plus facile. Ekman admit qu'il faudrait dissocier ces deux aptitudes, de façon à mieux interpréter sa découverte, mais ajouta que cela ne lui était pas possible à partir de ces seuls résultats.

Sursauter ou ne pas sursauter ?

Le sursaut, l'un des réflexes les plus primitifs du répertoire des réponses corporelles humaines, suppose une cascade de spasmes musculaires très rapides répondant à un bruit retentissant et inattendu ou à une vision soudaine et choquante. Chez tout le monde, les cinq mêmes muscles faciaux se contractent instantanément, notamment autour des yeux. Le sursaut intervient deux dixièmes de seconde après l'audition du son et s'achève environ une demi-seconde après le dit son. Le tout ne dure donc qu'un tiers de seconde. Ces étapes sont invariablement les mêmes : nous sommes ainsi faits.

Comme tous les réflexes, le sursaut répond à l'activité du tronc cérébral, la partie la plus primitive, reptilienne du cerveau, et échappe à la régulation volontaire. Pour autant que le sache la science, aucun acte intentionnel ne peut altérer le mécanisme qui le contrôle.

Ekman s'était intéressé au sursaut parce que son intensité est révélatrice de l'importance des émotions négatives susceptibles d'être ressenties — notamment la peur, la colère, la tristesse et le dégoût. Plus une personne sursaute fort, plus elle est encline à connaître des émotions négatives — il n'y a en revanche aucune relation entre le sursaut et les émotions positives telles que la joie.

Pour tester le sursaut d'Öser, Ekman l'emmena jusqu'à l'autre pointe de la baie de San Francisco, au laboratoire de psychophysiologie de son collègue Robert Levenson, de l'université de Berkeley. On enregistra les mouvements corporels, le pouls, le taux de sudation et la température de la peau d'Öser. On filma les expressions de son visage — afin de saisir toutes ses réactions physiologiques à l'émission d'un bruit inattendu. On choisit le seuil maximal de la tolérance humaine — une détonation très puissante, l'équivalent d'un coup de feu ou d'un gros pétard qui éclaterait à côté de l'oreille.

Puis on expliqua à Öser qu'il verrait sur un écran un décompte de 10 à 1, au terme duquel il entendrait un grand bruit. On lui demanda d'essayer de réprimer l'inévitable tressaillement, au point si possible de le rendre imperceptible. C'est un exercice où certains peuvent s'avérer meilleurs que d'autres, mais personne ne parvient jamais à le supprimer totalement, loin s'en faut, même au prix des efforts les plus intenses pour retenir les spasmes musculaires. Parmi les centaines de sujets qu'Ekman et Robert Levenson avaient testés, aucun n'avait jamais réussi. De précédentes recherches avaient montré que même les tireurs d'élite de la police, qui tirent des coups de feu tous les jours, ne peuvent s'empêcher de sursauter.

Mais Öser, lui, l'a fait.

Ekman expliqua au Dalaï-lama : « Lorsque Öser cherche à réprimer son sursaut, il le fait quasiment disparaître. Nous n'avions jamais vu personne capable de cela. Et aucun autre chercheur non plus. C'est une réussite spectaculaire. Nous n'avons pas la moindre idée des caractéristiques anatomiques qui lui permettent de réprimer son réflexe de sursaut. »

Pendant ces tests, Öser avait pratiqué deux types de méditation : la concentration sur un seul objet et la présence éveillée — également étudiés par IRMf à Madison. Pour le moine, le meilleur effet était obtenu par la méditation de la présence éveillée : « Dans cet état, je n'ai pas essayé de contrôler le sursaut, mais la détonation m'a paru plus faible, comme si je l'entendais de loin. » En fait, de toutes ces expériences, c'était celle dont Öser attendait les meilleurs résultats. Ekman raconta que, si quelques légers changements s'étaient bien produits dans la physiologie de ce méditant, pas un muscle de son visage n'avait bougé, chose qu'Öser rapprocha du fait que son esprit n'avait pas été secoué par la détonation. En réalité, comme il l'expliqua : « Si l'on parvient à se maintenir dans cet état, la détonation semble être un événement presque insignifiant, qui ne laisse aucune trace, comme le passage de l'oiseau dans le ciel. »

Si aucun des muscles faciaux d'Öser n'avait frémi lorsqu'il était en présence éveillée, ses paramètres physiologiques (pouls, sudation, pression artérielle) avaient suivi l'accroissement qui accompagne habituellement le sursaut. Cela signifie que le corps réagit, enregistre les effets de la détonation, mais que l'esprit est détaché, que le son n'a sur lui aucun impact émotionnel. L'ampleur du sursaut étant proportionnelle à l'intensité que met le sujet à vivre les émotions pénibles, la performance d'Öser laisse deviner un remarquable niveau d'équanimité émotionnelle. Précisément le type d'équanimité que les textes anciens décrivent comme l'un des fruits de la pratique méditative.

Légèrement songeur, Ekman fit ce commentaire au Dalaï-lama : « Je croyais que c'était une gageure, qu'il était hautement improbable que quiconque puisse supprimer à la demande un réflexe aussi ancestral, aussi rapide. Mais avec ce que nous savons de la méditation, il semblait valoir la peine d'essayer. » C'est le moins qu'on puisse dire.

Un certain nombre d'autres expériences, portant sur la physiologie de la confrontation avec des personnes agressives et la réaction devant des scènes douloureuses montrées dans un film, furent conduites. Ekman conclut son exposé en soulignant que chacune des études menées avec Öser avait donné des résultats qu'il n'avait jamais vus en trente-cinq années de recherche.

Que faire de tout cela ?

Aux yeux des spécialistes des sciences cognitives, le propos de ces recherches n'est pas de démontrer le caractère remarquable de quelques individus isolés, mais plutôt de faire reculer les présupposés concernant l'influence de l'entraînement mental sur le développement d'émotions constructives. L'important, remarque Öser, c'est que ce processus soit à la portée de toute personne montrant suffisamment de détermination.

On peut se demander combien de temps de pratique est nécessaire au cerveau pour effectuer un tel changement, en particulier dans un exercice aussi subtil que la méditation. Plus grand est le nombre d'heures de pratique, plus importante est la transformation. Par exemple, au moment du concours d'entrée au Conservatoire national supérieur de musique, les violonistes de haut niveau totalisent environ dix mille heures de pratique. Les méditants qui sont maintenant les sujets d'études de Richard Davidson et d'Antoine Lutz ont pour la plupart dépassé le niveau équivalent à dix mille heures de méditation. La plus grande part de leur entraînement s'est faite au cours de retraites intensives, auxquelles s'ajoutent des années de pratique quotidienne. On est donc en droit de penser que la méditation peut induire, elle aussi, de profondes transformations du cerveau. Du point de vue des sciences cognitives, on pourrait décrire la méditation comme un effort systématique de focalisation de l'attention et des facultés mentales et émotionnelles qui l'accompagnent.

S'il est ainsi possible que des méditants entraînent leur esprit de façon à maîtriser leurs émotions destructrices, pourrait-on intégrer certains aspects pratiques, non religieux, d'un tel entraînement dans l'éducation des enfants ? Ou encore, serait-il possible de proposer cette technique de prise en charge émotionnelle aux adultes, qu'ils soient ou non eux-mêmes en quête de spiritualité ? L'une des retombées possibles de ce programme scientifique serait d'inciter les gens à mieux gérer leurs émotions destructrices en s'essayant à certaines de ces méthodes d'exercice de l'esprit.

Lorsque Daniel Goleman demanda au Dalaï-lama ce qu'il attendait de ces expériences, celui-ci répondit : « En exerçant leur esprit, les gens peuvent devenir plus calmes — notamment les plus cyclothymiques. C'est ce qu'indiquent ces travaux sur l'entraînement de l'esprit selon le bouddhisme. Et c'est là mon objectif principal : je ne cherche pas à promouvoir le bouddhisme, mais plutôt la façon dont la tradition bouddhiste peut contribuer au bien de la société. Il va de soi qu'en tant que bouddhistes nous prions sans cesse pour tous les êtres. Mais nous ne sommes que des êtres humains ordinaires et le mieux que nous puissions faire, c'est de cultiver notre propre esprit. »

22

L'ÉTHIQUE, SCIENCE DU BONHEUR ?

> *Il n'est pas possible de vivre heureux*
> *si on ne mène pas une vie belle, juste et sage,*
> *ni de mener une vie belle, juste et sage sans*
> *être heureux.*

Épicure[1]

Les dictionnaires définissent l'éthique comme : « science de la morale, art de diriger la conduite » (Robert) ou comme la « science qui prend pour objets immédiats les jugements d'appréciation sur les actes qualifiés de bons ou mauvais » (Lalande). Toute la question est là. Quels sont les critères qui permettent de qualifier un acte de bon ou de mauvais ? Pour le bouddhisme, un acte est essentiellement mauvais s'il engendre notre souffrance ou celle d'autrui, bon s'il engendre notre bien-être véritable ou celui d'autrui. À l'égard des autres, c'est la *motivation*, altruiste ou malveillante, qui colore un acte. Car, faire souffrir autrui, c'est aussi provoquer notre propre souffrance, dans l'immédiat ou à plus longue échéance, alors qu'apporter du bonheur à autrui est en fin de compte la meilleure façon d'assurer le nôtre. Par le jeu des lois de cause à effet, ce que le bouddhisme appelle le *karma* — les lois qui régissent les conséquences de nos actes —, l'éthique se trouve donc intimement liée au bonheur et à la souffrance. C'est la problématique que posent Luca et Francesco Cavalli-Sforza : « L'éthique est née en tant que science du bonheur. Pour être heureux, vaut-il mieux s'occuper des autres ou penser exclusivement à soi[2] ? »

Les religions monothéistes, elles, se fondent sur les commandements divins, certains philosophes sur des concepts — le Bien, le Mal, la Responsabilité ou le Devoir — qu'ils estiment absolus et universels. D'autres adoptent un point de vue utilitariste que l'on peut résumer ainsi : le plus grand bien du plus grand nombre. Quant aux comités d'éthique contemporains, ils utilisent au mieux la raison et les connaissances scientifiques disponibles afin de trancher les différents dilemmes suscités par les avancées de la recherche, en génétique par exemple.

Selon le bouddhisme donc, le but de l'éthique est de se libérer de la souffrance, du *samsara*, et d'acquérir la capacité d'aider les autres à s'en libérer. Pour cela, il convient de régler notre conduite en conciliant équitablement notre propre désir de bien-être avec celui des autres, partant du principe que nos actes doivent contribuer simultanément à notre bonheur et à celui de tous les êtres vivants et éviter de leur causer du tort. Ainsi doit-on renoncer à tout plaisir égoïste — auquel on ne saurait donner le nom de bonheur — que l'on ne peut obtenir qu'*au détriment* d'autrui. En revanche, il convient d'accomplir un acte qui contribue au bonheur d'autrui, même si nous le ressentons sur le moment comme déplaisant. Il est certain qu'en fin de compte il concourra également à notre bonheur véritable, c'est-à-dire à la satisfaction d'avoir agi en conformité avec notre nature profonde.

On constate d'emblée que, selon cette perspective, une éthique déshumanisée, édifiée sur des fondements abstraits, n'a guère d'utilité. Pour que l'éthique reste humaine, elle doit refléter l'aspiration la plus profonde de tout être vivant, celle de l'homme comme de l'animal, à savoir : connaître le bien-être et éviter la souffrance. Ce désir ne dépend d'aucune philosophie et d'aucune culture : il est le dénominateur commun de tous les êtres sensibles. D'après le philosophe Han de Wit : « Ce désir humain, universel, n'est pas basé sur des opinions ou des idées, ni sur le jugement moral qui décréterait qu'il est bon de l'éprouver [...]. Pour le bouddhisme, l'existence d'un tel désir n'est pas à démontrer, il relève de l'expérience, il vit en nous. C'est la force douce que possèdent tous les êtres vivants. Pas seulement les êtres humains, mais aussi les animaux, "sans foi ni loi"[3]. »

Il n'est plus question ici de définir le Bien et le Mal dans l'absolu, mais de prendre conscience du bonheur et de la souffrance que l'on engendre, en actes, en paroles et en pensées. Deux facteurs principaux sont déterminants : la motivation et le résultat de nos actes. Nous sommes loin de maîtriser l'évolution des événements extérieurs, mais, quelles que soient les circonstances, nous pouvons *toujours* adopter une motivation altruiste[4].

La forme que prend une action n'est qu'une façade. Si l'on s'en tenait à la seule apparence des actes, il serait impossible de distinguer par exemple entre un mensonge destiné à faire du bien et un autre proféré pour nuire. Si un tueur vous demande où se cache la personne qu'il poursuit, ce n'est évidemment pas le moment de dire la vérité. Il en va de même de la violence. Si une mère pousse brutalement son enfant de l'autre côté de la rue pour l'empêcher d'être écrasé par une voiture, son acte n'est violent qu'en apparence : elle lui a épargné la mort. En revanche, si quelqu'un vous aborde avec un grand sourire et vous couvre de compliments à la seule fin de vous escroquer, sa conduite n'est non violente qu'en apparence, car son intention est en vérité malfaisante.

La question fondamentale reste évidemment : sur quels critères déterminer ce qui est bonheur pour autrui et ce qui est souffrance ? Allons-nous donner une bouteille à un ivrogne parce qu'il y trouve son « bonheur », ou l'en priver pour qu'il n'écourte pas sa vie ? C'est ici qu'en sus de la *motivation altruiste* entre en jeu la *sagesse*. L'essentiel de ce livre a consisté à différencier le bonheur véritable du plaisir et des autres contrefaçons de la plénitude. La sagesse est précisément ce qui permet de distinguer les pensées et les actes qui contribuent au bonheur authentique de ceux qui le détruisent. Or la sagesse relève de l'*expérience*, non de dogmes. C'est elle qui, unie à une motivation altruiste, permet de juger, cas par cas, de l'opportunité d'une décision.

Tout cela n'exclut nullement la présence de règles de conduite et de lois. Elles sont indispensables en tant qu'expression de la sagesse accumulée dans le passé. Elles sont justifiées car certains actes sont presque toujours nuisibles : voler, tuer, mentir. Mais elles restent des lignes directrices. La sagesse altruiste est ce qui permet de reconnaître *l'exception nécessaire*. Le vol est répréhensible en général, puisqu'il est habituellement motivé par l'avidité et prive injustement quelqu'un de son bien, lui causant ainsi du tort. Mais lorsqu'en période de famine, par compassion, on vole de la nourriture à un riche avare dont les greniers sont pleins à craquer pour la donner à ceux qui meurent de faim devant sa porte, le vol n'est plus répréhensible, il est désirable. La loi reste intacte, mais la sagesse compatissante a permis l'exception, et cette dernière, selon le proverbe bien connu, confirme la règle davantage qu'elle ne la détruit. La seule chose qui a été transgressée, et doit l'être, c'est une conception rigide, timorée, indifférente et cynique d'une règle désincarnée qui méprise la souffrance en se drapant dans la dignité d'une justice inhumaine. Ainsi, lorsque la souffrance engendrée par le non-agir est plus grande que celle causée par l'action, cette dernière doit être accomplie. Sinon, on oublierait la raison d'être même de la règle, qui est de protéger les êtres de la souffrance.

Dans la vie quotidienne, l'examen de la motivation permet le plus souvent de reconnaître la valeur éthique d'une prise de position. Aux États-Unis, par exemple, l'industrie pornographique revendique à grands cris la liberté d'expression pour éviter qu'on ne lui impose la moindre restriction d'accès aux sites Internet, qui sont de ce fait totalement ouverts à tous les enfants. Si les moyens employés tels que la défense des lois sur la liberté, la création artistique, sont nobles en apparence, la motivation qui les sous-tend — gagner de l'argent — et le résultat — l'enrichissement des producteurs et la déstabilisation psychologique des enfants — ne peuvent être raisonnablement considérés comme altruistes. Je doute qu'un seul de ces marchands de pornographie pense, au fond de lui-même, faire du bien aux enfants qui accèdent à ses sites Internet.

Pour remplir son contrat, l'altruisme doit donc s'affranchir de l'aveuglement et s'éclairer d'une sagesse libre de haine, d'avidité et de partialité. L'éthique, comme le bonheur, est incompatible avec les émotions destructrices et doit être enrichie par l'amour, la compassion et les autres qualités qui reflètent la nature profonde de notre esprit. L'un des sens du mot vertu est « courage », « vaillance ». Il s'agit ici de la vaillance et du courage dans le combat contre les émotions destructrices engendrées par l'égocentrisme et de la nécessité de se débarrasser du sentiment de l'importance de soi, de l'illusion de l'ego.

Le point de vue de l'autre

Les préceptes éthiques que propose le bouddhisme constituent donc des points de repère, des rappels à l'altruisme et à une attitude constructive envers soi-même, des conseils semblables à ceux d'un médecin. Ils mettent en évidence les conséquences de nos actes et nous incitent à éviter ceux qui provoquent la souffrance à court ou à long terme. Pour ne jamais perdre de vue la situation de l'autre, il faut commencer par adopter son point de vue. Comme Jean-Jacques Rousseau l'avait remarqué : « Le riche n'a que peu de compassion pour le pauvre car il ne sait pas s'imaginer pauvre. » Le pêcheur, nous l'avons vu, inflige une cruelle torture au poisson parce qu'il ne sait pas s'imaginer poisson. C'est pour cette raison que l'éthique bouddhiste demande que l'on commence par accorder de l'importance au point de vue de l'autre, puis qu'on l'aime comme soi-même, et enfin qu'on lui accorde la plus grande importance, car nous ne sommes qu'un seul être au regard des autres qui sont innombrables.

Mille innocents ou un seul ?

Un dilemme classique nous aide à mieux comprendre l'approche pragmatique du bouddhisme. Il est résumé par André Comte-Sponville : « S'il fallait pour sauver l'humanité condamner un innocent (torturer un enfant, dit Dostoïevski[5]), faudrait-il s'y résigner ? Non, répondent les philosophes. Le jeu n'en vaudrait pas la chandelle, ou plutôt ce ne serait pas un jeu mais une ignominie. "Car si la justice disparaît, écrit Kant, c'est chose sans valeur que le fait que des hommes vivent sur la Terre[6]." » Et Comte-Sponville poursuit : « L'utilitarisme touche ici à sa limite. Si la justice n'était qu'un contrat d'utilité, [...] qu'une maximisation du bien-être collectif [...] il pourrait être juste, pour le bonheur de presque tous, d'en sacrifier quelques-uns, sans leur accord et fussent-ils parfaitement innocents et sans défense. Or c'est ce que la justice interdit, ou doit interdire. Rawls[7] a raison, ici, après Kant : la justice vaut plus et mieux que le bien-être ou l'efficacité, et ne saurait — fût-ce pour le bonheur du plus grand nombre — leur être sacrifiée[8]. »

Mais on ne sacrifierait la justice que si l'on décrétait que le choix de sacrifier un enfant pour en sauver mille était *en principe* acceptable. Or il ne s'agit pas *de l'accepter*, mais d'éviter concrètement le plus de souffrance possible. Entre deux solutions *aussi inacceptables l'une que l'autre,* il ne s'agit pas d'ériger le « bonheur du plus grand nombre » en dogme, de considérer l'enfant innocent comme un simple *moyen* de sauver la vie des autres, au mépris de son propre droit à la vie, mais, face à une situation réelle, inévitable, de faire le choix du *moindre mal* en termes de souffrance.

Un altruisme vrai n'hésiterait pas à donner sa vie et à mourir à la place de l'enfant, mais s'il est mis au pied du mur et *doit* faire ce choix en ne disposant que de quelques secondes pour décider, que va-t-il faire ? Que doit-il faire ? Laisser une, ou mille personnes mourir ? En décidant d'épargner mille personnes aussi innocentes que l'enfant, la Justice abstraite et désincarnée — celle qui faisait dire à Voltaire : « La vie d'un homme vaut autant que la vie d'un million d'hommes » — est peut-être sacrifiée, mais une montagne de souffrance est évitée. Ce choix n'a pas déchiré le tissu de la justice pour les temps futurs ; il n'a pas compromis à long terme la santé morale de l'humanité, dans la mesure où celui qui a pris cette décision dramatique n'a *jamais*, ne serait-ce qu'une fraction de seconde, *accepté* en son for intérieur de sacrifier l'enfant. Entre deux refus, il a choisi de *refuser davantage la mort d'un millier que d'un seul*.

Aurait-il dû fermer les yeux ? Refuser un choix tragique ? Mais en s'abstenant d'agir pour laisser le hasard décider à sa place de la mort d'une ou de mille personnes, il ne fait que privilégier sa « bonne conscience » par rapport à sa responsabilité envers ceux qui sont au seuil de la mort : l'enfant comme les habitants de la ville. En vérité, en se drapant dans la fausse dignité d'une justice dogmatique et glorieuse, sa non-intervention coûte la vie à mille personnes. On peut également considérer que ne pas agir est une condamnation tacite des mille citadins.

Il est facile ici de mêler abstraction et sentimentalité. L'abstraction absolutiste, lorsqu'on ne raisonne pas en termes de vécu. La sentimentalité, dès lors qu'on se représente de façon réaliste l'enfant innocent qui va être mis à mort (ce qui est *en soi intolérable et inacceptable*), tandis que le reste de la ville est considéré comme une entité abstraite, alors qu'elle est, elle aussi, composée d'innocents en chair et en os. Il suffit de *retourner la question* : « Est-il acceptable de sacrifier mille innocents pour en sauver un ? » Car c'est bien cela que l'on en vient implicitement à accepter en statuant que « la justice doit interdire de sacrifier un innocent pour sauver le plus grand nombre ».

Le roman de William Styron intitulé *Le Choix de Sophie* offre un exemple encore plus poignant, dans la mesure où, loin d'être un raisonnement théorique, il s'agit d'une situation de vie dans laquelle on peut s'imaginer soi-même. Un officier nazi somme Sophie, l'héroïne de W. Styron, de désigner celui de ses deux enfants qui périra dans la chambre à gaz, l'autre devant être épargné. Si elle refuse ce choix, ses deux enfants périront.

Selon Kant et Rawls, la mère devrait se murer dans le non-agir et laisser ses deux enfants mourir pour ne pas sacrifier la justice[9]. Si l'on s'imagine à la place de Sophie, on ne peut que rester muet de douleur : on préférerait que le monde entier disparaisse, soi-même y compris, plutôt que de se résoudre à faire un choix aussi déchirant. Mais est-ce la solution ? C'est un choix impossible, un choix qu'elle ne peut accepter. Pourtant, il n'est pas nécessaire qu'elle l'accepte. Son geste peut ne pas être le sacrifice de l'un, mais le sauvetage de l'autre. Ne vaudrait-il pas mieux, à l'instant inévitable, fermant les yeux, désigner un enfant à l'aveuglette ? Serait-ce là sacrifier la justice et jouer le jeu du tortionnaire, ou simplement sauver une vie ? Un tel choix ne créerait pas un précédent, ne constituerait pas un manque d'amour ou de respect envers la vie de l'un des deux enfants, cela serait simplement un acte de compassion désespérée, un ultime sursaut vers la vie au sein de l'horreur.

Bien que tous les cas de morale ne se situent pas dans des situations aussi dramatiques, en règle générale, l'éthique incarnée doit donc prendre en considération, avec une extrême perspicacité et une compassion inconditionnelle, tous les tenants et aboutissants d'une situation donnée. Elle constitue un défi constant, car elle exige une motivation parfaitement impartiale et altruiste, ainsi qu'un désir infaillible de remédier aux souffrances des êtres. Elle est la plus difficile à mettre en œuvre car elle transcende le recours automatique et aveugle à la lettre des lois et codes moraux. De ce fait, elle présente également les plus grands risques de déviations et de manipulations. En effet, une telle éthique implique une souplesse qui en constitue le danger même. Si l'égocentrisme et les vues partisanes viennent à l'entacher, celle-ci risque fort d'être utilisée à des fins négatives et contraires à ses objectifs initiaux. D'où la nécessité, pour tous les êtres et plus particulièrement pour ceux qui exercent la justice, de développer la sagesse indispensable à leur fonction et le sentiment de la responsabilité universelle.

Le bouddhisme et les grands courants de l'éthique

Il serait prétentieux de ma part de tenter de brosser en quelques pages un portrait de l'histoire de l'éthique, mais il peut être utile de comparer brièvement la vision du bouddhisme à certains points saillants de l'éthique occidentale. D'une manière générale, on peut y distinguer deux aspects : les lois divines et les grands principes philosophiques.

Les lois divines concernent les religions monothéistes. Les Commandements de la chrétienté, la Halaka de la Thora juive, la Sharia islamique (mais aussi, en Asie du Sud, les Lois de Manu qui régissent l'Inde polythéiste hindoue). La plupart de ces commandements et règles tombent sous le sens (ne pas tuer, ne pas voler, etc.) ; certains vont à l'encontre d'une science du bonheur (la loi du talion, « œil pour œil, dent pour dent ») ; d'autres la détruisent totalement en imposant la mise à mort des blasphémateurs et des renégats, ou la lapidation des femmes adultères qui paient de leur vie un choix personnel qui ne cause que pas ou peu de tort à autrui. D'autres enfin prônent une hiérarchisation extrême de la société en castes, système qui confine l'amour et l'entraide à l'intérieur de la caste même. Dans tous les cas de figure, aux yeux du croyant, les volontés divines sont mystérieuses, les commandements ne se discutent pas et il doit s'y conformer. Mais, chaque fois que l'on exclut de l'éthique l'amour, la compassion et le pardon, on la prive de son essence même.

L'idéalisation du Bien et du Mal

En matière d'éthique — et de bonheur, nous l'avons vu — les philosophes et les humanistes entretiennent des opinions souvent très divergentes. Éthiques du Bien en soi, du bien-être du plus grand nombre, du respect absolu de l'individu, de la Raison, du Devoir, du Contrat social, etc. En dépit de la diversité de ces points de vue — diversité qui reflète l'absence de critères fondamentaux reconnus par tous — il est possible de distinguer deux orientations principales : l'éthique qui repose sur de grands principes abstraits et l'éthique pragmatique fondée, comme c'est le cas du bouddhisme, sur l'expérience vécue.

Prenons brièvement deux exemples appartenant à la première orientation : Platon et Kant. Pour Platon, il existe un Bien en soi qui est le fondement naturel de toute éthique. Platon envisage ce Bien comme résidant dans l'univers parfait et inaccessible des Idées pures, dont le monde ordinaire n'est qu'un reflet pâle et imparfait. En se rapprochant du Bien (sans jamais l'atteindre), l'homme devient de plus en plus heureux.

Emmanuel Kant, lui, se réfère au sens du Devoir qui doit trancher de manière absolue toutes les questions morales. Il rejette l'idée que l'on doit agir pour le bien des autres, motivé par un altruisme nourri de sympathie et de compassion. Pour lui, ces sentiments humains ne sont pas fiables. Il en appelle plutôt à une adhésion à des principes moraux universels et impartiaux. Il prône la nécessité d'une intention pure, dont le critère de vérification est la satisfaction d'œuvrer en conformité avec la *loi morale*, même si celle-ci oblige à agir contre ses propres intérêts et inclinations. Le Bien est un devoir qui doit conduire au bonheur de l'humanité entière, sans que le bonheur soit un but en soi : « Cette distinction entre le principe du bonheur et celui de la moralité n'est toutefois pas […] une opposition immédiate, et la raison pure pratique ne demande pas qu'on renonce à toute prétention au bonheur, mais seulement que, dès qu'il s'agit de devoir, on ne le prenne point en considération[10]. »

Cela conduit Kant à affirmer : « Ne pense-t-on pas qu'il soit de la plus extrême nécessité d'élaborer une bonne fois une philosophie morale pure qui serait complètement expurgée de tout ce qui ne peut être qu'empirique et qui appartient à l'anthropologie[11] ? » Le Devoir est figé dans son exigence d'universalité et ignore par conséquent les cas particuliers.

Ces diverses notions d'un Bien absolu reviennent généralement à croire en l'existence d'entités transcendantes (Dieu, les Idées, le Bien en soi) qui existent par elles-mêmes, indépendamment du monde des phénomènes transitoires. Elles placent le bien et le bonheur en dehors de soi, un mouvement nécessaire dans la mesure où elles considèrent que la nature humaine est imparfaite, voire foncièrement mauvaise, et que le bien véritable ne saurait donc s'y trouver.

La vision du bouddhisme, nous l'avons vu, est totalement différente : le mal n'est pas une puissance démoniaque extérieure à nous, ni le bien un principe absolu indépendant de nous. Tout se passe en notre esprit. L'amour et la compassion sont les reflets de la nature profonde de tout être vivant, ce que nous avons appelé la « nature de Bouddha », ou la « bonté originelle ».

Comment de telles entités — le Bien en soi et le Devoir — pourraient-elles exister par elles-mêmes ? Quelles relations pourraient-elles avoir avec le monde éphémère ? Pour le bouddhisme, la notion d'un Bien absolu n'est qu'une construction mentale. À quoi bon d'ailleurs un bien situé hors de nous-même ? Le bouddhisme n'est certes pas le seul à s'être posé cette ques-

tion. Aristote remarquait que « si l'on affirme du bien
[…] qu'il existe séparé et subsistant par lui-même, il est
évident qu'il serait irréalisable pour l'homme et impossible à acquérir[12] ». Et Aristote poursuit : « On est bien
embarrassé de préciser l'utilité que retirerait un char-
pentier ou un tisserand de la connaissance de ce bien
en soi […]. Ce n'est pas non plus de cette façon que le
médecin considère la santé : il n'a d'attention que pour
la santé de l'homme ou, mieux même, de tel homme en
particulier. Car il ne traite que des individus. »

L'éthique utilitariste

Selon Jeremy Bentham, philosophe anglais du XVIIIᵉ
-XIXᵉ siècle et fondateur de l'utilitarisme moral : « Le
plus grand bonheur pour le plus grand nombre de personnes est le fondement de la morale et des lois[13]. »
J. Bentham et son disciple John Stuart Mill pensent que
le bonheur, principalement considéré sous l'angle du
plaisir, étant le but ultime de toutes les activités humaines, il devient par là même le critère ultime pour juger
du bien-fondé de nos actes. Pour J. Bentham, la justice
ne doit plus se rendre au nom de Dieu ou du roi, mais
principalement en tenant compte des rapports humains ;
la valeur d'une action se mesurant à ses conséquences
en termes d'utilité ou de nuisance. Il évalue donc ces
conséquences en observant les répercussions qu'elles
provoquent sur les membres de la société. Il tente de
« calculer » le plaisir en attribuant des valeurs positives
ou négatives à chacune de nos activités quotidiennes
— repos, divertissement, plaisirs sensuels — mais aussi
aux contrariétés — fatigue, inconfort, maladie, solitude,
etc. — ainsi qu'aux conditions et événements qui ont
une influence déterminante sur notre existence — travail,

relations affectives, vie familiale, amitié, deuil, etc. Ensuite, il additionne les plaisirs et soustrait les peines en tenant compte de leur intensité, de leur durée, et de leur possibilité d'extension et de partage avec les autres. Il obtient ainsi un rapport plaisir-déplaisir censé traduire notre degré de bonheur. Tout en reconnaissant la nécessité de tenir compte des différences individuelles — tempérament, santé, intelligence, etc. — il insiste sur l'établissement de critères applicables à tous.

Insatisfait de cette arithmétique du plaisir, Stuart Mill, quant à lui, prend plutôt en considération la notion de « qualité de vie » dans laquelle il inclut les plaisirs intellectuels, l'imagination, la créativité, les valeurs morales, etc. Nous avons vu dans un chapitre précédent (Sociologie du bonheur) que c'est précisément ce critère de « qualité de vie » que les sociologues contemporains ont retenu dans leur étude du bonheur.

J. Stuart Mill se pose avant tout en défenseur de la liberté individuelle face au groupe dominant attelé à la seule tâche d'imposer ses croyances et ses coutumes. Dans *La Liberté*, il écrit : « La seule liberté qui mérite ce nom est celle de chercher notre bien propre à notre propre façon, aussi longtemps que nous n'essayons pas de priver les autres du leur ou d'entraver leurs efforts pour l'obtenir[14]. » Dans le rapport délicat entre liberté individuelle et gouvernement des hommes, Mill insiste souvent sur la raison qui préside à l'intervention de ce dernier dans la vie privée : « Le seul objet qui autorise les hommes individuellement ou collectivement à troubler la liberté d'action d'aucun de leurs semblables est la protection de soi-même. La seule raison légitime que puisse avoir une communauté pour user de force contre un de ses membres est de l'empêcher de nuire aux autres[15]. » Afin d'assurer « le bonheur du plus grand nombre », Mill revient à maintes reprises sur la nécessité d'instaurer la liberté dans tous les domaines, économique et politique, mais aussi personnel, seule garante du bonheur individuel et collectif.

Ces deux approches ont l'avantage d'être débarrassées en grande partie des dogmes et de tenter d'évaluer le plus objectivement possible la situation personnelle de chaque individu par rapport à l'ensemble de la société et aux instances juridiques qui la gouvernent. En ce sens, elles se rapprochent du bouddhisme qui lui aussi préconise une éthique pragmatique reposant sur une prise en compte compatissante de la nature humaine et des moyens permettant d'éviter la souffrance.

Mais l'utilitarisme fonde son analyse sur une évaluation floue et somme toute arbitraire des plaisirs et des douleurs, estimation qui amalgame les désirs superficiels, parfois malsains comme dans le cas d'une obsession, avec la quête du bonheur, alors que le bouddhisme en appelle à une pratique de transformation personnelle pour que l'agent moral grandisse en sagesse, ce qui lui permet d'adopter une motivation plus altruiste et de bénéficier d'une clarté d'esprit accrue pour affiner son jugement. Toutefois la faille majeure du système utilitariste est, encore et une fois de plus, de confondre plaisirs et bonheur ou plus exactement de réduire le second aux premiers.

Condamnation, punition, réhabilitation

Jeremy Bentham proposait également de substituer aux formes de sanction traditionnelle une légalité fondée sur l'analyse des conséquences des actes en termes de bonheur et de souffrance. Démarche qui n'est pas sans présenter une certaine similitude avec le bouddhisme, ainsi que l'atteste la discussion entre le Dalaï-lama et des hommes de loi en Amérique du Sud. Le Dalaï-lama leur avait soumis le problème suivant : « Deux hommes ont commis le même délit et sont passibles de quinze ans de prison. L'un est seul dans l'existence, l'autre a quatre enfants à sa charge et la mère n'est plus là. Allez-vous tenir compte du fait que, dans un cas, quatre enfants vont être privés de leur père pendant quinze ans ? » Les juges répondirent qu'il était impossible de tenir compte de ce genre de différence, car les fondements mêmes de la justice en seraient déstabilisés. Pourtant cet exemple montre que, si l'on prend en considération la situation personnelle des inculpés, on constate que la même condamnation a des conséquences très différentes quant aux souffrances qui en résultent. Certes, si l'on définit la justice en termes de punition, il est fondamentalement injuste que deux criminels ne reçoivent pas la même peine pour le même délit. Mais comment ne pas envisager les répercussions spécifiques des décisions que l'on prend ?

Par ailleurs, on peut également considérer l'éthique comme une discipline médicale : un ensemble d'indications permettant de prévenir les maux provoqués par les émotions négatives et de guérir ceux qui en sont affectés. De ce point de vue, l'incarcération d'un criminel peut être considérée davantage comme une hospitalisation que comme une condamnation irrévocable. Il doit être emprisonné afin de l'empêcher de nuire et aussi longtemps qu'il reste nuisible à la société. Mais, au lieu d'estimer qu'en son for intérieur un criminel ne peut changer, le bouddhisme pense que la bonté de l'homme reste intacte au tréfonds de lui-même, même lorsqu'elle est terriblement pervertie en surface. Il ne s'agit pas là d'ignorer naïvement à quel point cette nature de bonté peut être ensevelie sous la haine, l'avidité et la cruauté, mais de comprendre que sa simple présence lui permet toujours de resurgir.

Il ne devrait également pas être question d'une punition qui constituerait une *vengeance* (la plus extrême étant la peine de mort). Nous avons vu dans le chapitre traitant de la haine que la vengeance est une déviation de la justice, car son intention principale n'est pas seulement de protéger l'innocent, mais de faire souffrir le coupable. Dans ce cas, un acte dont la motivation première est d'infliger la souffrance, ou de tuer (la peine capitale) ne peut être considéré comme éthique.

Les limites de l'utilitarisme

Tout en préconisant une maximisation de la somme globale des plaisirs disponibles pour une communauté donnée, l'utilitarisme ne disposant pas de critères simples pour évaluer le bonheur, ces critères deviennent facilement arbitraires, voire absurdes. Appliqué aveuglément, ce principe de maximisation peut en effet conduire au sacrifice de certains membres de la société. Aristote, par exemple, était en faveur de l'esclavage : s'il n'y avait pas d'esclaves, tous les intellectuels devraient travailler et cesser de se livrer aux activités les plus élevées et les plus dignes ! Il s'agit là d'une déviation *avant l'heure* de l'utilitarisme. Pour le bouddhisme, un raisonnement aussi spécieux est inconcevable, car il demande que l'on se mette constamment à la place de l'autre. Ce faisant, aucune personne sensée ne peut juger satisfaisante la condition d'un esclave.

En Inde, au vi{e}-v{e} siècle avant J.-C., prévalait également une forme d'esclavagisme prescrit et codifié par la caste. Les Intouchables et les aborigènes (*adivasi*) étaient les serfs de l'Inde ancienne. Mais le Bouddha récusa cette hiérarchisation extrême, décrétant qu'au sein de la communauté bouddhiste, l'Intouchable devenait l'égal du brahmane. Très tôt, en Asie du Sud, le bouddhisme a ainsi amorcé une révolution sociale, en abolissant les différences de statut de manière à permettre l'accès à la liberté et au bonheur de tout individu. Mais revenons à l'utilitarisme du XIXᵉ siècle.

L'une des principales critiques de l'utilitarisme a été formulée par le philosophe américain contemporain John Rawls. Il rejette la doctrine du bonheur collectif comme justification ultime de nos actes et y oppose le respect du caractère inviolable des droits de la personne, et le principe d'égale liberté et de coopération équitable.

Selon J. Rawls, une action ne peut pas être *bonne* si elle n'est pas tout d'abord *juste*. Du point de vue du bouddhisme, ces deux notions vont intrinsèquement de pair. À quoi bon une justice qui serait « mauvaise » ? Par contre, une action considérée comme juste d'après une éthique *dogmatique* peut être mauvaise dans la *réalité*. C'est le cas du refus pitoyable de Kant d'accepter le mensonge qui permettrait de sauver une vie humaine. Selon lui, tout mensonge, quelle qu'en soit la raison, constitue une injustice envers l'humanité entière, car en s'autorisant à mentir, on détruirait la crédibilité de toute parole en général. On ne peut guère être plus éloigné de la réalité. Mais ce n'est pas tout. Kant ajoute qu'il est également bon pour soi de s'abstenir de dire un mensonge « bien intentionné », cela nous évite d'être éventuellement poursuivi en justice : « Si tu as, par exemple, empêché d'agir par un mensonge quelqu'un qui se trouvait avoir des intentions meurtrières, tu es responsable d'un point de vue juridique de toutes les conséquences qui pourraient en résulter. Mais si tu t'en es tenu strictement à la vérité, la justice publique ne peut rien te

faire quelles que soient les conséquences imprévues[16]. »
Comment faire confiance à une éthique formulée par
quelqu'un qui cumule ainsi lâcheté et insensibilité ?

En affirmant la priorité du juste sur le bien, Rawls
idéalise le juste et déprécie le bien en présupposant que
l'homme est fondamentalement égoïste et ne peut fonctionner autrement qu'en calculant ce qui lui sera le plus
favorable : « Personne n'a de raison de consentir à une
perte durable de satisfaction pour lui-même afin d'augmenter la somme [de bien-être] totale. En l'absence
d'instincts altruistes, solides et durables, un être rationnel ne saurait accepter une structure de base simplement
parce qu'elle maximise la somme algébrique des avantages, sans tenir compte des effets permanents qu'elle
peut avoir sur ses propres droits, ses propres intérêts de
base[17]. »

Que l'individualisme exacerbé, issu d'un puissant
attachement au « moi », soit omniprésent dans nos
sociétés modernes soit, mais en tirer des principes
d'éthique que l'on propose au monde comme des
idéaux relève davantage du constat d'échec que d'une
source d'inspiration permettant de régler sa conduite
afin de devenir un être meilleur.

On peut être un excellent pianiste, mathématicien, jar-
dinier ou homme de science tout en étant doté d'un
caractère irascible et jaloux, mais il n'y a qu'en Occident
que l'on peut être considéré comme un grand moraliste
tout en ayant un ego démesuré. Tel était précisément le
cas de Rawls, qui bien qu'étant tenu aux États-Unis pour
le plus important philosophe de la seconde moitié du XXe
siècle, rassemblait les moindres coupures de presse et
notait toutes les conversations et conférences qui mentionnaient son ouvrage fondateur intitulé *La Théorie de
la justice*. Selon le bouddhisme, il est inconcevable
qu'un penseur ou un philosophe qui manifeste des

travers très ordinaires soit apte à proposer au monde un système d'éthique fiable. Il faut donc simplement rappeler ici l'exigence bouddhiste de l'adéquation entre la personne et son enseignement. Une éthique exclusivement construite par l'intellect, et qui n'est pas en mesure de faire constamment référence à une authentique sagesse personnelle, est dénuée de fondements solides.

Une éthique en crise ?

L'histoire a montré que les idéaux utopiques et les dogmes se réclamant du Bien et du Mal ont conduit, au cours des siècles, à l'intolérance, aux persécutions religieuses et aux régimes totalitaires. Selon la formule caricaturale reprise de diverses façons par les tenants de ces idéaux : « Au nom de Bien absolu, nous allons faire de vous des êtres heureux. Toutefois, si vous refusez, nous aurons le regret de vous éliminer. »

Dans l'impossibilité de se raccrocher à des lois absolues, s'éloignant des commandements divins, découragé par la pensée que l'homme est fondamentalement mauvais, confiné à une éthique fluctuante fondée sur les théories antagoniques de nombreux philosophes et moralistes, l'homme moderne se retrouve désemparé. Selon Han de Wit : « Ce fiasco a fait naître un défaitisme moral au sein même de la culture occidentale moderne[18]. »

L'éthique bouddhiste du bonheur, elle, refuse ces modèles figés pour diriger son esquif sur le flux incessant des phénomènes qui se déploient en mille formes dont nous devons impérativement tenir compte. C'est seulement au prix de cette constante exigence de sagesse et de compassion que nous pouvons réellement devenir les responsables et les héritiers du bonheur.

23

COMME LE TORRENT
QUI COURT VERS LA MER…
LE BONHEUR EN PRÉSENCE
DE LA MORT

> *Souviens-toi qu'il existe deux types de fous : ceux qui ne savent pas qu'ils vont mourir, ceux qui oublient qu'ils sont en vie.*

> Patrick Declerk[1]

La mort, si lointaine et si proche. Lointaine, car on imagine toujours qu'elle est pour plus tard ; proche puisqu'elle peut frapper n'importe quand. Si la mort est certaine, son heure est imprévisible. Lorsqu'elle se présente, nulle éloquence ne peut la convaincre d'attendre, nulle puissance la repousser, nulle richesse la soudoyer, nulle beauté la séduire :

> *Comme le torrent qui court vers la mer,*
> *Comme le soleil et la lune qui glissent vers les monts du couchant,*
> *Comme les jours et les nuits, les heures, les instants qui s'enfuient,*
> *La vie humaine s'écoule inexorablement[2].*

Pour celui qui a su extraire la quintessence de l'existence, la mort n'est pas une déchéance ultime, mais l'achèvement serein d'une vie bien vécue : une belle mort est l'aboutissement d'une belle vie. « C'est le bonheur de vivre qui fait la gloire de mourir », écrivait Victor Hugo[3].

Se rappeler la mort pour enrichir chaque instant de la vie

Comment faire face à la mort sans tourner le dos à la vie ? Comment y penser sans être désespéré ou effrayé ? Sans se couper de tout plaisir et de toute joie ? Etty Hillesum écrivait : « En excluant la mort de sa vie, on ne vit pas à plein, et en accueillant la mort au cœur de sa vie, on s'élargit et on enrichit sa vie[4]. » De fait, la manière dont on envisage la mort influence considérablement la qualité de la vie. Certains sont terrifiés, d'autres préfèrent l'ignorer, d'autres encore la contemplent pour mieux apprécier chaque instant qui passe et reconnaître ce qui vaut la peine d'être vécu. Elle leur sert de rappel pour aiguillonner leur diligence et éviter de dilapider leur temps en vaines distractions. Égaux devant l'obligation de lui faire face, chacun diffère quant à la manière de s'y préparer :

> « Au départ, écrivait au XIe siècle le sage tibétain Gampopa, il faut être poursuivi par la peur de la mort comme un cerf qui s'échappe d'un piège. À mi-chemin, il ne faut rien avoir à regretter, comme le paysan qui a travaillé son champ avec soin. À la fin, il faut être heureux comme quelqu'un qui a accompli une grande tâche. »

Mieux vaut en effet savoir tirer profit de la peur qu'elle inspire que de l'ignorer. Il ne s'agit pas de vivre dans la hantise de la mort, mais de rester conscient de la fragilité de l'existence, de sorte à ne pas négliger de donner toute sa valeur au temps qui nous reste à vivre. Bien souvent, la mort frappe sans prévenir : en excellente santé, on savoure un bon repas avec des amis face à un superbe paysage, et on est en train de vivre ses derniers instants. On laisse là ses proches, les conversations interrompues, les plats à moitié entamés, les projets inachevés.

Ne rien avoir à regretter ? Celui qui a tiré le maximum du potentiel extraordinaire que lui a offert la vie humaine, pourquoi serait-il rongé de regrets ? Qu'il y ait ou non des intempéries, le paysan qui a labouré, semé, veillé aux récoltes ne regrette rien : il a fait de son mieux. On ne peut se reprocher que ce que l'on a négligé. Celui qui a mis à profit chaque instant de sa vie pour devenir un être meilleur et contribuer au bonheur des autres peut légitimement mourir en paix.

« Et je ne serai plus, et rien ne sera plus »

La mort ressemble-t-elle à une flamme qui s'éteint, à une goutte d'eau qui se résorbe dans la terre sèche ? Si c'est le cas, ainsi que l'affirmait Épicure, elle est sans rapport avec le bonheur : « Le plus terrifiant des maux, la mort, n'est rien par rapport à nous, puisque, quand nous sommes, la mort n'est pas là, et, quand la mort est là, nous ne sommes plus[5]. » Mais si l'aventure ne s'arrête pas là, la mort n'est qu'un passage. Si, comme l'envisage le bouddhisme, notre conscience a vécu et vivra d'innombrables états d'existence, à l'approche de la mort il ne convient pas de se demander simplement si on va plus ou moins souffrir, mais comment se préparer à ce tournant décisif.

Dans tous les cas, mieux vaut passer les derniers mois ou les derniers instants de sa vie dans la sérénité plutôt que dans l'angoisse. À quoi bon se torturer à l'idée de laisser derrière soi ses proches et ses possessions et vivre dans la hantise de la destruction de son corps ? Comme l'explique Sogyal Rinpoché : « La mort représente l'ultime et inévitable destruction de ce à quoi nous sommes le plus attaché : nous-même. On voit donc à quel point les enseignements sur le sans-ego et la nature de l'esprit peuvent aider. » Il convient donc, à l'approche de la mort, d'adopter une attitude sereine, altruiste, sans attachement. On évite ainsi de faire de la mort une torture mentale autant qu'une épreuve physique.

Il ne faut cependant pas attendre son dernier souffle pour s'y préparer, car l'instant n'est pas idéal pour songer à s'engager sur une voie spirituelle. « N'as-tu pas honte, disait Sénèque, de réserver le reliquat de ta vie et de ne consacrer à la sagesse que le temps de la vie qui n'est plus bon à rien ? Il est bien temps de se mettre à vivre au moment précis où il faut s'arrêter[6] ! » C'est maintenant qu'il faut s'y engager, alors que l'on est sain de corps et d'esprit. Écoutons Dilgo Khyentsé Rinpoché :

> « La fleur de la jeunesse nous comble de saine vigueur et nous voulons jouir intensément de la vie. Avec un enthousiasme inentamé, nous nous évertuons à accroître notre fortune et notre pouvoir. Certains n'hésitent pas à nuire aux intérêts d'autrui pour parvenir à leurs fins. Mais à l'instant de notre mort, nous comprendrons combien toutes ces fébriles activités étaient vaines. Il sera trop tard, hélas, pour revenir en arrière. Rien ne sert plus au moment de la mort, si ce n'est l'expérience spirituelle qu'on aura acquise

au cours de sa vie. Vite ! Pratiquons avant que la vieillesse ne nous prive de nos facultés physiques et intellectuelles[7]. »

La mort des autres

Comment vivre la mort des autres ? Si, dans une perspective matérialiste, la mort d'un être cher est un traumatisme parfois irrémédiable, on peut aussi l'envisager d'une façon qui n'a rien de morbide, car une « bonne mort » n'est pas nécessairement dramatique. Dans l'Occident contemporain, les gens n'ont que trop tendance à détourner le regard devant la mort. Elle est dissimulée, escamotée, aseptisée. Puisque aucun moyen matériel ne permet de remédier à cette échéance inéluctable, on préfère retirer la mort du champ de la conscience. De ce fait, lorsqu'elle se produit, elle est d'autant plus choquante qu'on ne s'y est pas préparé. Pendant ce temps, la vie s'épuise de jour en jour, et, si nous ne savons pas donner un sens à chaque instant de l'existence, elle n'est que du temps qui nous échappe.

Dans l'Europe de l'Ancien Régime, toute la famille se regroupait autour du mourant, les prêtres donnaient les sacrements, on écoutait les dernières recommandations du moribond. De nos jours encore, au Tibet par exemple, on meurt le plus souvent en famille et avec les amis. Cela permet aussi aux enfants de percevoir la mort comme faisant naturellement partie de la vie. Si un maître spirituel est présent au chevet du mourant, ce dernier meurt serein et ses proches sont réconfortés. Si, de plus, le mourant est lui-même un pratiquant expérimenté, personne ne se fera de souci pour lui. Il est fréquent de voir les gens revenir allègres d'une crémation. « Comme cela s'est bien passé ! » disent-ils. L'ambassadeur des États-Unis au Népal me confiait, à l'issue de la crémation d'une amie nonne américaine morte à Katmandou, qu'il n'avait jamais participé à des funérailles aussi paisibles.

Mourir plus vite

Il y a aussi le cas de tous ceux qui, écrasés de douleur ou débordés par leur dépression, ne veulent plus peiner dans notre « vallée de larmes ». Ne plus exister leur apparaît comme l'unique solution. Quand le sage insatisfait par la vie ordinaire décide de se retirer du monde, ceux que paralyse leur vision d'un horizon bouché décident, eux, impulsivement ou après « mûre » rumination, de se retirer de l'existence. Comme tous les êtres, celui qui se suicide cherche le bonheur, mais désespérément, en mettant fin à sa détresse présente. Ce faisant, il détruit la possibilité de réaliser le potentiel de transformation qui se trouve en chacun de nous. Selon le bouddhisme, le suicide ne résout rien, car il ne fait que déplacer le problème vers une nouvelle vie : ne plus vouloir exister est un leurre.

La mort du sage

Le sage, quant à lui, jouit d'une liberté toute particulière : prêt à mourir, il apprécie à chaque instant la richesse de la vie. Il vit chaque journée comme si c'était la seule. Cette journée devient naturellement la plus précieuse de son existence. Quand il allume son feu, il se demande : « Allumerai-je encore ce feu demain matin ? » Il sait qu'il n'a pas de temps à perdre, que le temps est précieux et qu'il serait vain de le gaspiller en niaiseries. Lorsque vient vraiment le jour de la mort, il

meurt serein, sans tristesse ni regret, sans garder d'attachement pour ce qui demeure derrière lui. Il quitte cette
vie comme l'aigle qui s'élève dans l'azur. Écoutons
chanter l'ermite Milarépa :

> *Effrayé par la mort, j'allais dans les montagnes.*
> *À force de méditer sur son heure incertaine,*
> *J'ai pris l'immortel bastion de l'Immuable.*
> *À présent, ma peur de la mort est bien dépassée !*

24

UN CHEMIN

Nous devons être le changement que nous voulons dans le monde.

Mahatma Gandhi

Il faut parfois se sentir l'âme d'un explorateur et brûler du désir d'accomplir ce qui en vaut la peine, de vivre une existence telle qu'au moment de la mort on n'ait pas de regrets. Apprenons la liberté. Le point central de la pratique spirituelle est de maîtriser son esprit ; c'est pourquoi il est dit : « Le but de l'ascétisme est la maîtrise de l'esprit. En dehors de cela, à quoi bon l'ascétisme[1] ? » Rappelons que le mot signifie « exercice » et qu'il s'agit d'un entraînement de l'esprit.

L'intention qui doit nous conduire sur un chemin spirituel est celle de nous transformer en vue d'aider les autres à se libérer de la souffrance. Cela, dans un premier temps, nous amène à constater notre propre impuissance. Vient ensuite le désir de se perfectionner pour y remédier. L'invulnérabilité à l'égard des circonstances extérieures, née de la liberté intérieure, devient notre armure dans la bataille contre la souffrance d'autrui.

Une fois que nous nous sommes engagé sur une voie spirituelle et que nous la pratiquons avec persévérance, ce qui compte vraiment c'est de s'apercevoir, au terme de quelques mois ou de quelques années, que tout n'est plus comme avant et que, notamment, on est devenu incapable de nuire sciemment aux autres. Et que l'orgueil, l'envie, la confusion mentale, ne règnent plus en maîtres incontestés de notre esprit. Si une pratique, une ascèse, même sincère et assidue, ne font pas de nous un être meilleur et ne contribuent en rien au bonheur des autres, à quoi servent-elles ? Il importe donc de se poser cette question à maintes reprises et de faire le point avec lucidité. Où en sommes-nous ? Stagnation, effondrement ou progrès ? Une fois l'harmonie établie en soi, il sera beaucoup plus facile de la faire régner dans le cercle de nos proches, avant d'en étendre peu à peu le rayonnement à toute notre activité dans la société.

Il ne peut exister une méthode unique, un seul remède ou une seule nourriture pour progresser sans obstacle vers la libération de la souffrance. La diversité des moyens reflète la diversité des êtres. Chacun se met en marche à partir du point où il se trouve, avec une nature, des dispositions personnelles, une architecture intellectuelle, des croyances différentes... Et chacun peut trouver une méthode qui lui soit adaptée, pour travailler sur la pensée et se libérer progressivement du joug des émotions nuisibles, avant de finalement percevoir la nature ultime de l'esprit.

Certains se demandent si ce ne serait pas un luxe de vouloir ainsi dissiper ses tourments intérieurs pour atteindre l'Éveil, alors que tant d'êtres souffrent de la famine, de l'exclusion, de la guerre et de toutes sortes de calamités. Ne pourrait-on pas dès maintenant soulager leurs souffrances ? Dans ce cas, les savants eux aussi devraient cesser leurs recherches pour travailler au service des urgences. De même, à quoi bon passer cinq ans à construire un hôpital ? Les travaux d'électricité et de plomberie ne soignent personne. Il vaudrait mieux descendre dans la rue, planter des tentes et commencer tout de suite à soigner les malades. À quoi bon étudier, apprendre, devenir expert dans quelque domaine que ce soit ? Il en va de même pour le chemin de l'Éveil : il ne saurait être *arbitraire*. La connaissance et l'amour, la compassion et la félicité dont jouit le sage ne sont pas survenues de nulle part, comme une fleur qui pourrait éclore au milieu du ciel. « Ce serait une erreur, disait Aristote, de laisser au hasard le soin de ce qu'il y a de plus grand et de plus beau[2]. »

Entendre, réfléchir, méditer

Ainsi que tout apprentissage, la pratique d'une voie spirituelle comporte plusieurs étapes. Il faut d'abord recevoir un enseignement, puis l'assimiler. Un enfant ne naît pas avec la science infuse. Ensuite, il faut éviter que ce savoir ne reste lettre morte, comme de beaux livres que l'on consulte à peine, il faut réfléchir profondément à son sens. Le Bouddha disait à ceux qui l'écoutaient : « N'acceptez pas mes enseignements par simple respect pour moi, examinez-les comme on éprouve l'or à la pierre de touche et au creuset. »

On ne saurait pour autant se contenter d'une simple compréhension intellectuelle. Ce n'est pas en laissant l'ordonnance du médecin sur la table de chevet, ni même en la connaissant par cœur, que l'on peut guérir. Il est nécessaire d'intégrer ce que l'on a compris, afin que cette compréhension se mêle intimement au courant de notre esprit. Il ne s'agit plus alors de théories, mais de transformation de soi. C'est d'ailleurs bien, nous l'avons vu, le sens du mot « méditation » : *se familia-riser avec une nouvelle manière d'être*. On peut ainsi se familiariser avec toutes sortes de qualités positives — bonté, patience, tolérance... — et les développer toujours davantage grâce à la méditation.

Durant celle-ci, pratiquée d'abord par séances courtes mais régulières, on suscite en soi une qualité déterminée, puis on la laisse imprégner tout son être, au point qu'elle devienne une seconde nature. On peut également médi-ter pour acquérir le calme intérieur, en stabilisant l'esprit au moyen de la concentration sur un objet : une fleur, une sensation, une idée, une représentation du Bouddha. L'esprit est instable au départ, mais on apprend à l'apprivoiser ; comme on ramènerait un papillon sur la fleur de la concentration chaque fois qu'il s'envole. Le but n'est pas de faire de son esprit un bon élève qui s'ennuie, mais de le rendre flexible, malléable, fort, lucide, vigilant — bref, d'en faire un meilleur outil de transformation intérieure, au lieu de l'abandonner à son sort d'enfant gâté rétif à tout apprentissage.

On peut enfin méditer de façon non conceptuelle sur la nature même de l'esprit, en regardant directement la conscience pure comme une simple présence éveillée, une fois les pensées calmées, ou en contemplant la nature des pensées qui traversent l'esprit.

Il y a bien d'autres façons encore de méditer mais, si variées soient-elles, toutes ont en commun d'opérer en nous un long processus de transformation. La médita-tion diffère de la simple réflexion intellectuelle en ce sens qu'elle implique une expérience maintes fois renouvelée de la même analyse introspective, du même effort de transformation ou de la même contemplation. Il ne s'agit pas seulement d'éprouver un simple éclair de compréhension, mais de parvenir à une *nouvelle per-ception* de la réalité et de la nature de l'esprit, de faire éclore de nouvelles qualités jusqu'à ce qu'elles fassent partie intégrante de notre être. Bien plus que de brio intellectuel, la méditation a besoin de détermination, d'humilité, de sincérité et de patience.

La méditation est suivie de l'action, c'est-à-dire de sa mise en application dans la vie de tous les jours. À quoi bon une « belle méditation » si elle ne se traduit pas par une amélioration de l'être tout entier, qui se met alors au service d'autrui ? « Mon cœur deviendra-t-il un arbre chargé de fruits que je pourrai cueillir et leur distribuer ? » chantait Khalil Gibran[3]. Une fois que les fleurs de la patience, de la force intérieure, de la sérénité, de l'amour et de la compassion ont mûri, c'est aux êtres qu'il faut en offrir les fruits.

Comme un cerf blessé…

Mais pour atteindre à ce mûrissement, il faut du temps et des conditions propices. Pour favoriser l'épanouissement d'une méditation et d'une transformation de soi qui sont de prime abord fragiles, il est parfois nécessaire de se plonger dans un profond recueillement qui se trouve plus aisément dans la solitude tranquille d'un lieu retiré. On se comporte alors comme un cerf blessé qui se cache dans la forêt le temps que ses blessures guérissent. Ici, les plaies sont celles de l'ignorance, de l'animosité, de la jalousie… Dans le tourbillon de la vie quotidienne, on est souvent ballotté ou démuni, trop faible même pour se livrer aux exercices qui permettraient d'acquérir des forces.

Se retirer dans la solitude, ce n'est pas se désintéresser du sort des autres, bien au contraire. Prendre quelque distance vis-à-vis de l'agitation du monde permet de voir les choses selon une perspective nouvelle, plus vaste et plus sereine, et donc de mieux comprendre la dynamique du bonheur et de la souffrance. En trouvant soi-même la paix intérieure, on devient capable de la partager avec autrui.

Ces périodes de solitude n'ont de valeur que dans la mesure où la compréhension et la force ainsi acquises « tiennent le coup » lorsqu'elles sont exposées aux vents de l'existence. Et cela doit se vérifier aussi bien dans l'adversité qui peut provoquer le découragement, que dans le succès qui nous incite souvent à l'arrogance et à la paresse. Ce n'est pas chose facile, car nos habitudes et nos tendances sont tenaces. Elles ressemblent à ces rouleaux de papier qu'on essaie de remettre à plat et qui partent en spirale dès qu'on les lâche, pour s'enrouler à nouveau. Il faut de la patience. Il n'est donc pas étonnant que des ermites passent des années à conquérir leurs poisons mentaux et à découvrir la nature ultime de leur esprit.

L'ermite n'est pas pour autant coupé de la société, car il remonte à la source même des comportements humains. Un ermite ne se consacre pas à la contemplation parce qu'il n'a rien trouvé d'autre à faire ni parce qu'il a été rejeté par la société : il se consacre à l'élucidation des mécanismes du bonheur et de la souffrance, avec l'idée qu'il pourra non seulement en retirer du bien pour lui-même, mais surtout en faire bénéficier les autres.

Dans nos sociétés modernes, il ne serait guère raisonnable de s'attendre à ce qu'un grand nombre d'hommes et de femmes consacrent des mois ou des années à la vie contemplative. Toutefois, il n'est personne qui ne puisse consacrer quelques moments par jour, et de temps en temps quelques journées, à rester au calme pour y voir clair dans sa tête et dans sa façon de percevoir le monde. Une telle démarche est aussi nécessaire que le repos à celui qui est épuisé, ou un grand bol d'air pur à qui a longtemps respiré l'air pollué d'une grande ville.

Au bout du chemin

Le bonheur, tout le monde (ou presque) s'y intéresse. Mais qui s'intéresse à l'Éveil ? Ce mot semble bien exotique, vague et lointain. Pourtant, le seul bonheur véritable est celui qui accompagne l'éradication de l'ignorance, donc de la souffrance. Le bouddhisme appelle Éveil un état de liberté ultime qui va de pair avec une connaissance parfaite de la nature de l'esprit et de celle du monde des phénomènes. Le voyageur s'est éveillé du sommeil léthargique de l'ignorance et les déformations du psychisme ont laissé place à une vision juste de la réalité. Le clivage entre un sujet et un objet dotés d'existence propre s'est évanoui dans la compréhension de l'interdépendance des phénomènes. Par conséquent, il s'agit d'un état de non-dualité, au-delà des fabrications de l'intellect, invulnérable aux pensées perturbatrices. Le sage a pris conscience du fait que le moi individuel et les apparences du monde phénoménal n'ont aucune réalité intrinsèque. Il se rend compte que tous les êtres ont le pouvoir de s'émanciper de l'ignorance et du malheur, mais qu'ils l'ignorent. Comment n'éprouverait-il pas alors une compassion infinie et spontanée pour tous ceux qui, trompés par les sortilèges de l'ignorance, errent dans les tourments du *samsara* ?

Bien que cet état puisse paraître très éloigné de nos préoccupations ordinaires, il n'est assurément pas hors d'atteinte. Tout le problème réside dans le fait qu'il est si proche qu'on ne le voit pas, comme l'œil ne voit pas ses propres paupières. On retrouve un écho de cette notion bouddhiste chez Ludwig Wittgenstein : « Les aspects des choses qui sont les plus importants pour nous sont cachés en raison de leur simplicité et de leur familiarité[4]. » L'Éveil est effectivement proche en ce sens que nous avons tous en nous le potentiel que constitue notre nature véritable. Au contraire de Rilke qui écrivait : « Nous mourrons tous quelque part dans l'inachevé[5] », le bouddhisme dit que nous *naissons tous dans l'achevé*, puisque chaque être contient en lui un trésor qui ne demande qu'à être dévoilé. Cela ne se fait pourtant pas tout seul. Le lait est l'origine du beurre, mais il ne produit pas du beurre si on l'abandonne simplement à son sort ; il faut en baratter la crème. Les qualités de l'Éveil se manifestent au terme de la longue transformation que constitue le chemin spirituel.

Cela ne signifie par pour autant qu'il faille souffrir le martyre jusqu'à ce qu'un jour lointain et improbable on atteigne soudain la béatitude de la terre promise. En vérité, chaque étape est une avancée vers la plénitude et la satisfaction profonde. Le voyage spirituel revient à voyager d'une vallée à l'autre : le passage de chaque col dévoile un paysage plus magnifique que le précédent.

Au-delà du bonheur et de la souffrance

Au sein de l'Éveil, au-delà de l'espoir et du doute, le mot « bonheur » lui-même n'a plus aucun sens. Les ombres des concepts se sont évanouies au lever du jour de la non-dualité. Du point de vue de la vérité absolue, ni le bonheur ni la souffrance n'ont d'existence réelle. Ils appartiennent à la vérité relative perçue par notre esprit tant qu'il demeure sous l'emprise de la confusion. Celui qui a réalisé la nature ultime des choses est comme le navigateur qui aborde une île entièrement faite d'or fin : même s'il cherche des cailloux ordinaires, il n'en trouvera pas. Ainsi que l'explique Dilgo Khyentsé Rinpoché : « Comme les nuages qui se forment dans le ciel, y demeurent un certain temps, puis se dissolvent dans le vide de l'espace, les pensées

illusoires surviennent, durent un moment puis s'évanouissent dans la vacuité de l'esprit. En fait, rien ne
s'est réellement passé[6]. »

Écoutons l'ermite et barde vagabond du Tibet, Shabkar, chanter l'Éveil et la compassion :

> *Pacifié et détendu en cet état de liberté,*
> *J'atteins l'immensité de la dimension absolue,*
> *Inconditionné, au-delà des concepts.*
> *L'esprit rendu à lui-même,*
> *Ample comme l'espace, transparent et serein,*
> *Les attaches douloureuses et vénéneuses*
> *Du labeur mental*
> *Se dénouent d'elles-mêmes.*
>
> *Lorsque je demeure en cet état,*
> *Ciel immense et limpide,*
> *Je connais une félicité au-delà du mot,*
> *De la pensée ou de l'expression.*
>
> *Considérant d'un regard de sagesse*
> *Plus infini encore que le ciel tout-embrassant,*
> *Les phénomènes du samsara et du nirvana*
> *Deviennent des spectacles émerveillants.*
> *En cette dimension de lumière,*
> *L'effort est inutile,*
> *Tout advient de soi-même,*
> *Naturellement, sereinement.*
> *Joie absolue !*
>
> *La compassion envers les êtres,*
> *Mes mères d'antan, fusa du tréfonds de moi ;*
> *Ce ne sont pas vains mots :*
> *Désormais, je me consacrerai au bien d'autrui[7] !*

Dernière déposition d'un témoin
de la défense

Je peux affirmer sans ostentation que je suis un homme heureux, parce que c'est un simple fait, au même titre que je peux dire que je sais lire ou que je suis en bonne santé. Si j'avais toujours été heureux pour être tombé dans une potion magique quand j'étais petit, cette déclaration n'aurait aucun intérêt. Mais cela n'a pas toujours été le cas. Enfant et adolescent, je n'étais pas un mauvais bougre, j'étudiais de mon mieux, j'aimais la nature, je pratiquais la musique, le ski, la voile, l'ornithologie et la photographie. J'aimais ma famille et mes amis. Mais je n'aurais jamais eu l'idée de déclarer que j'étais *heureux*. Le bonheur ne faisait pas partie de mon vocabulaire. J'étais conscient d'un potentiel que je pensais être présent en moi, comme un trésor caché, et je l'imaginais chez les autres. Mais la nature de ce potentiel restait très vague et je n'avais guère d'idées sur la façon de l'actualiser. Le bonheur que je ressens maintenant à chaque instant de l'existence, pour ainsi dire quelles que soient les circonstances, s'est construit avec le temps dans des conditions favorables à la compréhension des causes du bonheur et de la souffrance.

Dans mon cas, la rencontre avec des êtres à la fois sages et bienheureux a été déterminante, car la force de l'exemple parle plus que tout autre discours. Elle me montrait ce qu'il est possible d'accomplir et me prouvait que l'on peut *devenir* libre et heureux de façon durable pourvu qu'on sache s'y prendre. Quand je me trouve parmi mes amis, je partage avec joie leur existence. Quand je suis seul, dans mon ermitage ou ailleurs, chaque instant qui passe est un délice. Je m'efforce de contribuer de mon mieux à servir ceux qui sont dans la difficulté, en consacrant une partie grandissante de mon temps à des projets humanitaires au Tibet. Lorsque j'entreprends un projet dans la vie active, s'il est couronné de succès, je m'en réjouis ; si après avoir fait de mon mieux, pour une quelconque raison il n'aboutit pas, je ne vois pas pourquoi je me ferais du souci. J'ai eu la chance, jusqu'à ce jour, de manger à ma faim et d'avoir un abri ; je considère mes possessions comme des outils et il n'y en a aucune que je regarde comme indispensable. Sans ordinateur portable j'arrêterais d'écrire et sans appareil photo de partager des images, mais cela n'enlèverait rien à la qualité de chaque instant de ma vie. L'essentiel est pour moi l'immense fortune d'avoir rencontré mes maîtres spirituels et d'avoir reçu leurs enseignements. J'ai ainsi largement de quoi méditer jusqu'à la fin de mes jours ! Quand je lis dans divers ouvrages que le bonheur et la sagesse sont inaccessibles, je trouve simplement dommage que l'on puisse ainsi se priver et priver autrui de qualités qui ont été maintes fois vérifiées par l'expérience vécue.

Monastère de Shéchèn, Népal, juin 2003

Tant que l'espace durera,
Et tant qu'il y aura des êtres,
Puissé-je moi aussi demeurer
Pour soulager la souffrance du monde.

Shantideva

NOTES ET BIBLIOGRAPHIE

1. Luca et Francesco Cavalli-Sforza, *La Science du bonheur*, Paris, Odile Jacob, 1998.

Chapitre 1

1. Jean-Jacques Rousseau, *Émile ou l'éducation*, 1762.

2. Pascal Bruckner, *L'Express Magazine*, 23 mai 2002.

3. Henri Bergson, « Les deux sources de la morale et de la religion » in Remarques finales, Paris, PUF, 7e éd., 1997, p. 319.

4. Ruut Veenhoven, « Progrès dans la compréhension du bonheur », *Revue québécoise de psychologie*, 1997, 18 : 29-79.

5. André Burguière, dans *Le Nouvel Observateur*, hors-série « Le Bonheur », 1988, p. 24.

6. Robert Misrahi, *Le Bonheur, essai sur la joie,* Paris, Optiques, Hatier, 1994.

7. André Comte-Sponville, *Le Bonheur, désespérément*, Nantes, Pleins Feux, 2000.

8. Saint Augustin, *Confessions*, X 23.

9. Aristote, *Éthique à Nicomaque*, traduction J. Voilquin, Paris, Garnier-Flammarion, 1961 (I, 4).

10. Katherine Mansfield, *Bliss & Other Stories,* Ayer, 1977.

11. Georges Bernanos, *Journal d'un curé de campagne*, Paris, Plon, 1951.

12. Etty Hillesum, *Une vie bouleversée, Journal*, 1941-1943, Paris, Le Seuil, Points, 1995.

13. W. Tatarkiewicz, *Analysis of Happiness*, Warsawa, Martinus Nijhoff, The Hague PWN, Polish Scientific Publishers, 1976.

14. Voir *Killers don't cry*. Ce documentaire hors du commun de Clifford Bestall a été diffusé en 2003 par « Envoyé spécial », sur France 2.

15. *Fleet Maul, Prison as a path*, extrait du site www.hkfs-staff@visionet.org. Fleet était disciple d'un maître tibétain qui vint lui rendre visite dans sa prison et lui donna des enseignements.

16. Jean-Paul Sartre, *La Nausée*, Paris, Gallimard, 1954.

17. Voir Andrew Solomon, *Le Démon intérieur, anatomie de la dépression*, traduction de l'anglais C. Richetin, Paris, Albin Michel, 2002.

18. Rabindranath Tagore, *Stray Birds*, New York, The Macmillan Company, 1916 : LXXV.

19. Nicolas de Chamfort, *Maximes*, Paris, Gallimard. Stendhal, quant à lui, écrivait dans une lettre à sa sœur Pauline Beyle : « Je crois, et je le démontrerai par la suite, que tout malheur ne vient que d'erreur et que tout bonheur nous est procuré par la vérité. » Stendhal, lettre à sa sœur Pauline Beyle, dans *Correspondance*, Paris, Gallimard, 1963-1968.

20. Stendhal, lettre à sa sœur Pauline Beyle, *in Correspondance*, *op. cit.*, 1963-1968.

21. Etty Hillesum, *Une vie bouleversée, op. cit.*

Chapitre 2

1. Épictète, « Lettre à Ménécée », dans Lettres et Maximes, traduction M. Conche, Paris, Épiméthée, 4e éd. 1995.

2. Aristote, *Éthique à Nicomaque, op. cit.* (I, 5).

3. Propos recueillis par Véronique Grousset pour *Le Figaro Magazine*, dossier sur le bonheur, 10 septembre 1998, p. 123.

4. Chögyam Trungpa, *Au-delà du matérialisme spirituel*, Paris, Le Seuil, Points Sagesses, 1976.

5. Pascal Bruckner, *L'Euphorie perpétuelle*, Paris, Grasset, 2000.

6. *Ibid.*, p. 19.

7. Dominique Noguez, *Les Plaisirs de la vie*, Paris, Payot et Rivages, 2000, p. 11.

8. Saint Augustin, *La Vie Heureuse.*

9. André Comte-Sponville, *Le Bonheur, désespérément, op. cit.*

10. Pascal Bruckner, *L'Euphorie perpétuelle, op. cit.*

11. Emmanuel Kant, *Critique de la raison pure*, traduction Tremesaygues et Pacaud, Paris, PUF, 1971.

12. Emmanuel Kant, *Critique de la raison pratique*, traduction François Picavet, Paris, PUF, 1971.

13. Romain Rolland, *Jean-Christophe*, Paris, Albin Michel, 1952, t. VIII.

14. Shantideva, *La Marche vers l'Éveil*, Saint-Léon-sur-Vézère, Padmakara, 1991, VII.

15. *Ibid.* VII.

Chapitre 3

1. Dalaï-lama, conférence prononcée à Coimbra (Portugal), le 26 nov. 2001. Traduction du tibétain M. Ricard.

2. Marc-Aurèle, *Pensées*, Paris, Société d'Éditions, 1953 : V. 19.

3. B. Alan Wallace, *Buddhism with an Attitude*, Ithaca, New York, 2001.

4. Charlotte Brontë, *Villette*, in Charlotte and Emily Brontë, *Complete Novels*, New York, Random House Value Publishing, 1995.

5. Pascal Bruckner, *L'Euphorie perpétuelle, op. cit.*

6. Christophe André, *Vivre heureux, Psychologie du bonheur*, Paris, Odile Jacob, 2003.

7. Alain, *Propos sur le bonheur*, Paris, Gallimard, Folios/ Essais, 1998.

Chapitre 4

1. Dilgo Khyentsé, *Les Cent Conseils de Padampa Sanguié*, Saint-Léon-sur-Vézère, Padmakara, 2001.

2. Barbey d'Aurevilly, cité dans Christophe André, *Vivre heureux, op. cit.*

3. Quatrain trouvé dans un carnet du célèbre poète tibétain Guedun Chœphel.

4. Alain, *Propos sur le bonheur, op. cit.*

5. Christian Boiron, *La Source du bonheur*, Paris, Albin Michel, Espaces libres, édition poche, 2000.

6. *Ibid.*

7. Sénèque, *De la brièveté de la vie*, traduction Colette Lazam, Paris, Rivages poche, 1990 : XVI, 3.

8. P. Brickman, D. Coates et R. Janoff-Bulman, « Lottery winners and accident victims : Is happiness relative ? » *Journal of Personality and Social Psychology,* 1978, 36 : 917-927.

9. M. Argyle, « Causes and correlates of happiness », in D. Kahneman, E. Diener et N. Schwarz (eds), *Well-being, the Foundation of Hedonic Psychology*, 2002 Russel Sage Foundation, New York, 18 : 353-373.

10. Christophe André, *Vivre heureux, op. cit.*

11. Paul Ekman, *Emotions Revealed*, New York, Times Press, 2003.

12. Les caractéristiques des différents types de sourires et d'expressions faciales ont été étudiées par Paul Ekman et celles de la voix par Sophie Scott et Andrew Calder. Voir Ekman, *Emotions Revealed, op. cit.*

13. Pierre Corneille, *Discours à l'Académie*, 2 janvier 1685.

14. Dalaï-lama, conférence publique prononcée à Coimbra (Portugal), le 26 nov. 2001. Traduction du tibétain M. Ricard.

15. G.C. Whiteneck, *et al.*, « Rocky Mountain spinal cord injury system », *Report to the National Institute of Handicapped Research,* 1985 : 29-33.

16. K. Chwalisz, « Autonomic arousal feedback and emotional experience : Evidence from the spinal cord injured », *Journal of Personality and Social Psychology,* vol. 54, 1988 : 820-828.

Chapitre 5

1. Résumé d'après Robert Godet, *Le Jardin des cinq saisons,* Paris, Julliard, 1956.

2. Jean-Cassien Billier, *Le Bonheur, La question philosophique,* Paris, Ellipse, 1997.

3. Arthur Schopenhauer, *Le Monde comme volonté et comme représentation*, traduction Burdeau-Roos, Paris, PUF, 1978. « Tout bonheur est négatif, sans rien de positif ; nulle satisfaction, nul contentement, par suite, ne peut être de durée ; au fond ils ne sont que la cessation d'une douleur ou d'une privation, et, pour remplacer ces dernières, ce qui viendra sera infailliblement ou une peine nouvelle, ou bien quelque langueur, une attente sans objet, l'ennui. »

4. Alain, *Propos sur le bonheur, op. cit.*

5. Andrew Solomon, *Le Démon intérieur, op. cit.*

6. Conférence donnée à Porto, Portugal, nov. 2001.

7. Guy Corneau, *La Guérison du cœur*, Paris, Robert Laffont, 2000.

8. Luca et Francesco Cavalli-Sforza, *La Science du bonheur*, *op. cit.*

9. Traduit de l'anglais, d'après Glenn H. Mullin, *Selected Works of the Dalaï Lama VII, Songs of Spiritual Change*, Ithaca, Snow Lion, 1985.

10. Dalaï-lama, *L'Art de la compassion*, Paris, Robert Laffont, 2002.

11. Ce type d'investigation appelée « méta-analyse » consiste à intégrer par des méthodes statistiques les résultats de plusieurs études indépendantes. Voir Ephrem Fernandez et Dennis C. Turk : « The utility of cognitive coping strategies for altering pain perception : a meta-analysis. » in *Pain*, 38 (1989) 123-135. Nous remercions Pr Stephen Kosslyn, de l'université de Harvard, de nous avoir communiqué ces articles.

12. Lisa K. Mannix, Rohit.S. Chadurkar, Lisa A. Rubicki, Diane L. Tusek et Glen D. Solomon : « Effect of guided imagery on quality of life for patients with chronic tension-type headache », in *Headache*, 1999 ; 39 : 326-334. Les mêmes techniques ont été utilisées pour réduire les symptômes postopératoires, les douleurs intenses dues au cancer et les nausées provoquées par la chimiothérapie.

13. « Congrès annuel sur le cancer », Paris 1999.

14. Ani Patchén, *Et que rien ne te fasse peur*, Paris, NiL Éditions, 2001.

15. Tendzin Tcheudrak, *Le Palais des arcs-en-ciel,* propos recueillis par G. Van Grassdorff, Paris, Albin Michel, 1998. Palden Gyatso, *Le Feu sous la neige*, Paris, Actes Sud, 2000.

16. *Quand l'esprit dialogue avec le corps*, « Entretiens avec le Dalaï-lama sur la conscience, les émotions et la santé », sous la direction de Daniel Goleman, Paris, Trédaniel, 1997.

17. Tenzin Kunchap décrit aussi la façon dont il fut maintes fois torturé : « Les matraques électriques sont de terrifiants objets, longues de plus de trente centimètres, avec un bout armé d'une sorte de pince. Les fils enroulés à l'extrémité sont connectés à un bouton et, dès que l'on appuie dessus, une décharge est émise, insupportable, piquant et brûlant la peau. La pince, elle, sert à mordre les chairs. J'en tremble. […] Au bout de deux heures, le garde me ramène, titubant, dans la cellule. Je ne raconte rien et m'assois, prostré, dans un coin. Les autres ont compris : le grand jeu a commencé. Des cauchemars vont habiter mes nuits pendant les longs mois de mes incarcérations, toutes ponctuées de séances d'interrogatoire plus dures les unes que les autres.

[...] La cruauté de nos interrogateurs n'a pour limite que notre capacité à encaisser. Ils nous mènent aux portes de la mort, n'arrêtant qu'à l'approche du dernier souffle. J'ai dix-sept ans, mais je marche courbé comme un vieillard », *Le Moine rebelle*, Paris, Plon, 2000.

Chapitre 6

1. Robert Misrahi, *Le Bonheur, essai sur la joie,* Paris, Optiques, Hatier, 1994.

2. Arthur Schopenhauer, *Le Monde comme colonté et comme représentation, op. cit.*

3. Sigmund Freud, *Malaise dans la civilisation*, traduction Odier, Paris, PUF, 1971.

4. M. Seligman, *Authentic Hapiness, op. cit.*

5. Dalaï-lama et Howard Cutler, *L'Art du bonheur*, Paris, Robert Laffont, 1999.

6. B. Alan Wallace, *Buddhism with an Attitude, op. cit.*

7. Pascal Bruckner, *L'Euphorie perpétuelle, op. cit.*

8. *Ibid.*

9. André Comte-Sponville, *Le Bonheur, désespérément, op. cit.*

10. Luca et Francesco Cavalli-Sforza, *La Science du bonheur, op. cit.*

Chapitre 7

1. Chandrakirti, *Madhyamakalankara*, *Entrée sur la Voie médiane*. Chandrakirti (VIe VIIIe siècle) est l'un des plus célèbres commentateurs indien des paroles du Bouddha (Ve siècle avant J.-C.). et du grand philosophe Nagarjuna (IIe siècle après J.-C.).

2. Han F. de Wit, *Le Lotus et la Rose,* traduction du hollandais par C. Francken, Huy, Kunchap, 2002.

3. L. Van Boven *et al.*, « Egocentric empathy gaps between owners and buyers : Misperception of the endowment effect », *Journal of Personality and Social Psychology*, 2000, 79 : 66-76.

4. Paul Ekman, communication personnelle. Voir aussi Dalaï-lama et Daniel Goleman, *Émotions destructrices*, Paris, Laffont, 2003.

5. Pascal Bruckner, *L'Euphorie perpétuelle, op. cit.*

6. On pourra également se référer à des développements plus approfondis dont nous nous sommes inspiré, ceux notamment

de David Galin pour la philosophie, d'Alan Wallace pour le bouddhisme, et d'Antonio Damasio pour la science du cerveau. D. Galin, « The Concepts of Self, Person, and I, in Western Psychology and in Buddhism », in B. Alan Wallace (ed.), *Buddhism & Science, Breaking New Ground,* New York, Columbia University Press, 2003. B. Alan Wallace, *Science et Bouddhisme,* Paris, Calmann-Lévy, 1998. Antonio Damasio, *The Feeling of What Happens, Body and Emotions in the Making of Consciousness,* San Diego, Harcourt, 1999.

7. En tibétain, le « je », la « personne » et le « moi » correspondent aux termes *nga, gang zag* et *bdag.*

8. Voir David Galin, *op. cit.*

9. Han F. de Wit, *Le Lotus et la Rose, op. cit.*

10. *Ibid.*

11. R. Descartes, *Méditations touchant la première philosophie*, VI, in Ch. Adam et P. Tannery, *Œuvres de Descartes*, Paris, Vrin, 1982, Volume IX.

12. C.S. Sherrington, *The Integrative Action of the Nervous System*, Cambridge University Press, 1906/1947, cité dans D. Galin, *op. cit.*

13. David Galin, *op. cit.*

14. Bouddha Shakyamouni, *Rajsamadhi Sutra.*

15. Les acteurs se servaient de la bouche du masque comme d'un mégaphone, pour faire porter leur voix.

Chapitre 8

1. On a également constaté que chaque région du cerveau qui est associée à des aspects émotionnels particuliers est également associée à des aspects cognitifs. Voir R. J. Davidson et W. Irwin, « The functional neuroanatomy of emotion and affective style », *Trends in Cognitive Science,* 1999, 3 : 11-21, ainsi que R. J. Davidson, « Cognitive neuroscience needs affective neuroscience (and vice versa) » in *Cognition and Emotion,* 2000, 42, 89-92, ou encore A.R. Damasio, *Descarte's error*, New York, Avon Books, 1994 ; et E.T. Rolls, *The Brain and Emotion*, New York, Oxford University Press, 1999.

2. Pour une analyse des états mentaux que les psychologues considèrent comme des émotions, voir Nico H. Fridja, *Emotions and Hedonic Experience*, in Kahneman, E. Diener and N. Schwarz

(eds), *Well-being, the Foundation of Hedonic Psychology*, Russel Sage Foundation, New York, 2002, p. 204.

3. Ces considérations sont tirées de *A Psychological and a Buddhist Approach to Well-Being,* Paul Ekman, Richard Davidson, Matthieu Ricard et B. Alan Wallace [sous presse]. Voir également P. Ekman, W.V. Friesen, et P. Ellsworth, *Emotion in the Human Face*, New York, Pergamon, 1972, chap. 13-14.

4. C'est le cas par exemple de R. J. Larson et T. Ketelaar, « Personality and susceptibility to positive and negative emotional states », *Journal of Personality and Social Psychology,* 1991, 61 : 132-140 ; ainsi que de D. Watson, L. A. Clark et A. Tellegen, « Development and validation of brief measures of positive and negative affect : The PANAS scales », *Journal of Personality and Social Psychology,* 1988, 54 : 1063-1070.

5. L. Cosmides et J. Tooby, « Evolutionary psychology and the emotions », in M. L. Lewis et J. Haviland-Jones (eds), *Handbook of Emotions (2nd edition)*, New York, Guilford Press, 2000 : 3-134. P. Ekman et W.V. Friesen, « The repertoire of nonverbal behavior : Categories, origins, usage, and coding », *Semiotica,* 1969, 1 : 49- 98. C. Izard, *The Face of Emotion*, New York, Appleton-Century-Crofts, 1971.

6. R J. Davidson, K. M. Putnam et C. L. Larson, « Dysfunction in the neural circuitry of emotion regulation — a possible prelude to violence », *Science*, 2000, 289 : 591-594.

7. Voir notamment H.S. Friedman, *Hostility, Coping and Health,* Washington : American Psychological Association, 1992, ainsi que J. Vahtera, M. Kivimaki, A. Uutela et J. Pentti, « Hostility and ill health : Role of psychosocial resources in two contexts of working life », *Journal of Psychosomatic Research*, 2000, 48 : 89-98. Il faut toutefois noter que ni l'hostilité ni la violence ne sont considérées en Occident comme des émotions proprement dites, plutôt comme des traits de caractère ou de tempérament.

8. W. Barefoot *et al.*, « The health consequences of hostility », in Chesney *et al.* (eds), *Anger and Hostility in Cardiovascular and Behavioral Disorders*, New York, McGraw Hill, 1985.

9. R. J., Davidson, D. C. Jackson et N. H Kalin, « Emotion, plasticity, context and regulation : Perspectives from affective neuroscience », *Psychological Bulletin*, 2000, 126 : 890-906, ainsi que P. Ekman, *Emotions Revealed, op. cit.*

10. Andrew Solomon, *Le Démon intérieur, op. cit.*

11. Aristote, *Éthique à Nicomaque, op. cit.*, IV, 5.

12. Sur la réévaluation des situations extérieures, voir R. Lazarus, *Emotion and Adaptation*, New York, Oxford, 1991.

13. Sur la régulation de l'expression des émotions dans le comportement, voir J. J. Gross, « The emerging field of emotion regulation : An integrative review », *Review of General Psychology*, 1999, 2 : 271-299.

14. Philip Dormer Stanhope, 4e Earl de Chesterfield. Lettre à son fils.

15. Résumé de Myers, 2001, *op. cit.*

16. Barbara Fredrickson, « Positive emotions », *Handbook of Positive Psychology*, 2002, Oxford University Press, 35, p. 122.

17. *Ibid.*, p. 125.

18 Williams James, *The Principles of Psychology*, Cambridge, Harvard University Press, 1890/1981.

Chapitre 9

1. Dolf Zillmann, « Mental control of angry aggression », in D. Wegner et P. Pennebaker, *Handbook of Mental Control*, Englewood Cliffs, Pentrice Hall, 1993.

2. Voir Hokanson *et al.*, « The effect of status, type of frustration, and aggression on vascular process », *Journal of Abnormal and Social Psychology*, 1962, 65 : 232-237.

3. C. Daniel Batson, Nadia Ahmad, David A. Lishner et Jo-Ann Tsang, « Empathy and altruism », in *Handbook of Positive Psychology*, 2002, Oxford University Press, 35 : 485-497.

4. Sans faire usage de termes techniques, nous nous situons ici principalement dans le contexte du bouddhisme tibétain. Toutefois, la plupart des méthodes utilisées par les autres traditions du bouddhisme peuvent être reliées à l'une ou l'autre de ces trois méthodes. Au sein même du bouddhisme tibétain, ces trois méthodes correspondent aux approches respectives des trois principaux véhicules du bouddhisme, le Théravada, le Mahayana et le Vajrayana.

5. Alain, *Propos sur le bonheur, op. cit.*

6. Dilgo Khyentsé, *Le Trésor du cœur des êtres éveillés*, Paris, Le Seuil, Points Sagesse, 1996, commentaire du verset 40.

7. Paul Ekman, *Emotions Revealed, op. cit.*

8. Alain, *Propos sur le bonheur, op. cit.*

9. Dilgo Khyentsé, *Le Trésor du cœur, op. cit.*, commentaire du verset 33.

10. Paul Ekman, *Emotions Revealed, op. cit.*

11. Han F. de Wit, *Le Lotus et la Rose, op. cit.*

12. P. Ekman, R.J. Davidson, M. Ricard et B.A. Wallace, *art. cité.*

13. Chögyam Trungpa, *Au-delà du matérialisme spirituel, op. cit.*

14. Pierre Hadot, *Qu'est-ce que la philosophie antique ?* Folios/Essais Gallimard, 1995.

15. Alain, *Propos sur le bonheur, op. cit.*

Chapitre 10

1. Arthur Schopenhauer, *Le Monde comme volonté et comme représentation*, traduction Burdeau-Roos, PUF, 1978.

2. Martin E. Seligman, *Authentic Happiness,* New York, Free Press, 2002.

3. Nagarjuna, *Suhrlleka*, « *Lettre à un ami* », traduction du tibétain.

4. Anatole France, *La Vie en fleur,* Paris, Gallimard Jeunesse, 1983 : XXI.

5. Stendhal, *Le Rouge et le Noir*, Paris, Gallimard, Bibliothèque de la Pléiade, Romans et Nouvelles, 1956, tome 1.

6. « Not practical », voir *L'Art du bonheur, op. cit.*

7. Christian Boiron, *op. cit.* L'auteur fonde l'expérience du bonheur et du malheur sur l'anatomie du cerveau. Il suit en cela la distinction établie par Marshall McLuhan et Henri Laborit, pour lesquels le cerveau reptilien correspond aux pulsions et aux instincts, le cerveau limbique aux habitudes et aux conventions, tandis que le cerveau néocortical est responsable des fonctions de l'intelligence, de la liberté et de la créativité. Cette division du cerveau en trois parties n'est pas aussi simple et tranchée que l'envisageaient ces auteurs.

8. Alain, *Propos sur le bonheur, op. cit.*

9. Voir K.C. Berridge, « Pleasure, pain, desire and dread : Hidden core processes of emotion », in D. Kahneman, E. Diener et N. Schwarz (eds), *Well-being, the Foundation of Hedonic Psychology*, 2002, Russel Sage Foundation, New York, 27 : 525-558.

10. Au niveau chimique, on sait que les sensations de plaisir sont liées à la production de dopamine. À mesure que l'expérience du plaisir est répétée, à des intervalles de plus en plus rapprochés, la quantité de dopamine nécessaire pour engendrer une

sensation de plaisir augmente. D'un point de vue subjectif c'est le mécanisme de la « fatigue » : le plaisir se transforme en sensation neutre, voire déplaisante. Quand on entre dans un mécanisme de dépendance à ce qui a produit jusqu'alors du plaisir, ce n'est plus la molécule du plaisir, la dopamine, qui intervient, mais d'autres molécules, principalement des glutamates. Le plaisir est remplacé par un sentiment de besoin. À ce stade, on ne prend plus une drogue pour renouveler l'expérience du plaisir, lequel a fait son temps, mais pour soulager la souffrance du manque.

Chapitre 11

1. Longchen Rabjam (1308-1363), l'un principaux représentants de la tradition Nyingma du bouddhisme tibétain.

2. Alain, *Propos sur le bonheur, op. cit.*

3. Henry David Thoreau, *Where I Lived and What I Lived For*, C. M. Simpson et A. Nevins (eds)., The American Reader, D.C. Boston, Heath, 1941.

4. Après avoir écrit ce chapitre, j'ai retrouvé la même formule chez A. Comte-Sponville, « l'esprit simple n'est pas un simple d'esprit », *Petit traité des grandes vertus*, Paris, PUF, 1995.

5. *Ibid.*

6. *Vie et enseignement de Patrul Rinpoché*, manuscrit non publié. Traduit du tibétain par Matthieu Ricard et Carisse Busquet, du Comité de Traduction Padmakara.

7. Shantideva, *La Marche vers l'Éveil, op. cit.*

8. Luca et Francesco Cavalli-Sforza, *La Science du bonheur, op. cit.*

9. Dodrup Tenpai Nyima, *Le Goût unique*, Saint-Léon-sur-Vézère, Éditions Padmakara, 1998.

Chapitre 12

1. Dilgo Khyentsé, *Le Trésor du cœur des êtres éveillés, op. cit.*, commentaire du verset 50.

2. Dalaï-lama, *Conseils du cœur*, Paris, Presses de la Renaissance, 2001.

3. Discours à la Sorbonne, à l'occasion d'une rencontre des lauréats du Prix de la Mémoire, en 1993.

4. Etty Hillesum, *Une vie bouleversée, op. cit.*

5. Bertrand Vergely, *La Souffrance, Recherche du sens perdu*, Gallimard Folio, 1997.

6. Paul Lebeau, *Etty Hillesum, un itinéraire spirituel*, Paris, Albin Michel, Spiritualités vivantes, 2001.

7. Shantideva, *La Marche vers l'Éveil*, op. cit., V, 12.

8. *Vie et enseignement de Patrul Rinpoché, op. cit.*

Chapitre 13

1. Platon, *Gorgias*, dans *åuvres complètes*, Paris, Gallimard, Bibliothèque de la Pléiade.

2. Rapport entendu dans « Science in action », une émission scientifique de la BBC en 2001.

3. Dans *Le Nouvel Observateur*, hors-série « Le Bonheur », 1988. p. 35.

4. Voir E. Diener et M. Seligman, « M.E.P. Very happy people », *Psychological Science*, 2002, 13 : 81-84.

5. Andrew Solomon, *Le Démon intérieur, op. cit.*

6. *Ibid.*

7. Martin Seligman, *Authentic Happiness, op. cit.*

8. Jean-Jacques Rousseau. *Rêveries du promeneur solitaire.* Paris, Éditions Nationales, 1947. 6e promenade.

9. Elliot Sober est Professeur à l'université de Wisconsin, aux États-Unis. Voir son article « Kindness and cruelty in evolution » in *Visions of Compassion*, édité par Richard J. Davidson et Anne Harrington, Oxford University Press, 2002, p. 54-57.

10. Han F. de Wit, *Le Lotus et la Rose, op. cit.*

11. G. Hardin, *The limits of Altruism : An Ecologist's View of Survival*, Bloomington, Indiana University Press, 1977.

12. C. Daniel Batson, « Why acting for the public good ? Four answers », in *Personality and Social Psychology Bulletin*, vol. 20, n° 5 : 603-610.

13. C. Daniel Batson, Nadia Ahmad, David A. Lishner et Jo-Ann Tsang, « Empathy and altruism », *op. cit.*

14. C. Daniel Batson, Janine L. Dyck, J. Randall Brandt, Judy G. Batson, Anne L. Powell, M. Rosalie McMaster, et Cari Griffitt de l'Université du Kansas, « Five studies testing two new egoistic alternatives to the empathy-altruism hypothesis », *Journal of Personality and Social Psychology*, 1988, vol. 55, n° 1 : 52-57.

15. Nancy Eisenberg, « Empathy-related emotional responses, altruism and their socialization », in *Visions of Compassion, op. cit.*, p. 139.

16. Entretien entre le père Ceyrac et l'auteur, *Paris-Match*, 1999.

17. Shantideva, *La Marche vers* l'Éveil, *op. cit.*, VIII.

Chapitre 14

1. Dilgo Khyentsé, *Le Trésor du cœur, op. cit.*, commentaire du verset 51.

2. Voir l'excellente description des diverses conceptions de l'humilité dans A. Comte-Sponville, *Petit traité des grandes vertus, op. cit.*

3. S.K. Singh, 1968, article non publié, disponible sur le site internet www.humboldt.com/.jiva/humility. html

4. Pour une analyse psychologique contemporaine, voir D.G. Myers : *The Inflated Self : Human Illusions and the Biblical Call for Hope*, New York, Seabury, 1979, p. 38.

5. François de La Rochefoucauld, *Réflexions et Maximes*, Paris, Hatier.

6. Voir Joiner T.E. et Perez, M. (2000), *Threatened Egotism and Self-Reported Physical Aggression Among Undergraduates and their Roomates* [sous presse].

7. Exline J.J. et Baumeister, R.F. (2000), Case Western Reserve University. Données non publiées citées par J.P. Tangney, « Humility », in *Handbook of Positive Psychology,* 2002, Oxford University Press, 29 : 411-419.

Chapitre 15

1. Montesquieu, *Cahiers*.

2. Voltaire, *Henriade*, IX.

3. Pascal Bruckner, *L'Euphorie perpétuelle*, *op. cit.*

4. Svami Prajnanpad, *La Vérité du bonheur*, traduction Colette et Daniel Roumanoff, Lettres à ses disciples, vol III, L'Originel, 1990, p. 58.

Chapitre 16

1. Alain, *Propos sur le bonheur, op. cit.*

2. M. Seligman, *Apprendre l'optimisme*, traduction de l'américain Larry Cohen, Paris, Intereditions, 1994.

3. L.G. Aspinwall *et al.*, « Understanding how optimism works : An examination of optimistics' adaptative moderation of belief and behavior » in *Optimism and Pessimism : Implications for Theory, Research and Pratice*, American Psychological Association, Washington DC, 2001 : 217-238.

4. L.G. Aspinwall *et al.*, « Distinguishing optimism from denial : Optimistic beliefs predict attention to health threat », *Personality and Social Psychology Bulletin*, 1996, 22 : 993-1003.

5. Voir Seligman, *Authentic Happiness, op. cit.*, et l'ensemble des références fournies dans son ouvrage.

6. T. Maruta *et al.*, « Optimism vs. pessimists : Survival rate among medical patients over a 30-year period », *Mayo Clinic Proceedings*, 2000, 75 : 140-143.

7. M. Seligman, *Authentic Happiness, op. cit.*

8. M. Seligman, *Apprendre l'optimisme, op. cit.*

9. Alain, *Propos sur le bonheur, op. cit.*

10. *Ibid.*

11. Voir C.R. Snyder *et al.*, « Hope Theory », in C. R Snyder et Shane J. Lopez, *Handbook of Positive Psychology,* 2002, Oxford University Press, 19 : 257-276.

12. Voir Curry *et al.*, « The role of hope in student-athlete academic and sport achievement », *Journal of Personality and Social Psychology*, 1997, 73 : 1257-1267.

13. Les références des travaux correspondants sont citées dans C.R. Snyder *et al.*, « Hope Theory », *op. cit.*, p. 264-265.

14. Voir notamment S. Greet *et al.*, « Psychological response to breast cancer and 15-year outcome », *Lancet*, 1991, I, 49-50, ainsi que G. M, Reed *et al.*, « Realistic acceptance as a predictor of decreased survival time in gay men with AIDS », *Health Psychology*, 13 : 299-307.

15. Voir Charles S. Carver et Michael F. Sheier, « Optimism », in C. R Snyder et Shane J. Lopez, *Handbook of Positive Psychology,* 2002, Oxford University Press, 17 : 231-243.

16. Voir C.S. Carver *et al.*, « Assessing coping stategies : A theorically based approach », *Journal of Personality and Social Psychology*, 1989, 56 : 267-283, ainsi que K.R. Fontaine *et al.*, « Optimism, perceived control over stress and coping », *European Journal of Personality*, 1993, 7 : 267-281.

17. C.R. Snyder *et al.*, « Hope Theory », *op. cit.*, p. 266.

18. Bo Lozoff, *Nous sommes tous dans une prison*, Cabédita, 1995

Chapitre 17

1. Alain, *Propos sur le bonheur, op. cit.*

2. Alphonse de Lamartine, *Méditations poétiques,* Première méditation, « L'isolement », Paris, Hachette, 1924.

3. Andrew Solomon, *Le Démon intérieur, op. cit.*

4. *Ibid.*

5. Dilgo Khyentsé, *Le Trésor du cœur, op. cit.*, commentaire du verset 38.

6. Nicolas Boileau, Épître V. à Guilleragues, cité dans L. Prioreff, *Le Bonheur, Anthologie des textes philosophiques et littéraires*, Paris, Maisonneuve et Larose, 2000.

7. Dilgo Khyentsé Rinpoché, *Les Cent Conseils, op. cit.*

8. Dilgo Khyentsé, *Le Trésor du cœur, op. cit.*, commentaire du verset 62.

9. Ce témoignage est extrait de l'ouvrage d'Andrew Solomon, *Le Démon intérieur, op. cit.*

10. Shantideva, *La Marche vers l'Éveil, op. cit.*, V.

11. Cette citation et les suivantes sont extraites d'un commentaire inédit de Dilgo Khyentsé Rinpoché sur les *Trente-Sept Pratiques du Bodhisattva* de Guialsé Thogmé, traduction du tibétain par M. Ricard.

Chapitre 18

1. Sénèque, *De la brièveté de la vie, op. cit.*, I, 3.

2. Khalil Gibran, *Le Prophète*, Le Livre de Poche, Paris, 1993.

3. D'après Herbert Spencer, *Definitions* : « Time : that which man is always trying to kill, but which ends in killing him. »

4. Pascal Bruckner, *L'Euphorie perpétuelle, op. cit.*

5. Sénèque, *De la brièveté de la vie, op. cit.*, VII, 10.

6. Vicki MacKenzie, *Un ermitage dans la neige*, traduit de l'anglais par Carisse Busquet, NiL Éditions, Paris, 1999.

7. Dilgo Khyentsé, *Les Cent Conseils, op. cit.*

8. Nagarjuna, *Suhrlleka*, « *Lettre à un ami* », traduction du tibétain.

Chapitre 19

1. Nakamura, J. et M. Csikszentmihaly, « The Concept of Flow », in C. R Snyder et Shane J. Lopez, *Handbook of Positive Psychology,* 2002, Oxford University Press, 7 : 89-105.

2. M. Csikszentmihaly, « Go With the Flow », *Wired Magazine*, septembre 1996.

3. « Like a waterfall », *Newsweek*, 28 février 1994, cité dans Daniel Goleman, *L'Intelligence émotionnelle,* Paris, Robert Laffont, 2000.

4. William James, *The Principles of Psychology, op. cit.*

5. Voir S. Whalen, « Challenging play and the cultivation of talent. Lessons from the Key School's flow activities room », in N. Colangelo et S. Astouline (eds)., *Talent Developpment III*, A.Z. Scottdale, Gifted Psychology Press, 1999 : 409-411.

6. Martin Seligman, *Authentic Happiness, op. cit.*

7. M. Csikszentmihaly, cité dans Seligman, *op. cit.*

8. Martin Seligman, *Authentic Happiness, op. cit.*

9. J. Nakamura, et M. Csikszentmihaly, « The Concept of Flow », *op. cit.*, p. 102.

10. « Pour nourrir notre joie, guide pour les pratiques et les activités de pleine conscience », rédigé par les moines et les moniales du Village des Pruniers.

Chapitre 20

1. Alexandre Jollien, *Le Métier d'homme*, Paris, Le Seuil, 2002.

2. Voir notamment M. Argyle, « Causes and correlates of happiness », *art. cit.*

3. R. Veenhoven, *Bibliography of Happiness.* RISBO, *Studies in Social and Cultural Transformation*, Erasmus University Rotterdam, Netherlands, 1993, 1. Voir également l'article du même auteur, « Progrès dans la compréhension du bonheur », *Revue québécoise de psychologie*, 1997, 18 : 29-79, qui utilise les ressources de la « Banque de données mondiales sur le bonheur » (*World Database of Happiness*), située à l'université Erasmus de Rotterdam (Département de sociologie). Une partie de ces données sont accessibles sur le site www.eur.nl/fsw/research/happiness

4. Voir F.M. Andrews *et al.*, *Social Indicators of Well-Being*, New York, Plenum, 1976, et E. Diener, « Subjective wellbeing », *Psychological Bulletin*, 1984, 96 : 542-575.

5. Les principaux travaux sont ceux de A. Tellegen *et al.* « Personality similarity in twins reared apart and together », *Journal of Personality and Social Psychology*, 1988, 54 : 1031-

1039, ainsi que R. Plomin *et al.*, « The nature of nurture : Genetic influence on environmental measures », *Behavioral and Brain Sciences*, 1991, 14 : 373-427.

6. Voir T. Bouchard *et al.*, « Genetic and rearing environmental influences on adult personality : An analysis of adopted twins reared apart », *Journal of Personality*, 1990, 68 : 263-282, ainsi que A. Clarke *et al.*, *Early Experience : Myth and Evidence*, New York, Free Press, 1976.

7. Martin Seligman, *Authentic Happiness, op. cit.*

8. Pour une liste détaillée et une analyse des émotions positives et négatives, voir Paul Ekman, *Emotions Revealed, op. cit.*

9. D. Francis, J. Diorio, D. Liu et M.J. Meaney, « Nongenomic transmission across generations of maternal behavior and stress responses in the rat », *Science*, 1999, 286 : 1155-1158.

10. Richard Davidson, communication personnelle.

11. Voir M. Seligman, *What you can change and what you can't*, New York, Knopf, 1994.

12. R. Biswas-Diener et E. Diener, « Making the best of a bad situation : Satisfaction in the slums of Calcutta », in *Social Indicators Research*, 2002.

13. Voir M. Argyle, « Causes and correlates of happiness », *art. cit.*, p. 364-365.

14. Ruut Veenhoven, « Progrès dans la compréhension du bonheur », *art. cit.*

15. Martin Seligman, *The Optimistic Child*, New York, Houghton-Miffin, 1996.

16. Tiré du site internet de *NIMH* (National Institute of Mental Health) *Suicide Facts*, pour 1996. Cité par Andrew Solomon, *Le Démon intérieur, op. cit.*

17. Andrew Solomon, *Le Démon intérieur, op. cit.*

18. OMS, World Health Report, 1999.

19. M. Seligman, *Authentic Happiness, op. cit.*

20. Daniel Goleman, *L'Intelligence émotionnelle, op. cit.*

21. K. Magnus *et al.*, « Extraversion and neuroticism as predictors of objective life events : A longtidinal analysis », *Journal of Personality and Social Behavior*, 1993, 65 : 1046-53.

22. I.S. Breevelt *et al.*, F.S.A.M., « Undereporting by cancers patient : The case of response shift » *Social Science and Medicine*, 1991, 32 : 981-987.

23. E. Diener *et al.*, « Resources, personal strivings, and subjective well-being : A nomothetic and idiographic approach », *Journal of Personality and Social Psychology*, 1994, 68 : 926-935.

24. D. Danner *et al.*, « Positive emotions in early live and longevity : Finding from the nun study », *Journal of Personality and Social Psychology*, 2001, 80 : 804-813.

25. G. Ostir *et al.*, « Emotional well-being predicts subsequent functional independence and survival », *Journal of the American Geriatrics Society*, 2000, 98 : 473-478.

26. Ruut Veenhoven, « Progrès dans la compréhension du bonheur », *art. cit.*

27. Luca et Francesco Cavalli-Sforza, *La Science du bonheur*, *op. cit.*

28. D. Leonhardt, « If richer isn't happier, what is ? » *New York Times*, May 19, 2001, B9-11, cité par Seligman in *Authentic Happiness*, *op. cit.*

Chapitre 21

1. Matthieu Ricard et Trinh Xuan Thuan, *L'Infini dans la paume de la main*, Paris, NiL/Fayard, 2001.

2. Voir Antonio Damasio, *The Feeling of What Happens*, *op. cit.*

3. Voir R.J. Davidson *et al.*, « Dysfonctional in the neural circuitry of emotion regulation — A possible prelude to violence », *Science*, 2000, 289 : 591-94. Cité également dans Dalaï-lama et Daniel Goleman, *Émotions destructrices*, *op. cit.*

4. On ne sait pas toutefois si cela est dû à une augmentation des connexions synaptiques existantes ou à la formation de nouveaux neurones. Voir notamment T. Elbert *et al.*, « Increased cortical representation of the fingers of the left hand in string players », *Science*, 1995, 270, 5234 : 305-307.

5. Pour une revue de ces travaux, voir R.J. Davidson, D.C. Jackson et N.H. Kalin, « Emotion, plasticity, context, and regulation : Perspectives from affective neuroscience », in *Psychological Bulletin*, 2000, vol. 126, 6 : 890-909.

6. R.J. Davidson et M. Rickman, « Behavioral inhibition and the emotional circuitry of the brain : Stability and plasticity during the early childhood years », in L.A. Schmidt et J. Schulkin (eds), *Extreme Fear and shyness : Origins and Outcomes*, New York, Oxford University Press, 1999 : 67-97.

7. Dalaï-lama et Daniel Goleman, *Émotions destructrices*, *op. cit.*, chap. 1.

8. La dernière en date des rencontres Mind and Life, en octobre 2002, consacrée à « La matière et la vie », a réuni autour du Dalaï-lama Steven Chu, prix Nobel de physique, Steve Landler, directeur de l'une des trois principales équipes qui ont décodé le génome humain. Luigi Luisi, éminent chercheur dans le domaine de la « synthèse de la vie », Ursula Goodenough, spécialiste de l'évolution, Michel Bitbol, philosophe des sciences et maître de recherche au CNRS, Arthur Zajonc, chercheur en physique quantique et philosophe, ainsi qu'Alan B. Wallace et l'auteur.

9. Daniel Goleman, *Émotions destructrices, op. cit.*, chap. 1.

10. *Ibid.*, chap. 1.

Chapitre 22

1. Épicure, *Maximes capitales*, traduction Jean-Francois Balaudé, Paris, Le Livre de poche, 1994. V.

2. Luca et Francesco Cavalli-Sforza, *La Science du bonheur, op. cit.*

3. Han F. de Wit, *Le Lotus et la Rose, op. cit.*

4. Le bouddhisme pousse ainsi plus loin le principe kantien de la réciprocité, qui ne respecte que les êtres rationnels, pour y intégrer toute forme de vie et accepter de sacrifier sa vie pour l'autre si c'est nécessaire.

5. Dostoïevski, *Les Frères Karamazov,* II, livre 5, chap. 4, Paris, Folio, 1990, t. 1.

6. Emmanuel Kant, *Doctrine du droit*, II, 1 Remarque E, traduction Philonenko.

7. John Rawls, *Théorie de la justice*, Paris, Le Seuil, 1987.

8. André Comte-Sponville, *Petit traité des grandes vertus, op. cit.*

9. William Styron, *Le Choix de Sophie*, Gallimard Folio, Paris, 1995. Dans le roman, Sophie, frappée de stupeur et d'horreur, désigne sa fille qui monte dans le train dont les passagers sont destinés à la chambre à gaz. Jan, son fils, reste avec elle. Il disparaîtra lui aussi, un peu plus tard, dans un camp de concentration. Sophie ne se remettra jamais d'avoir dû faire ce choix.

10. E. Kant, *Critique de la raison pratique,* 1788, 1re partie, livre 1er, chap. III, traduction L. Ferry et H. Wismann, Paris, Gallimard, Bibliothèque de la Pléiade.

11. E. Kant, *Fondements de la métaphysique des mœurs*, Paris, Gallimard, Bibliothèque de la Pléiade, III.

12. Aristote, *Éthique à Nicomaque*, traduction J. Voilquin, Paris, Garnier-Flammarion, (I, VI).

13. Jeremy Bentham, *The Principles of Morals and Legislation*, Prometheus Books, 1988.

14. John Stuart Mill, *De la liberté*, Paris, Gallimard, Folio, 1990.

15. *Ibid.*

16. E. Kant, *Fondements de la métaphysique des mœurs*, *op. cit.*

17. John Rawls, *Théorie de la justice*, *op. cit.*

18. Han F. de Wit, *Le Lotus et la Rose*, *op. cit.*

Chapitre 23

1. Patrick Declerk, « Exhortations à moi-même » in « La Sagesse aujourd'hui », *Nouvel Observateur*, hors-série n° 47, avril-mai 2002, p. 73.

2. Padmasambhava, le maître qui introduisit le bouddhisme au Tibet au VIIIᵉ -IXᵉ siècle. Traduction du tibétain M. Ricard.

3. Victor Hugo, *Odes et Ballades*, IV, IV, 1.

4. Etty Hillesum, *Une vie bouleversée*, *op. cit.*

5. Épicure, « Lettre à Ménécée », dans *Lettres et Maximes*, traduction M. Conche, Paris, Épiméthée, PUF, 4ᵉ éd., 1995.

6. Sénèque, *De la brièveté de la vie*, *op. cit.*, III, 5.

7. Dilgo Khyentsé, *Les Cent Conseils*, *op. cit.*

Chapitre 24

1. Shantideva, *La Marche vers l'Éveil*, *op. cit.*

2. Aristote, *Éthique à Nicomaque*, *op. cit.*, I, 6.

3. Khalil Gibran, *Le Prophète*, *op. cit.*

4. Ludwig Wittgenstein, *De la certitude,* traduction Jacques Fauve, Paris, Gallimard, coll. Idées, 1976.

5. Cité par Pascal Bruckner, *L'Euphorie perpétuelle*, *op. cit.*

6. Dilgo Khyentsé, *Le Trésor du cœur*, *op. cit.*, commentaire du verset 33.

7. *Shabkar, autobiographie d'un yogi tibétain*, traduction du tibétain M. Ricard et C. Busquet, Paris, Albin Michel, 1998, vol. 2.

REMERCIEMENTS

Ce livre est une offrande. J'y ai mis tout mon cœur mais n'ai rien inventé. Les idées que j'ai exprimées ont été inspirées par l'exemple vivant et les enseignements que j'ai reçus de mes maîtres spirituels, Kyabjé Kangyur Rinpoché, Kyabjé Dudjom Rinpoché, Kyabjé Dilgo Khyentsé Rinpoché, Sa Sainteté le XIVᵉ Dalaï-lama, Kyabjé Trulshik Rinpotché, Taklung Tsétrul Péma Wangyal Rinpoché, Shechen Rabjam Rinpoché, Jigmé Khyentsé Rinpoché et Dzigar Kongtrul Rinpoché, ainsi que par tous ceux que j'ai côtoyés dans ce monde et par les expériences que j'ai vécues.

Toute ma gratitude va à ceux qui m'ont patiemment aidé à mettre ce livre au point : Carisse et Gérard Busquet, pour les précieuses suggestions qu'ils n'ont cessé de me donner tout au long de sa rédaction ; Dominique Marchal, Christian Bruyat, Patrick Carré, Serge Bruna Rosso, ma mère Yahne Le Toumelin, Yan Reneleau, Yann Devorsine, Raphaële Demandre, Raphael Vignerot, Gérard Godet, Sylvain Pinard, Alain Thomas, Jill Heald, Caroline Francq et bien d'autres amis dont les réflexions et commentaires ont été salutaires à la formulation et à la mise en ordre des idées ici présentées.

Mon éditrice de toujours, Nicole Lattès, a été au cœur de la conception et de l'achèvement de cet ouvrage, et a donné les encouragements nécessaires à l'écrivain improvisé que je suis. Les commentaires lucides et l'aide bienveillante de Françoise Delivet, aux Éditions Laffont, m'ont ouvert les yeux sur diverses façons d'éclairer le sens et la formulation du texte. S'il reste imparfait, j'en suis le seul responsable !

Mes remerciements vont à Pascal Bruckner, dont l'ouvrage, *L'Euphorie perpétuelle*, donna à ce livre sa première impulsion, et à Catherine Bourgey qui s'est occupée avec sa compétence et sa gentillesse habituelles de présenter cet ouvrage au public.

Enfin, la présence dans ma vie de l'abbé de Shéchen, Rabjam Rinpoché, petit-fils de mon maître Dilgo Khyentsé Rinpoché, et le fait que toutes les ressources engendrées par la publication de ce livre sont dédiées à l'accomplissement des projets spirituels et humanitaires dont il est l'inspiration, constituent pour moi une constante source de joie.

Table

Imprimé en France par **CPI**
en février 2016

POCKET - 12, avenue d'Italie - 75627 Paris Cedex 13

N° d'impression : 3015441
Dépôt légal : décembre 2004
Suite du premier tirage : février 2016
S14460/18